Humbert Fink

METTERNICH

Staatsmann, Spieler, Kavalier

List

Umschlagentwurf: Kaselow Design, München
unter Verwendung eines Ölgemäldes von Thomas Lawrence (um 1815; Wien, Kanzleramt). Photographie: Bildarchiv Preußischer Kulturbesitz, Berlin.

ISBN 3-471-77544-7

 Printed in Austria
Satz: Fotosatz Leingärtner, Nabburg
Druck und Bindung: Wiener Verlag, Himberg

Für Ulli und Gregor

Inhalt

Eine rheinische Kindheit

Man schreibt den 15. Mai 1773. In Wien brechen die letzten Regierungsjahre einer großen Kaiserin an. Vor etwas mehr als fünf Jahren ist in Florenz der Großprinz Franz von Toskana zur Welt gekommen. Er wird später einmal, aber das wird noch fast zwanzig Jahre dauern, Kaiser von Österreich werden. Jetzt, 1769, und dann noch einmal 1775, besucht der Mitregent Maria Theresias, ihr Sohn Joseph, Florenz und das Großherzogtum Toskana, worin man im nachhinein eine Art Weichenstellung für das zukünftige Schicksal der Monarchie wird erkennen mögen.

Man schreibt also den 15. Mai 1773. In Koblenz wird Franz Georg Graf zu Metternich-Winneburg ein Sohn geboren, der auf die Namen Clemens Lothar Wenzel getauft wird.

Die Metternichs dürfen sich eine bemerkenswerte Herkunft einbilden. Ihr Ahnherr soll ein Gaugraf unter Karl dem Großen gewesen sein. Es gibt sogar eine Anekdote, die das Aufkommen des Namens Metternich beschreibt. Jener legendäre Paladin Karls, der Gaugraf, habe nämlich bloß Metter geheißen. Eines Tages, als die unbotmäßigen Sachsen sich wieder einmal weigerten, ihren heidnischen Bräuchen abzuschwören und sogar imstande waren, eine Revolte gegen Karl zu inszenieren, wurde dem Kaiser hinterbracht, daß auch der Gaugraf Metter sich den Empörern angeschlossen habe. Aber Karl soll bloß den Kopf geschüttelt und gesagt haben: »Nein, der Metter nicht!«

So war es dann auch. Der Gaugraf wütete gegen die aufsässigen Sachsen und zerstörte – angeblich soll das im Teutoburger Wald gewesen sein – deren heilige Kultstätten. Und Karl der Große soll noch einmal befriedigt festgestellt haben: »Ich habe es gewußt, der Metter nicht . . .«

Ein Ammenmärchen? Der Knabe Clemens Lothar

Wenzel wird es gewiß oft genug zu hören bekommen haben. Solche Geschichten erzählt man so lange, bis aus ihnen mehr als eine vage Überlieferung wird. Solche Geschichten sind der Nährboden, aus dem Selbstbewußtsein und das, was man heute ein wenig verfälschend den Standesdünkel vergangener Zeiten nennt, prächtig emporwachsen.

Karolingische Ahnen sind bei den Metternichs also durchaus vorstellbar. Ein Lothar Metternich, Erzkanzler und Kurfürst von Trier, Zeitgenosse Heinrichs IV. von Frankreich, ist hingegen dokumentarisch beglaubigt. Die Winneburg, welche den Metternichs den zweiten Namen erlaubt, wurde von ihm in die Familie eingebracht. Jetzt, gegen Ende des 18. Jahrhunderts, ist sie, die hoch über der Mosel unweit des kleinen Städtchens Cochem über den regelmäßig angelegten Weinbergen steht, nur noch eine Ruine.

Die Metternichs haben noch andere Ahnherren, derer man sich mit Respekt und Stolz entsinnen darf. Einer, Lothar Friedrich, war Kurerzkanzler von Mainz. Ein anderer namens Heinrich unterstützte den kaiserlichen Feldherrn Tilly vor Magdeburg gegen die Schweden. Eine solche Vergangenheit trägt Zinsen. Nicht bloß Legenden und vergilbte Familiendokumente halten sich hartnäckig über die Generationen hinweg; auch Handfestes sammelt sich an. Burgruinen. Schlösser. Städtische Palais. Und dann natürlich die Dörfer entlang der Mosel, in denen die Metternichs ihre noch uneingeschränkte Herrschaft ausüben dürfen auf eine Weise, wie sie undenkbar sein wird nach den sozialen und politischen Veränderungen, die im Sog der Französischen Revolution entstehen. Auch drüben im Böhmischen ein Besitz, ein Schloß Königswart, das freilich nur selten aufgesucht wird und tüchtigen Verwaltern Gelegenheit gibt, sich im Schatten der Metternichs ein kleines Vermögen anzueignen.

Der Vater, also Franz Georg, ist außerordentlicher Gesandter und bevollmächtigter Minister der Kaiserin.

Er verliert durch die Wirren in der Folge von 1789, als den Franzosen ihre große Revolution gelingt, alle seine bedeutenden und einträglichen linksrheinischen Besitzungen. Und er wird sich fast ruinieren, weil er unter anderem in den nächsten Jahren an zwei Kaiserkrönungen repräsentativ in Erscheinung treten muß oder will. Das erlaubt die Vermutung, die durch viele biographische Details unterstützt wird, daß dieser Graf Metternich – der als Entschädigung für seine Verluste an die Franzosen und für seinen kostspieligen Einsatz bei den Kaiserkrönungen die eher wertlose Reichsabtei Ochsenhausen im Schwäbischen und dazu noch den Fürstentitel erhält – ein etwas kurioser Charakter ist, eitel und ruhmsüchtig. In Wien erzählt man sich, daß er auch albern sei. Oder eigentlich gar nichts anderes als das, also nur albern. Zudem ist er dickleibig. Ein fettes Hähnchen, das sich einbildet, ein Pfau zu sein, und das sich dementsprechend spreizt. Kotzebue, der vielgespielte Lustspieldichter jener Zeit, wird diese Karikatur eines Beamten als Figur in einem seiner erfolgreichen Stücke auf die Bühne bringen, gerade soviel verfremdet, daß die Zensur nicht verhindern kann, was den Wissenden dann in Wien und Frankfurt ein Anlaß für schadenfrohes Gelächter sein wird. Wilhelm von Humboldt, der große Gelehrte und Wissenschaftler, dem ätzender Spott und Zynismus eher fremd sind, äußert sich sogar niederschmetternd über diesen »Fürst von Ochsenhausen«, der so schrecklich umständlich, so unerträglich eitel, so borniert und so hilflos ist in der Rolle, die er spielen muß.

Allerdings ist etwas Mißtrauen angebracht bei der Betrachtung dieses so ekelhaften oder so erbarmungslosen Porträts eines Mannes, den uns die Überlieferung nur unvorteilhaft zeigt. Nahezu alle Autoren und Historiker, die sich mit diesem Thema beschäftigen, beschreiben Franz Georg als ebenso unfähig wie überheblich, als genußsüchtig und albern; aber manchmal schwingt in solcher Aburteilung doch auch ein Tonfall mit, der beinahe um Verständnis wirbt für dieses kuriose Monster, das, wäre es nicht der Vater eines großen Staatsmannes, längst in gnädige Vergessenheit geraten wäre. Er habe lediglich ein Zeitalter verkörpert, schreibt Walther Tritsch, der seine Meinung abgesichert weiß durch die vorsichtige Zustimmung anderer, bedeutenderer Biographen. Und dieses Zeitalter habe damals, als der Fürst von Ochsenhausen seine belächelten Auftritte in den Salons und Staatskanzleien hatte, ohnedies niemand mehr wirklich ernstgenommen. Im übrigen sei er, Franz Georg, in seiner Art gewiß nicht komischer gewesen als seine vermeintlich fortschrittlicheren Zeitgenossen und auch nicht egoistischer als alle Welt damals. »Er hatte«, schreibt Tritsch, »die Klugheit und den Takt der bereits abtretenden Barockwelt, und die nützten zu seiner Zeit nichts mehr.«

Und dann ist da noch etwas, was für diesen übergewichtigen, sich selbst maßlos überschätzenden und von falscher Bedeutung aufgeblähten Mann spricht. Er ist klug genug, sich mit einer Frau zu vermählen, die ihm in mehr als nur einer Beziehung nützlich sein kann; oder sich vermählen zu lassen, wenn wir an jenes Gerücht erinnern wollen, das besagt, Maria Theresia selbst habe die fördernde Anregung dazu gegeben, daß die knapp fünfzehnjährige Beatrix von Kagenegg – einer alten kaisertreuen Breisgauer Familie entstammend, die stets die habsburgischen Interessen in den einstigen Vorlanden voll patriotischer Pflichterfüllung und persönlicher Hingabe vertreten hat – dem zum Zeitpunkt der Hochzeit gerade fünfundzwanzigjährigen Franz Georg Metternich am 8. Jänner 1771 angetraut werde.

Es ist natürlich keine Liebesheirat. Aber Franz Georg weiß zweifellos das Angenehme mit dem Nützlichen zu verbinden und es auch zu genießen. Er hat ein junges Weib, dem Schönheit und Intelligenz nicht abzusprechen sind. Daß auch Beatrix des Hochmuts ihrer Klasse fähig ist, darf vorausgesetzt werden. Daß sie ehrgeizig ist in einer Art, die das übliche Maß übersteigt, wird Franz Georg früh genug feststellen müssen. Und auch, daß sie, die zehn Jahre jünger ist als ihr Gemahl, ihm geistig bei weitem überlegen ist. Was ihre angebliche oder wirkliche Leidenschaftlichkeit angeht, ihr hitziges Temperament, das auch eine Sinnlichkeit enthält, welcher Franz Georg, der sich immer wieder selbst in Liebeshändel verstrickt sieht, nichts Gleichwertiges entgegensetzen kann, ist nichts weiter als ein Verdacht, den man notiert, weil er zuvor schon des öfteren angedeutet, wenn nicht gar ausgesprochen wurde. Handfeste Beweise dafür, daß Beatrix sich nicht der vollkommenen Tugend befleißigt, die man von einer Frau ihres Standes erwarten muß, gibt es keine.

Der Vater also, zerzaust vom Widerstreit der Meinungen, beschädigt vom Urteil seiner Zeitgenossen, das fast immer einer Aburteilung gleichkommt, Nutznießer einer Karriere, die man ungeachtet aller Ämter und Titel nicht wirklich eine Karriere nennen will, und ständig von Geldsorgen belastet, die ihn, der zuletzt als Fürst auftreten darf, zu mancher erniedrigenden Demutsgeste zwingen; dabei ein Prahlhans, der sich den Luxus, den einer seines Standes als selbstverständlich ansehen muß, weder leisten noch abgewöhnen kann, allerdings auch seinen Kindern ein tüchtiger und mit Maßen besorgter Vater. Denn es wird, während man sich beinahe ein Vergnügen daraus macht, diesen Ochsenhausischen Fürsten zu schmähen, immer wieder übersehen, daß dieser Mann auch Vorzüge hat, die freilich nicht nach außen dringen oder denen man keine besondere Beachtung schenkt, weil man sie für selbstverständlich und daher für nicht weiter erwähnenswert hält. »Er erschöpfte all seine Selbstgefälligkeit gleichsam nach außen, um in der Stille dann fast schlicht und bescheiden zu sein.« (W. Tritsch)

Der eitle Prahlhans, den niemand wirklich leiden mag, ist seinen Kindern – eine anderthalb Jahre ältere Schwester Pauline und einen anderthalb Jahre jüngeren Bruder Josef gibt es zu Clemens – in der Tat ein fürsorglicher Vater, anders als viele seiner Standesgenossen, die zeugen und dann das Ergebnis gleichgültig verleugnen und es der mitunter fragwürdigen Obhut von Kindermägden, Aufsichtspersonal, Erziehern, Priestern überlassen. Er ist ein Vater, der sich über jene Anteilnahme hinaus, die man als die unerläßliche Pflicht eines jeden Vaters ansehen möchte, um das Fortkommen seiner Kinder kümmert. Dieses Fortkommen erschöpft sich für Franz Georg nicht nur im Sättigen seiner Brut, nicht bloß darin, daß er es ihr nach Maßgabe des Möglichen behaglich macht ungeachtet der drükkenden Geldsorgen, die der Fürst hat, weil er das, was man als standesgemäß begreift, so gründlich mißversteht als unentwegten Anlaß für jede Art von Prahlerei, die wiederum Verschwendung nach sich zieht. Fortkommen ist für diesen Mann, dem man alles andere eher zutrauen möchte als besorgte und zugleich liebevolle Nachdenklichkeit, auch eine geistige Frage, eine Sache des Intellekts, wobei er vor allem dem mittelgeborenen seiner Kinder, also Clemens, jene besondere Aufmerksamkeit zuwendet, die später einmal Früchte tragen soll.

Clemens Metternich selbst wird in seinen *Denkwürdigkeiten*, die man als eine Mischung aus Tagebuch und geschönter Autobiographie bezeichnen kann, mit diesen ersten Sätzen auf Kindheit und Jugend zurückkommen: »Geboren zu Koblenz im Jahre 1773, fiel meine Jugend in die letzte Periode, welche der sozialen Revolution in Frankreich voranging und ihr zur Einleitung diente. Im väterlichen Haus mit treuer Sorgfalt erzogen, wuchs ich heran unter den Eindrücken meiner reichsständischen Geburt, der öffentlichen Stellung meines Vaters im kaiserlichen Dienst, des französischen gesellschaftlichen Lebens und der moralischen Flauheit, welche die kleineren deutschen Staaten vor dem Sturm, der sie bald darauf vernichten sollte, charakterisierte.«

Da schreibt einer – einer, der schon längst ein

schlauer Fuchs geworden ist, ein Zyniker auch, was das Treiben der Welt angeht, weil er es sich nicht mehr leisten kann und will, bloß ein Moralist zu sein – mit ein paar Worten alles beiseite, was man mühsam genug als Entwicklungsvoraussetzung, als Möglichkeit fürs allmähliche Erwachsenwerden inmitten einer sich von Grund auf verändernden Umwelt zu rekonstruieren versucht. Dabei müßte sich Metternich, als er dieses seiner Autobiographie voransetzt, doch daran erinnern, wie sehr er in die liebevollste Obhut genommen worden war und was zum Beispiel einst sein Vater ihm aufgetragen. »Sei zuvorkommend gegen jedermann, und vor allem vergiß mir die alten Damen nicht, deren Stimme überall viel mehr, als Du glaubst, die Urteile über junge Menschen beeinflußt.« So nämlich schrieb Franz Georg an Clemens, als dieser gerade siebzehnjährig war. Das ist mehr, als man sich eigentlich erwartet von diesem Vielgeschmähten, der angeblich nur eine allzu übertrieben auftretende und eher komisch kostümierte Repräsentationsfigur ist. Das ist auch mehr, als ein im üblichen Maß besorgter Vater dem heranwachsenden Sohn an geistiger Haltung impliziert. Und dann auch noch dieses: »Die Muttersprache muß man rein sprechen und schreiben können. Und um dieses in Ausübung zu bringen, werde ich mit Dir, lieber Clemens, unseren Briefwechsel in Deutsch fortführen.«

Es gibt einen Nachsatz dazu: daß der Sohn das Französische mit der Mutter üben könne. Das heißt doch wohl nichts anderes, als daß die Mutter, die der Sohn schwärmerisch verehrt, für alles das steht, was glänzend, elegant, welthaltig, interessant, vielleicht oberflächlich und immer auch prickelnd sein kann, also für französische Lebensart, wie sie von den Emigranten, den vorerst noch hochmütigen und uneinsichtigen Opfern der Revolution drüben in Paris, ins schwerfällige Deutschland importiert wird. Und auch für Ehrgeiz, für die Begabung zur Intrige, auch für Geltungstrieb und Machtwille, für das »geschmeidige Raffinement im

Spinnen feinster psychologischer Fäden und Netze« (W. Tritsch), für alles also, was die Erwartungshaltung eines vifen und lernbegierigen Debütanten aufs Leben unglaublich zu steigern vermag.

Die Mutter, ungleich wirkungsvoller als der Vater, blendet nach außen, entzückt nicht nur durch ihre kapriziöse Schönheit, sondern auch durch das Temperament, mit dem sie mehr oder minder geschickt zu verbergen weiß, daß Ehrgeiz sie peinigt, daß der Wille zur Macht ihr stärker innewohnt als dem Franz Georg, der vielen nur als feistwangiger, dickbäuchiger Tölpel vorkommt, weil diese vielen nicht wissen, daß dieser Mann, der nur aus verschwenderischem Standesstolz zu bestehen scheint, seinen Kindern es zur Pflicht macht, den Erziehern gegenüber korrekt und höflich aufzutreten. Derlei ist keineswegs selbstverständlich in einem Zeitalter, das zwar im Begriff ist, sich selbst zu überleben, und dessen scheinbar eherne Grundpfeiler gefährlich schwanken, das aber immer noch die sorgfältige Unterteilung der Gesellschaft in deutlich voneinander unterscheidbare Klassen und damit den Standesdünkel kennt. Der aber findet im Haus des Fürsten von Ochsenhausen keinen Platz. Oder wird, weil der einsichtige Vater es so bestimmt, den Kindern nicht wie in anderen vergleichbaren Adelshäusern sozusagen als Standardausrüstung ihrer Erziehung beigebracht. Auch Erzieher, selbst wenn sie aus bürgerlichem Milieu kommen, sind ehrbare Menschen, denen man Respekt schuldet. Ihr Amt, wenn sie es bloß genau und pflichtbewußt erfüllen, ist einem Ehrendienst vergleichbar, den jeder Mensch der Gemeinschaft gegenüber irgendwann einmal zu leisten hat.

So urteilt der Vater, der sich persönlich um die Auswahl dieser Erzieher bemüht, wobei er sich des Modernsten versichert, was in jenen Jahren an pädagogischem Instrumentarium erreichbar ist. Clemens Metternich erzählt in seinen *Denkwürdigkeiten* von der »Basedowschen und Campeschen spielenden Erziehungsmethode«, nach welcher er unterwiesen worden sei. Das beschreibt eine Richtung, die sich auf die Ideen Rousseaus stützt und die Erziehung eines jungen Menschen »naturgemäß und menschenfreundlich« gestalten will. Und auffällig ist in diesem Zusammenhang, daß nach einem ersten Hofmeister, der ein ältlicher Piarist und als Pädagoge eher nachlässig oder nur von frommen Gedanken bewegt war, mit und neben einem Priester, der ohnedies unvermeidlich ist, ein gewisser Friedrich Simon als Lehrer eingestellt wird. Dieser Friedrich Simon, ein Schüler Basedows, der für die Erziehungsmethoden des 18. Jahrhunderts in mancher Hinsicht Bahnbrechendes geleistet hat, ist zuerst einmal Protestant, jedoch auch ein unverbesserlicher Jakobiner, was heißt, daß er alles Aristokratische verabscheut und nicht ohne Fanatismus dem Ideal einer klassenlosen Gesellschaft huldigt.

Das hindert Franz Georg nicht, davon überzeugt zu sein, daß gerade Friedrich Simon der beste Lehrer sei für seine beiden Söhne. Vielleicht ahnt der vielgeschmähte Mann in einem Augenblick erhellender Weisheit, daß das kommende Jahrhundert, in welchem seine Söhne sich zu bewähren haben werden, bisher ungeahnte Anforderungen an sie stellen wird und daß die Bewältigung zukünftiger Aufgaben durch die herkömmlichen Erziehungsmethoden nicht erschöpfend gewährleistet sein kann. Oder er ist überhaupt klüger, auch vorausblickender, als es alle jene zu wissen glauben, die ihn unentwegt verspotten. Denn er begreift, daß gerade einem Aristokratenkind der Umgang mit einem gebildeten Aristokratenfeind nur nützen kann, weil das eine vortreffliche Vorbereitung auf die sogenannte Schule des Lebens ist.

Jedenfalls sorgt Franz Georg für alle Möglichkeiten einer umfassenden, allen Bereichen und Erfordernissen des Lebens gerecht werdenden Erziehung. Clemens, in den man größere Hoffnungen setzt als in den eher lethargischen Josef, wird vom Vater auf Dienstreisen mitgenommen. Denn so darf man das wohl nennen, was der wenig beschäftigte kaiserliche Kommissär gelegentlich an Tätigkeit leisten muß, wenn bürokratische Maßnahmen zu überwachen oder repräsentative Pflichten zu erfüllen sind. Clemens beobachtet und lernt, wohl ohne zu wissen, daß er ein Lernender ist; in Hildesheim etwa, wo er als Dreizehnjähriger anwesend sein darf, wenn der Vater ein weniger prüfendes denn gelangweiltes Aug' auf die Wahl bischöflicher Koadjutoren wirft. Solche Erlebnisse prägen zwar noch nicht den späteren Charakter, stellen aber doch die Weichen für eine Richtung, in welche sich dieser Charakter entwikkeln kann. Clemens soll, das ist den Eltern unumstößliche Gewißheit, ein Staatsmann werden, einer, der politische Interessen wahrnimmt und dem Hause Habsburg, dem man sich unverbrüchlich verpflichtet fühlt, ein ebenso gehorsamer wie nützlicher Diener ist. Wer das erreichen will, muß frühzeitig die Welt kennenlernen. Oder eigentlich die vielen Nuancen dieser Welt.

Es ist Franz Georgs größtes Verdienst, begriffen zu haben, daß einer, der aufbrechen will zu großen Taten, auch den Hintergrund kennen muß, vor dem sich alles ereignet.

Einer der wichtigsten Biographen Metternichs, nämlich Heinrich Srbik, begründete die dann von allen anderen Autoren übernommene Meinung, daß nicht der Vater, sondern die Mutter das prägende Element im Leben Clemens Metternichs gewesen sei. »Von Franz Georg mag sein ältester Sohn den Hang seiner Jugend zur Lässigkeit, die Freiheit von aufwühlender und zu großen Taten anspornender Leidenschaft, die Neigung zum epikureischen Genießen des Tages und zu den Frauen übernommen haben. Weit reicher war das natürliche Erbe, das er seiner Mutter Maria Beatrix Aloisia verdankte.«

Diese Ansicht eines ehedem vielgelesenen österreichischen Historikers hat Schule gemacht. Zumal

Srbik mit wissenschaftlichem Eifer die These von der Bedeutungslosigkeit und Unfähigkeit des Fürsten von Ochsenhausen zu belegen vermochte, indem er eine Reihe wichtiger Zeitgenossen seines Opfers zitierte, die diesem ein schlechtes Urteil ausstellten. Und weil es wohl auch undenkbar sein mochte, daß eine so bedeutende Figur wie Clemens Metternich, die als Gegenstand historischer Fachliteratur wie als Romanheld über mehrere Generationen hinweg Furore macht, einem vermeintlich untauglichen Vater nacheifert oder von diesem in der Kindheit und Jugend nachdrücklich geformt wird, konzentriert sich die Aufmerksamkeit aller auf Beatrix. Sie wird in dem Maße erhöht, in welchem ihr Gemahl allgemeiner Verachtung ausgesetzt ist. Und alles, was später einmal Clemens Metternich auszeichnet und ihn befähigt, sich zu den führenden Staatsmännern Europas zu zählen, hat gleichsam seine Wurzeln in den Vorzügen der Mutter.

Der Sohn urteilt anders, weil er anders empfindet. Er beschreibt seinen Vater als einen Mann »von ruhigem und klugem Geiste und versöhnlichem Charakter«. Er ist allerdings der Mutter in schwärmerischer Zuneigung verpflichtet, was ein Echo auf jene Gefühle ist, welche Beatrix dem älteren Sohn entgegenbringt. »Auf ihn hofft sie, auf ihn baut sie, er wird ihr Leben erst krönen.« (W. Tritsch)

Hat das Kind, den Jüngling nichts anderes beeinflußt als das Elternhaus? Das Zeitalter, in welches Clemens hineingeboren wird, ist eines der Auflösung und Erneuerung. Das bekommen auch die Metternichs zu spüren, die am Beginn der Biographie ihres älteren Sohnes noch über ein jährliches Einkommen von rund 50 000 Gulden verfügen dürfen, das sich dann gemeinsam mit ihren Gütern in jenem Umfang verringern wird, den die politischen Ereignisse der nächsten Jahre vorgeben. Als Clemens auf dem Familiengut der Metternichs vor Koblenz geboren wird, herrscht die zu diesem Zeitpunkt sechsundfünfzigjährige Maria Theresia gemeinsam mit ihrem ältesten Sohn Joseph (seit 1765) über Österreich, die Niederlande, über die Lombardei, Parma und Piacenza. Auch die Toskana ist dem habsburgischen Einflußbereich zugeordnet. Dafür haben Erbfolgekrieg und der darauffolgende Siebenjährige Krieg, den Maria Theresias intimster Gegner Friedrich II. verursacht hatte, einschneidende Verluste gebracht. Schlesien ist verlorengegangen. Und die Hinzugewinnung des polnischen Galizien kann nicht wirklich ein Ersatz sein.

Maria Theresia stirbt im November 1780. Ihr Sohn Joseph, jetzt als Joseph II. Alleinherrscher über das habsburgische Riesenreich, das man noch immer ein Imperium nennen darf, in welchem die Sonne allerdings längst schon allabendlich untergeht, Joseph also, machtbewußt und rücksichtslos, begreift sich als Reformator und bereitet dadurch – ohne daß dies seine Absicht sein kann – den Boden für jene radikalen Ideen, die in Frankreich eine neue Ära einleiten und in den habsburgischen Ländern den Bestand des Herrscherhauses vorübergehend gefährden sollen. Unruhe, Aufsässigkeit, offene Rebellion gibt es auch jetzt schon. Die Kirche, die am härtesten unter Josephs Reformen zu leiden hat, wehrt sich verbissen. Der Adel, dem viele Vorrechte genommen werden, murrt vernehmlich und ist bis zur vollkommenen Ratlosigkeit irritiert. Gefährlicher und folgenreicher ist der Widerstand der Ungarn. Am konsequentesten reagieren die Belgier, die bisherigen habsburgischen Untertanen in den Österreichischen Niederlanden, die 1790 ihre Unabhängigkeit erklären.

Zu diesem Zeitpunkt ist Graf Metternich bereits längst in den Dienst für Joseph II. eingetreten, der ihn zuerst zum bevollmächtigten Minister an den Kurhöfen von Trier und Köln und wenig später auch beim sogenannten rheinisch-westfälischen Kreis ernennt. Etwas Bedeutendes oder wirklich Einflußreiches ist das nicht. Aber er hat einen Logenplatz. Er darf, wenn er bloß sensibel genug ist, das Werden und Wirken der Geschichte aus intimer Distanz verfolgen. Ist man im Hause Metternich sensibel? Oder doch empfindsam, wachsam genug, um das Rumoren jenseits des Rheins, das dumpfe Grollen aus Paris nicht nur zu hören, sondern auch zu deuten?

Es mag bezweifelt werden, daß Franz Georg dieses feine Gespür für die kommende Veränderung besitzt, an dem es anderen und für die Geschäfte der Politik Begabteren so völlig mangelt. Dabei ist man allem, was französisch ist, außerordentlich zugetan. In Koblenz, damals Hauptstadt des Kurfürstentums Trier, orientiert sich nahezu jedermann eher an Paris als an Wien oder Berlin. In den sogenannten besseren Kreisen ist es modisch, sich des Französischen gekonnt zu bedienen und das Deutsche nur zu radebrechen. Auch bei den Metternichs ist das Französische die Umgangssprache. Die spätere Ermahnung des Vaters an Clemens, sich in Deutsch auszudrücken und mit dem Deutschen guten Umgang zu pflegen, wird also nicht ohne Grund erteilt werden.

Man kommt, wenn man die Kindheit des Clemens Metternich darstellen will, ohne Mutter allerdings tatsächlich nicht aus. Denn bis weit in seine Jünglingsjahre kreist sein Denken, sofern es sich dem weiblichen Ideal zuwendet, um Beatrix. Frühzeitig, so die übereinstimmende Meinung jener, die sich im nachhinein dieser Phase seiner Entwicklung entsinnen, vervollkommnet er unter der fürsorglichen Anleitung dieser mädchenhaften Frau – deren augenscheinliche Zartheit nicht über die Härte ihres Charakters und über die Kompromißlosigkeit ihres Ehrgeizes hinwegtäuschen darf – die Künste, die man benötigt, wenn man in den Salons bestehen und auf dem glatten Parkett der Diplomatie nicht ins Stolpern kommen will. Das beschränkt sich nicht allein darauf, daß er mit der Mutter in der Regel französisch parliert und mit dem Vater in Deutsch sich verständigt.

Es darf als gegeben angenommen werden, daß für beide, für Beatrix und Franz Georg, eine andere als eine diplomatische Laufbahn, in welcher Clemens Ehre einlegen soll, nicht in Frage kommt. Man unterweist den Buben, den heranwachsenden Jüngling von allem Anfang an in jenen Fächern, die er später brauchen kann. Das, was dem guten Geschmack der Zeit entspricht, wird ihm als selbstverständlich beigebracht. Die Kunst der Konversation gilt es zu beherrschen. Hier sorgt der Vater mit großem Nachdruck dafür, daß auch das minder geachtete Deutsche zu seinem Recht kommt. Auch an Unterweisung in dem, was man eher ungenau als Vaterlandsliebe bezeichnen kann, fehlt es nicht, obgleich sich diese Vaterlandsliebe vorerst im unverbrüchlichen Gehorsam gegenüber dem habsburgischen Herrscherhaus erschöpft.

Beatrix verleiht diesem doch recht spröden Charme einer auf ein hohes Ziel ausgerichteten Erziehung jene Sinnlichkeit, die Clemens später einmal zugunsten der eigenen Karriere erfolgreich wird einsetzen können. Das hat nicht nur mit den manchmal fast jugendlichen Freundinnen seiner jungen Mutter zu tun, denen der frühreife Knabe, der adrette und hübsche Jüngling, Avancen machen darf, die gelegentlich die höfliche und belanglose Form der Koketterie überschreiten. Diese Sinnlichkeit meint auch nicht nur manche hübsche Zofe, mit welcher der Frühreife einen ersten erschauernden Blick tun darf auf die Mysterien jenes Gefühls, das er gewiß nicht als Liebe, sondern ausschließlich als Leidenschaft begreift. Das alles ist es zwar auch, aber nicht nur. Clemens, in dieser Hinsicht von seiner Mutter voll unnachsichtiger Zuneigung geleitet, erfährt Sinnlichkeit auch als Antrieb für seinen früh entflammten Ehrgeiz. Er weiß bald, daß man gefallen muß, um nach oben zu kommen, und daß das Gefällige, welches man der Welt zeigen muß, um sie für sich einzunehmen, beinahe zur Pflicht werden kann. Aber ihm behagt diese Art von Pflichterfüllung. Er fühlt instinktiv, daß er für solches Tun Begabung mitbringt. Und die Mutter fördert, was die Begabung mitbringt.

Das erste Ergebnis dieser Erziehung ist vielversprechend. »So wurde Clemens Lothar Metternich«, schreibt sein Biograph Tritsch, »zu einem jungen Herrn aus großem Haus, von wählerischem Geschmack, von sorgfältigem Auftreten, ein wenig Schönredner, ein wenig Großredner, ein wenig Lobredner, und immer voll liebenswürdigster Eitelkeit.« Das entspricht sicherlich dem, was ein erster Eindruck vermittelt. Aber ist es auch die ganze Wahrheit?

Clemens steht im 16. Lebensjahr, als ihn der Vater gemeinsam mit dem jüngeren Bruder Josef an die altehrwürdige und angesehene Universität von Straßburg entsendet. Man schreibt das Jahr 1788. Es ist Sommer. »Damals erfreute sich die Universität dieser Stadt einer großen Berühmtheit«, erzählt Metternich in seiner Autobiographie. »Sie wurde von vielen Deutschen besucht, welche die Leichtigkeit des Unterrichtes in der deutschen und französischen Sprache dorthin zog.« Und dann notiert er noch jene Anekdote, die nicht ohne Reiz ist, wenn man an die Höhepunkte seiner Laufbahn denkt: »In dem Jahre, als ich in dieser Stadt ankam, hatte der junge Napoleon Bonaparte sie soeben verlassen; als Offizier in dem zu Straßburg in Garnison liegenden Artillerieregiment hatte er daselbst seine Studien für die Waffengattung beendigt. Ich bekam dieselben Professoren der Mathematik und der Fechtkunst wie er, eine Tatsache, an die jene Meister sich erst erinnerten, als der kleine Artillerieoffizier nach und nach großer General, erster Konsul und Kaiser geworden war.«

Begleitet werden die Metternichschen Söhne von den beiden Hofmeistern, die schon in Koblenz für die Erziehung gesorgt haben. Das ist der Abbé Bertrand, dem die religiöse und auch die damit in Verbindung stehende moralische Unterweisung obliegt, und dann natürlich Friedrich Simon, der Jakobiner, der Aristokratenfeind, ein Mann, der nicht nur in geistiger, sondern auch in körperlicher Abhärtung die wichtigste Tugend zu erkennen glaubt, die sich ein Charakter aneignen muß, um im Wirbel des Lebens bestehen zu können. Das bedeutet, daß jeder seelischen Erschütterung, die ein Ausdruck von Schwäche sein könnte, mit Disziplin zu begegnen ist, und auch, daß der Körper abgehärtet werden muß, was man als ein Zeichen dafür nehmen kann, daß über den Körper der Geist gestärkt wird.

Das ist jetzt überhaupt modern: die Anbetung des Lichtes zum Beispiel; daß man sich mit bloßem Oberkörper der Sonne stellt und sich im Schwimmen übt und jeden unmännlichen Seufzer unterdrückt, der in einer Jünglingsbrust rumort. Etwas gewollt Heroisches und zugleich übertrieben Selbstgefälliges wird durch diese Art der Erziehung gefördert. Manchem wird dadurch die Selbstüberschätzung zur Gewohnheit, und mancher wird durch solche körperliche Pflichtübung zum Feind seines eigenen Körpers.

Was den Humanisten und historisch versierten Abbé Bertrand angeht, so hat er vorerst noch einen geringeren Einfluß auf Clemens. Er lehrt ihn ein idealistisches Weltbild, das sich behaupten soll in den Wirrnissen der Zeit, und er macht ihn mit dem Prinzip der Sittlichkeit vertraut, dem Clemens Metternich freilich nur soweit ein Leben lang wird gehorchen können, als es seinen eigenen Plänen nützlich sein kann. Im Vergleich zum Einfluß, den der Naturschwärmer und Revolutionär Simon auf den Jüngling ausübt, ist die Wirkung des Geistlichen allerdings eher gering. Dieser glättet nur mühsam – und häufig ohne Erfolg – die Kanten, die jener bewußt herausarbeitet. Hingegen ist die Erfahrung, die Simon seinem Schützling vermittelt, von nachhaltiger Wirkung.

1788 also die Ankunft in Straßburg. Aufnahme der Studien. »Sein streng geregeltes Leben bot kaum Gelegenheit zu frühen Abenteuern«, schreibt Srbik. Allerdings auch dieses: »Gut mit Geld versehen, bewegten sich die jungen Leute im Kreis zahlreicher Ausländer, zu dem auch adlige Russen gehören«, wie der französische Metternich-Biograph Henry Vallotton berichtet. An Unterhaltung ist also kein Mangel. Reiten, Fechten, Schwimmen und das Geigenspiel sind Metternichs bevorzugte Zerstreuungen.

Mit der Familie in Koblenz besteht reger Briefwechsel. Vor allem Beatrix ist es, die in diesen Briefen viel Gefühl zeigt und die den älteren Sohn nun als Vertrauten betrachtet, dem man Gefühle offenbart, die der Welt verborgen bleiben müssen. Es steigert sich der mütterliche Einfluß durch diese besondere Art einer Intimität bis zur gefährlichen Exaltiertheit. »Ihm schüttet sie ihr Herz aus in allen Sorgen« (Srbik), wobei man nicht vergessen darf, daß diese Frau erst vierunddreißig Jahre zählt und, was das Privateste ihrer Existenz ausmacht, nicht nur glücklich ist. Und es ist schon vorstellbar, daß jeder neue Brief, der die empfindsame Seele dieser Frau bloßlegt, den Jüngling auf radikale Weise erwachsen werden läßt. Clemens ist nicht dumm. Ihm fehlt es auch nicht an Einfühlungsvermögen. Er hat Instinkt. Er muß spüren, was seine Mutter bewegt, woran sie leidet, was sie mit Worten seufzen und mit vagen Andeutungen schweigen läßt.

1789 nun drüben in Paris die Revolution, der Flächenbrand, der sich mit rasender Geschwindigkeit ausbreitet, und die Heftigkeit, mit der viele darauf reagieren. »Simon, der beste Mensch von der Welt, weinte vor Verzückung und umfing die ganze Welt mit seiner Liebe und Philanthropie«, wird Metternich später einmal rückblickend schreiben. Und dann: »Ich war sein Schüler, und doch versank meine Seele in Trübsal.«

Ein Wort noch zu Friedrich Simon, der, auch wenn das von Metternich später bestritten wird, lange Zeit so großen Einfluß auf ihn hatte. Zumindest während dieser für die Entwicklung eines Menschen so wichtigen Jahre, in denen die Voraussetzungen dafür geschaffen werden, dem Jüngling Clemens Metternich entgegen aller Herkunft und allen Instinkten und allen Gewohnheiten ein Gefühl der zögernden Zuneigung oder wohl eher eine Art skeptischen Verständnisses abzuringen für das, was nun geschieht. Im Herzen sei dieser Jüngling ein Revolutionär gewesen, meinen manche Autoren, die sich Metternichs analysierend bemächtigen. Die heilige Bedeutung dessen, was man die Würde des Menschen nennen könne, habe er leidenschaftlich begriffen. Er habe in Friedrich Simon jenen Führer gehabt, der ihm den Weg hinaus ermöglichte aus engem Kastendenken und scheinbar selbstverständlichem Standesdünkel und ihm einen vorurteilslosen Blick erlaubte in die Abgründe des Daseins.

Solcher Autorenmeinung, für die es freilich so gut wie keine brauchbaren Belege gibt, kann man Metternichs eigene lapidare Feststellung entgegenhalten: »Die Französische Revolution nahm ihren Anfang. Von diesem Augenblicke an war ich ihr steter Zeuge, dann ihr Gegner, und bin es immer geblieben, ohne daß ich jemals durch ihren Strudel mich habe fortreißen lassen.« Und einige Zeilen weiter in diesem Zitat aus Metternichs *Denkwüdigkeiten* heißt es dann: »An Gelegenheiten, mit fortgerissen zu werden, fehlte es mir gewiß nicht. Zwischen den Jahren 1787 und 1790 war ich der Leitung eines Erziehers unterstellt, dessen Name dem Fluche des Elsaß anheimgestellt ist . . .«

Friedrich Simon ist, als er noch als Erzieher des jungen Reichsgrafen tätig sein darf, führender Mann des Straßburger *Patriotischen Wochenblattes*, dessen Patriotismus sich in der Verherrlichung revolutionärer Ideale erschöpft. Dann, und da verlassen seine Schützlinge die Stadt mit ihrem Abbé Bertrand, ist er Herausgeber der Zeitschrift *Geschichte der gegenwärtigen Zeit*, ist er ein Anhänger Marats und gehört natürlich dem Klub der Straßburger Jakobiner an. Er tritt nun aber auch für die Abschaffung des deutschen Sprachunterrichtes an den Schulen ein, verdingt sich als Spion zur Aushebung schändlicher oder auch bloß verängstigter Royalisten, macht dennoch keine besondere Karriere, was ihm möglicherweise das Leben rettet, denn nach Revolution und napoleonischem Zwischenspiel entdecken wir ihn wieder als Erzieher einer herzoglichen Familie, nämlich jener von Chartres. Und Metternich wird 1806 seinen ehemaligen Hofmeister als Sprachlehrer in Paris wiederfinden. Dazu abschließend noch einmal Metternich selbst, der viele Jahre später über diesen Menschen und diesen Lebensabschnitt urteilen wird: »Die Lehren dieses Jakobiners flößten mir einen Ekel ein, den Alter und Erfahrung in mir nur verstärkt haben. Ich bin überzeugt, daß ich auch in der niedrigsten Stellung und zu welcher Zeit immer unberührbar für jene Versuchungen geblieben wäre, denen ich so viele meiner Zeitgenossen unterliegen sah. Trotzdem bekenne ich: das Beispiel solcher Verwirrungen, zu denen ein mißverstandener Geist die überreizten Leidenschaften führen kann, ist für mich nicht verloren gewesen; es übte Einfluß auf die Entwicklung meines eigenen Geistes; er half mich vor Irrtümern bewahren, denen viele Leute nur deshalb unterlegen sind, weil ihnen nicht der gleiche Vorteil zustatten kam wie mir: solche Abscheulichkeiten mitangesehen zu haben.«

Die Abscheulichkeiten, die Metternich hier erwähnt, sind auf dem Markt zu Straßburg der Aufstand des Pöbels – oder wohl eher jener vielen Menschen, denen die Revolution jetzt Gelegenheit bietet, aus ihren eng begrenzten Verhältnissen herauszutreten. Metternich ist Augenzeuge wüster Ausschreitungen. Er entdeckt die haßerfüllte Feindseligkeit der Massen seiner eigenen Klasse gegenüber. Und er spürt das, was man den Volkszorn nennt, gegen sich persönlich gerichtet. Dementsprechend heftig ist der Abscheu, den er empfindet. Aber ist es nicht so, daß man ihm ein sozusagen theoretisches oder auch rhetorisches Verständnis nicht absprechen kann für viele der Voraussetzungen dieses Aufstandes? Daß er zumindest theoretisch weiß um die Unterdrückung der Menschen, um ihr soziales Elend und das Unrecht, das ihnen wie selbstverständlich angetan wird? Und er weiß es. Metternich hat Ideale, die ihm von seinen Erziehern beigebracht worden sind. Er weiß auch, was Gerechtigkeit bedeutet. Aber das Geschehen auf dem Markt zu Straßburg stößt ihn ab. Ideale, wie er sie hat, vertragen den Lärm des Pöbels und den Geruch vergossenen Blutes nur schlecht.

Ein junger Herr geht in die Welt

Wer ein fremdes Leben beschreibt, läuft immer Gefahr, die darzustellende Person zu verniedlichen oder zu verherrlichen. Einem Clemens Metternich nähert man sich nicht unvoreingenommen. Und die Befangenheit, die der Biograph ihm gegenüber empfindet, beginnt eigentlich schon in dem Augenblick, da er den Heranwachsenden beschreibt. Zuviel an fremder und häufig widersprüchlicher Meinung – die man freilich kennen muß, um sich eine eigene bilden zu können – beeinflußt die Objektivität, derer man sich befleißigt. Zu viele Materialien verstellen den Blick auf eine Wirklichkeit, die man wahrscheinlich nur dann einigermaßen vernünftig rekonstruieren kann, wenn man Clemens Metternich von aller Tünche befreit, die ihm Geschichtsschreibung und Literatur auferlegt haben.

Er ist ein Kind, ein Jüngling, ein zum Manne heranwachsender Sohn aus bestem Haus, hinter dessen glänzender Fassade allerdings viel Unbewältigtes und damit die Ursache mancher kleinen Tragödie lauert. Den Eindruck einer edlen Naivität, den manche Biographen mit einiger Geschicklichkeit zu erzeugen vermögen, sollte man bei Clemens – den man sich als typisches Geschöpf seiner Klasse und Rasse vorstellen muß – nicht unbedingt vermuten. Daß er, beeinflußt durch Friedrich Simon, einer Neigung fähig scheint, das Elend der unterprivilegierten Menschen mit Anteilnahme zu betrachten und ihrer empörten Heftigkeit Verständnis entgegenzubringen, bedeutet noch lange nicht, daß er zumindest in der Theorie einer Revolution wie der französischen auch nur ein Mindestmaß an Verständnis entgegenbrächte. Vermuten darf man, daß er einen blasierten Eindruck macht. Er ist intelligent, fähig zur glatten Liebenswürdigkeit, die einer seines Standes gleichsam mit der Muttermilch einsaugt, auch wenn diese Milch in Wahrheit die einer gemieteten Amme ist.

Und er ist ohne Frage gebildet. Zuerst der Privatunterricht durch die Hauslehrer, dann die Universität zu Straßburg. Jetzt, da die Revolution von Paris auch ins Elsässische übergesprungen ist und die Masse der Besitzlosen sich auf dem Markt zu Straßburg gewaltsam ein Recht holt, das doch immer eine Chimäre bleiben wird, jetzt also geht er, vom jakobinischen Erzieher Simon verlassen, gemeinsam mit dem Bruder und dem Abbé Bertrand nach Frankfurt und nach Mainz. In Frankfurt, wo sein Vater als Österreichs Botschafter auftritt, nimmt er an den Krönungsfeierlichkeiten für Kaiser Leopold teil. In Mainz wird er die Studien fortsetzen. Und viele Jahre später wird er in seinen Erinnerungen notieren: »Angesichts der Szenen der Verwüstung, deren Schauplatz Frankreich war, wandte sich mein Geist, einem natürlichen Gefühle folgend, jenen Studien zu, von denen ich mir den meisten Nutzen für meine künftige Laufbahn versprechen durfte. Ich fühlte, die Revolution würde der Gegner sein, den ich fürder zu bekämpfen hätte, und so verlegte ich mich darauf, den Feind zu studieren und mich in seinem Lager zu orientieren.«

Der Jüngling kokettiert mit der Leidenschaft; aber er ist außerstande, sich ihr wirklich hinzugeben. Das gilt für die Politik ebenso wie fürs Private. Dieser Mensch hat ein Seelenfutter, das gerade soviel Undurchlässigkeit garantiert, wie notwendig ist, um alles Aufwühlende und damit auch Belästigende oder Irritierende abzuhalten. Die Ursache dafür mag der natürliche

Hochmut sein, den einer seines Standes ganz einfach hat, aber das allein ist es nicht. Dazu bedarf es auch einer besonderen Begabung. Diese besondere Form der Abgebrühtheit, für die es keine moralische Wertung gibt, weil sie jenseits aller moralischen Kategorien angesiedelt ist, sollte man sich als spezielles Webmuster des Charakters vorstellen. Mancher besitzt es, wie man zwei Augen und ein Paar Lippen hat; und mancher sehnt sich ein Leben lang danach, so unempfindlich zu sein, um allen Stürmen und Erschütterungen gewachsen zu sein.

Frankfurt also und Mainz. Und dann auch Brüssel. Die Schritte, mit denen Clemens Metternich in die Welt tritt, werden größer, bewußter, raumgreifender. In Frankfurt die Krönung Leopolds II., wobei Clemens als Zeremonienmeister des sogenannten Grafenkollegs in Erscheinung treten darf. Derlei sichtbare Auszeichnung schmeichelt naturgemäß einem jungen Menschen ungemein. Noch viele Jahre später wird sich Metternich mit unverhohlenem Vergnügen daran erinnern: »Ich zählte da erst siebzehn Jahre und war durch den Beweis des Vertrauens sehr geschmeichelt, den eine so achtenswerte Körperschaft mir zu geben befand, indem sie mir Funktionen übertrug, die in Anbetracht ihres wichtigen Charakters einem Manne reiferen Alters vorbehalten schienen.«

Er habe sein Amt als Zeremonienmeister des katholischen Teils des westfälischen Grafenkollegiums mit bezaubernder Würde ausgeübt, schrieb einer von Metternichs Biographen. Das ist eine Vermutung, hinter welcher sich soviel an Realität verbirgt, daß man einen Augenblick lang darüber nachdenken darf. Ein Siebzehnjähriger, der gerade erst mit seinem Erzieher und dem jüngeren Bruder sich in einer körperlichen Ertüchtigung geübt hat, der fraglos auch etwas Selbstgefälliges innewohnt, und der mit seiner Mutter, deren sinnenfrohes und auch exaltiertes Naturell auf den Jüngling großen Eindruck macht, schwärmerische Briefe getauscht und auf dem Straßburger Markt schaudernd das Hereinbrechen der revolutionären Woge miterlebt hat, für deren Ursachen und Entstehen man ihm ein gewisses romantisches Verständnis nicht absprechen kann, ein Siebzehnjähriger also, der durch Herkunft, Erziehung und Neigung einer gesellschaftlichen Klasse verpflichtet ist, die er jetzt durch jugendliche Artigkeit für sich erobern will, ist auch dieser spielerischen Würde fähig, die man von einem, der Karriere machen will, als selbstverständlich erwartet. Auf solche Weise knüpft man Bekanntschaften, die sich später einmal als nützliche Beziehungen verwenden lassen. Dadurch macht man aufmerksam auf sich, zieht man Blicke auf sich, rückt man sich in ein vorteilhaftes Licht. Der damals zweiundzwanzigjährige Erzherzog Franz, der seine Geburtsstadt Florenz, wo er im Palazzo Pitti zur Welt gekommen ist, längst verlassen hat, wird in Frankfurt während der Krönungsfeierlichkeiten zum Genossen des jungen Metternich, der ihn mit Respekt und naivem Zutrauen hofiert. Man darf darin nichts Ungewöhnliches erkennen. Es schmeichelt einem Erzherzog und Thronfolger, wenn ihm, der selber jung ist, ein Junger diskret applaudiert. Es schmeichelt einem jugendlichen Reichsgrafen, wenn seine höfliche Annäherung nicht nur akzeptiert, sondern mit Wohlwollen beobachtet wird. Auch solche Artigkeiten haben ein Ziel, und sie können mitunter die Grundlage sein für Gewichtiges und Dauerhaftes.

Der Achtzehnjährige dann – er befindet sich der Studien wegen in Mainz – überzeugt nun auch als Liebhaber. Die Frau, ein achtzehnjähriges Mädchen, ist verheiratet, und zwar mit einem der französischen Emigranten, die in immer größerer Zahl über den Rhein nach Deutschland kommen. Sie heißt Constance. Dreißig Jahre danach lesen wir in einem Brief Metternichs: »Ich lernte damals eine junge Frau kennen, in gleichem Alter wie ich, ein geistreiches Wesen, voll guten Geschmacks und guten Sinns. Eine Französin aus einer der ersten Familien des Landes. Ich liebte sie, wie eben ein junger Mensch liebt – sie liebte mich in aller Einfalt ihres Herzens ... Das dauerte mehr als drei Jahre und bewahrte mich vor all den geschmacklosen Verrücktheiten, die diesem Alter sonst so nahe liegen.«

Kennengelernt hat Clemens Metternich die Gräfin de Caumont-Bouillé in Brüssel, wo sein Vater mit wechselndem Erfolg und ohne Hinterlassung einer dauerhaften Spur die Interessen Österreichs wahrzunehmen sucht. Er sei, so wird Clemens Metternich in seiner Autobiographie mitteilen, dem Vater behilflich gewesen. Worin? In Amtsgeschäften? Als liebenswürdiger Adjutant bei den unerläßlichen und allerdings auch freudig wahrgenommenen gesellschaftlichen Auftritten?

Nach einem üppigen Abendessen und stürmisch bewegt von den Empfindungen für Constance zertrümmert Clemens die Nasen von einigen Statuen. Viel mehr läßt sich an Bedeutungsvollem über Clemens Metternichs Aufenthalt in Brüssel eigentlich nicht sagen. Das Ehepaar Caumont-Bouillé übersiedelt nach Mainz. Hoffnungslos verliebt sich Constance jetzt unwiderruflich in Clemens. Dieser, dessen Aussehen und Haltung Zeitgenossen als ungemein vorteilhaft schildern und der in der Tat das ist, was man einen hübschen jungen Mann nennen muß, eine vollendete Erscheinung sogar, wozu noch Bildung und vortreffliche Manieren und natürlich ein seriöser gesellschaftlicher Hintergrund kommen, genießt seine Eroberung und bewährt sich als aufmerksamer und scheinbar gefühlstiefer Liebhaber.

Er selber wird in den *Denkwürdigkeiten* über diese Zeit sagen: »Ich vollendete mein neunzehntes Jahr. Genau gesprochen, hatte ich keinen Erzieher mehr, und mein Lenker war mein Freund und Ratgeber geworden. Mein Aufenthalt in Mainz war mir von großem Nutzen und hat positiv auf mein folgendes Leben Einfluß genommen. Meine Zeit war geteilt zwischen meinen Studien und dem Verkehr mit einer Gesellschaft, die ebensosehr durch Geist als durch die soziale Stellung ihrer einzelnen Persönlichkeiten ausgezeichnet war.«

Dazu muß man im Ohr haben, wie der Graf Bouillé, immerhin Metternichs Freund in Mainz und der Gemahl der koketten, einer illegitimen Wollust sich leidenschaftlich hingebenden Constance, über ihn urteilt: daß dieser sich nämlich »bemüht, französisch elegante und leichte Formen und sogar ein gewisses Stutzertum so gut wie möglich mit der Steifheit und dem Phlegma des Deutschen zu verbinden«.

Und dazu noch einmal Metternich selbst in seinen Erinnerungen: »Zu jener Zeit waren Mainz und Brüssel die Vereinigungspunkte der den höheren Klassen angehörigen französischen Emigrierten. Im Umgang mit dieser gewählten Gesellschaft lernte ich die vom alten Regime begangenen Fehler kennen; gleichzeitig belehrten mich die Ereignisse, die jeder Tag brachte, über die Absurditäten und Verbrechen, denen eine Nation unvermeidlich verfällt, wenn sie die Grundlagen des gesellschaftlichen Baues untergräbt. Ich lernte ermessen, wie schwer es sei, eine Gesellschaft auf neuen Grundlagen zu errichten, wenn die alten zerstört sind. Auf diese Weise kam ich dazu, die Franzosen zu kennen, sie zu verstehen und von ihnen verstanden zu werden.«

Man gewinnt den Eindruck einer zynischen Frivolität, wenn man solche Urteile und Bekenntnisse liest und den augenblicklichen Lebenshintergrund dessen, den sie in der Hauptsache betreffen, genau kennt. Immerhin ist Clemens Metternich nicht in die Verlegenheit gekommen, seinerzeit, als er noch mit den Zofen seiner Mutter tändelte, über die Existenz der niederen Klassen nachzudenken. Und auch die revolutionären Belehrungs- und Bekehrungsversuche seines unglücklichen Erziehers Friedrich Simon haben äußerstenfalls schwärmerische Gedanken, jedoch kein der Wirklichkeit angepaßtes Weltbild in ihm zu erzeugen vermocht.

Er ist den ersten frühen Lebenserfahrungen sozusagen davongeschwommen, ohne durch sie überdurchschnittlich beeinflußt zu werden. Er hat genossen, aber nichts davon gehabt.

Jetzt, da er mit einer Französin, welche nicht bloß aus angesehener Familie stammt, sondern auch die Ehefrau eines anderen ist, den er seinen Freund nennt, ein so intimes Verhältnis hat, daß sogar von Liebe gesprochen werden kann, jetzt, da er mit jenen Emigranten, die den höheren Klassen angehören, vertraulichen Umgang hat, besinnt sich Clemens Metternich darauf, daß es nur nützlich sei, die Franzosen zu verstehen und von ihnen verstanden zu werden. Dabei meint er natürlich nicht die Masse des Volkes. Das gehorcht hüben wie drüben einem dumpfen Zwang und läßt sich zu Absurditäten und auch zu Verbrechen hinreißen. Und er meint auch nicht die Intellektuellen. Diese, sofern er ihnen in jener Phase seiner Entwicklung überhaupt begegnet, beeinflussen bloß das Volk mit ihren zersetzenden Ideen. Das Weltbild, das sich in Clemens Metternich formt, ist ein so sehr intaktes, in sich selbst ruhendes und von gesundem Hochmut ebenso wie von maßloser Selbstüberschätzung geprägtes und gestütztes, daß sein Träger niemals in die Versuchung kommen kann, an sich selber und an den Idealen, die ihm beigebracht wurden und sich ihm eingeprägt haben, zu zweifeln.

Ein solcher Mensch, wenn er achtzehn, neunzehn Jahre zählt, darf gar nichts anderes empfinden als Glück und Selbstzufriedenheit. Die Gesellschaft, aus der er kommt und die er nun obendrein für sich erobern will, akzeptiert ihn, mehr noch – er ist ihr Liebling. Sein hübsches Aussehen, seine glatten Manieren, seine unleugbare Bildung, sein scharfer Verstand, alle seine angeborenen und ausgebildeten Begabungen helfen ihm dabei. Er hat eine Geliebte, die er begehrt und die ihn rückhaltlos liebt. Er hat einen Vater, der sich Minister nennen darf in Brüssel, wo sich die Österreichischen Niederlande schon längst nicht mehr an das Haus Habsburg gebunden fühlen, was die Mission Franz Georgs ungemein schwierig geraten läßt. Er ist ihr ohnedies nicht oder nur unzulänglich gewachsen. Aber der Sohn ist noch Jahrzehnte später davon überzeugt, daß diese »Stelle des Ministers bei der Generalregierung von allen, die der Kaiser zu vergeben hatte, die hervorragendste« sei.

Diese Familie ist wie die Welt, in der sie wurzelt. Und Clemens, seinen Fähigkeiten nach alle überragend, ist die Inkarnation dieser Welt schlechthin, selbstbewußt und davon überzeugt, daß außerhalb dessen, was der eigene Horizont umfaßt, nichts Nennenswertes existiert. Österreich oder eigentlich das Haus Habsburg ist so beherrschend, daß eine andere Idee von Politik, Gesellschaft, Lebensart nicht einmal im Ansatz vorstellbar ist. Und die fein nuancierte, jedoch in sich geschlossene Gesellschaft, der man angehört, macht ohnedies jeden Ausbruchsversuch unmöglich. Aber ein Charakter wie Clemens Metternich denkt nicht an Ausbruchsversuche.

Jenseits des Rheins tobt zwar der Pöbel – denn anders als pöbelhaft kann diese Gesellschaft sich die Menschen nicht vorstellen, die immer noch Revolution machen, einem Gleichheitsprinzip nacheifern, das gegen jede überlieferte Gewohnheit und vor allem gegen eine soziale Struktur gerichtet ist, die in den Augen jener, die das Volk sich immer bloß als Pöbel einreden können, die einzig wahre und vernünftige sein muß –, aber was jenseits des Rheins passiert, übt vorerst noch keine Wirkung aus in den Köpfen, im Gefühl derer, welche im Schutze des Hauses Habsburg die herrschende Klasse bilden. Viel später wird Clemens Metternich allerdings davon überzeugt sein, damals bereits gewußt zu haben, daß die Revolution sein Gegner sein würde, den er stets zu bekämpfen hätte. Vorerst noch trifft auf ihn freilich viel eher zu, was sein Biograph Tritsch ausspricht, daß nämlich in jenen Jahren Constance sein Denken beherrscht habe und daß eigentlich erst nach Abschluß dieser Beziehung – die keine Jugendliebe genannt oder als eine solche nicht verharmlost werden darf, obgleich Jugendliche in sie verstrickt sind – »der selbstgefällige schöne Knabe Clemens Lothar Metternich ein junger Mann geworden« sei, »der sich bald zum erfolgreichsten Frauengünstling seiner Zeit aufschwingen wird, zunächst zum Glückspilz und diplomatischen Leichtfuß, dann bald zum wirklichen Menschenkenner – und schließlich zum Zauberer . . .«.

Gelegentlich verführt der Enthusiasmus für die zu beschreibende Person einen Autor zum Überzeichnen, zur Übertreibung. Aber in diesem bsonderen Fall entspricht sogar die Übertreibung der Wirklichkeit. Denn Clemens ist zum Zauberer geboren. Und er hat nichts als Glück. Er wird geliebt. Es wird ihm hofiert. Die gute Gesellschaft von Mainz nimmt ihn mit offenen Armen auf. Er lernt leicht und macht sich auch im Studium Freunde. Seine Lehrer, unter ihnen vor allem der nachmals berühmte Staatsrechtslehrer und Historiker Nikolaus Vogt, sind ihm gewogen. Er erweckt wohlgefällige Aufmerksamkeit am Hofe der beiden Kurfürsten Friedrich Karl, der in Mainz regiert, und Clemens Wenzel, dem die Verwaltung des Kurtrierschen obliegt. Und nach dem Tode Kaiser Lepolds II., der nicht einmal zwei Jahre lang Oberhaupt der habsburgischen Dynastie sein durfte, wird dessen Sohn und Nachfolger Franz am 14. Juli 1792 in Frankfurt zum Kaiser gekrönt. Wieder darf Clemens den Zeremonienmeister machen und diesmal sogar mit der jungen und hübschen Luise von Mecklenburg, der nachmaligen Königin Luise von Preußen, den festlich inszenierten und kostspieligen Tanzabend eröffnen, der diesen Krönungsfeierlichkeiten einen besonderen gesellschaftlichen Rahmen verleihen soll.

Das alles hat mit Glück zu tun, aber nicht ausschließlich. Denn einem minder begabten, weniger selbstsicheren und intelligenten jungen Mann würden alle günstigen Voraussetzungen, die ihm von der Familie mit auf den Weg gegeben sind, nur wenig helfen, wenn er sie nicht ausgiebig zu nützen verstünde. Und nicht nur Glück allein ist es, was Clemens jetzt befähigt, als Kämmerer des neuen jungen Kaisers – mit welchem er eine erste und seinerzeit noch flüchtige Freundschaft in Frankfurt anläßlich der Krönung Leopolds schließen durfte – bei der nachfolgenden Fürstenversammlung in Mainz erfolgreich in Erscheinung zu treten. Eines kommt hier zum anderen. Jene Luise, mit der er den Krönungsball in Frankfurt eröffnet, kennt er seit seiner Kindheit. Beider Mütter stehen seit langem auf vertrautem Fuße. »Beziehungen aufrichtiger Herzlichkeit dauerten zwischen uns während des ganzen Lebens jener Fürstin Luise fort«, schreibt der alternde Metternich. Und dem Kaiser Franz ist er in der angenehmsten Erinnerung. Das ist mehr als vielversprechend. Das ist eine Ausgangsposition, die man bloß geschickt zu verwenden braucht, und Clemens Metternich ist gewiß nicht einer, der eine Chance leichtfertig vertut.

Und jetzt auch noch dieses: »Von Mainz begab ich mich nach Koblenz, wohin die französischen Prinzen zurückkehrten. Die preußische Armee hatte ein Lager beim Dorfe Metternich bezogen, das eine Meile von der Stadt entfernt liegt. Daselbst trat ich zum erstenmal mit dem Kronprinzen von Preußen in Verkehr, der nach dem Tode des Königs Friedrich Wilhelm II. den Thron bestieg.« (Aus den *Denkwürdigkeiten*)

Clemens ist endgültig aufgebrochen, um für sich eine Welt zu entdecken, die es nicht zu erobern, sondern zu bewahren gilt. Aber das weiß er noch nicht. Er steht noch am Beginn. Die ersten Schritte sind getan, mehr nicht. Der Weg liegt noch vor ihm. Nur das Ziel scheint diesem jungen Menschen, der eigentlich alterslos ist, schon völlig vertraut zu sein. Dieses Ziel hat keinen Namen, aber einen Inhalt: Erhaltung und Absicherung dessen, woraus man gewachsen ist. Die Welt, wie sie ist, ist nicht die beste. Aber eine bessere ist nicht vorstellbar.

Also muß eine Ordnung gewährleistet sein, die sie vor dem Absturz ins Chaos bewahrt.

Eigentlich geht alles sehr rasch, passieren die Dinge wie von selbst, übt die Erfolglosigkeit des Vaters eine fast stimulierende Wirkung auf den Sohn aus. Dabei scheinen die äußeren Umstände der Karriere dieses jungen Mannes aus erstklassigem, materiell jedoch eher minderbemitteltem Haus nicht besonders förderlich zu sein. Es gibt Krieg zwischen Frankreich und Österreich, welcher im April 1792 offiziell erklärt wird. Der Vater, Franz Georg, hat wenig Glück mit seiner Mission in den Niederlanden. Er ist weder der Sache selbst noch dem schwerfälligen Apparat der Wiener Zentralregierung gewachsen, deren Aufträge einander widersprechen, deren Direktiven entweder hilflos oder rätselvoll sind. »Unmittelbare Wirkung: Man wird bald ohne Amt und in offener Ungnade sein. Der finanzielle Rückhalt der Familie, die alten Gönnerschaften, die überaus reichen rheinischen Erbbesitzungen, alles ist durch Krieg und Revolution verloren. Dazu die Riesenschulden des Vaters aus zwei Kaiserkrönungen. Jetzt müssen die Metternichs natürlich unbedingt zusammenhalten und sich nach neuen Beziehungen, nach neuen Stützen und Freundschaften, nach neuen Ämtern und Einkünften umsehen. Raum für Extrawünsche und Extratouren kann Clemens Lothar jetzt nicht mehr finden. Und der alte Glanz des alten Hauses ist wichtiger als die Laune eines jungen Herren.« (W. Tritsch)

Hat Clemens Launen? Wünsche vielleicht, Launen kaum. Dazu ist er bereits zu diszipliniert. Der Ehrgeiz beginnt freilich in ihm zu rumoren. Aber das ist legitim. Die Liebschaft mit einer verheirateten Frau kann derlei nicht erfüllen, was sich ein junger Mann vom Leben erhofft, und nicht besänftigen, was an Ungeduld in ihm ist. Er hat die Nase in den Wind gesteckt. Er hat von fernher Pulver gerochen und etwas von dem gewittert, was auch eine Voraussetzung für eine Karriere sein kann, nämlich Erfahrung im Umgang mit jenen, die an der Macht sind und deren Gunstbeweise die Basis sind für alles weitere. »Im Laufe des Spätsommers begab ich mich nach Brüssel. Der Krieg war in vollem Gange. Meine Universitätsstudien wurden in Folge dieser Ereignisse unterbrochen. Ich kam und ging zwischen Brüssel und der Armee hin und her, bald mit Aufträgen meines Vaters versehen, bald um Freunde zu besuchen.« (Aus den *Denkwürdigkeiten*)

1792 ist ein wichtiges Jahr: Krieg und die Krönung des jungen Franz zu Frankfurt und die Ermordung Ludwigs XVI., welcher dann, 1793, die Hinrichtung Marie Antoinettes folgt, der Tochter Maria Theresias. Dieses letztere Ereignis animiert Clemens zur Abfassung eines Pamphlets, das er mit dem Titel »Über die Notwendigkeit einer allgemeinen Bewaffnung des Volkes an den Grenzen Frankreichs« versieht, überdies mit dem Hinweis schmückt, daß es von einem »Freund der allgemeinen Ruhe« abgefaßt sei und das er im übrigen anonym herausgibt. Es ist viel Schwülstiges darin enthalten, ein sozusagen in vaterländischer Tonart angestimmtes Pathos, aber auch jenes vorsichtige Abwägen und Begründen zugunsten einer Situation, die jede radikale Veränderung ausschließt.

Der Vater, der selbst Protektion dringend benötigt, protegiert den Sohn nach Kräften. Zuerst nimmt er Clemens als Sondergehilfen des Ministeriums in Verwendung, wobei man sich nichts Konkretes und auch nichts Bedeutungsvolles darunter vorstellen sollte, aber auch nicht übersehen darf, daß derlei Hineinschnuppern in die diplomatischen Geschäfte einem angehenden Staatsdiener ungemein nützlich sein kann. Denn Clemens Metternich lernt viel in Brüssel, auch wenn er nur an Nebensächlichem teilhaben darf. Etwas später, als man ihm erlaubt, als Kurier zwischen Brüssel und der Armee, die gegen das französische Heer sich nicht nur mit Ruhm bedecken kann, tätig zu sein, wird aus dem Schnuppern schon ein tiefer, kräftiger Atemzug, mit dem er einsaugt, was ein rauher Wind an Realität ihm zuweht. In seinen Erinnerungen schreibt er: »Ich hatte fast allen Operationen der Belagerung [von Valenciennes] beigewohnt und dadurch Gelegenheit, den Krieg in der Nähe zu sehen.« Und dann kommt dieser eine bemerkenswerte Satz, der manches erklärt, was an der späteren Biographie Metternichs möglicherweise widerspruchsvoll anmutet: »Es wäre zu wünschen, daß alle jene, welche das Geschick zur Leitung der Staatsgeschäfte beruft, dieselbe Schule durchmachen könnten. Im Verfolg meines langen öffentlichen Lebens hatte ich für meinen Teil oft Anlaß, mir zur Erwerbung dieser Erfahrung Glück zu wünschen.«

Den Pulverdampf riecht er also auch. Und er spürt instinktiv, daß solche Erfahrung wertvoll ist. Er hat jedenfalls, so glaubt er, manche Ursache, von einem Gefühl, das man Eitelkeit nennen könnte, aufgebläht zu sein. Daß er selbst sich nicht für eitel hält, sondern alles, was er erleben wird, als schicksalhaft begreift, als natürliche Bevorzugung eines Auserwählten, darf angenommen werden. Viele Jahre danach hört sich das alles nüchtern an, wenn Metternich feststellt: »Den Winter von 1793 auf 1794 verlebte ich in den Niederlanden. Ich setzte die Studien des Berufes, zu dem man mich bestimmte, fort und nahm an den Kabinettsgeschäften Anteil.«

Wie alt ist er damals? Zwanzig oder doch schon einundzwanzig? Und zum Beruf, den er in Brüssel studiert, hat man ihn bestimmt? Also kein eigener Entschluß, kein selbständiges Wollen, dem dann das Handeln folgt? Bloß hineingehoben, hineingeschoben ist er in eine Laufbahn, auf der er dann höchste Erfolge und peinliche Niederlagen erleben wird?

Es fällt schwer, daran zu glauben, daß wirklich nur das Drängen des Vaters, die zärtliche Unerbittlichkeit der Mutter das bewirkt haben sollen, was später so großartige Früchte trägt. Ist da wirklich keine eigene Meinung zu spüren? Gehorcht er zu diesem Zeitpunkt tatsächlich noch fremden Wünschen? »Trotzdem ist deutlich zu erkennen«, schreibt Tritsch, »angesichts der Reibungslosigkeit, mit der die verschiedenen Wünsche stets rasch in Übereinstimmung gebracht, die verschiedenen Pläne stets prompt ausgeführt werden: Noch ist dieser junge Mensch ganz frei von eigenem Willen, noch ist solches Vermeiden jeder eigenen Entscheidung dem jungen Clemens Lothar in seinem tiefsten Herzensgrund offenbar willkommen.«

Was übrigens den erwähnten Anteil an den Kabinettsgeschäften in Brüssel angeht, so darf man sich auch darunter nichts vorstellen, was über den engen Rahmen des bloßen Dabeiseins hinausgeht. Clemens ist ein Zuhörer. Ein aufmerksamer Zuhörer zwar, aber doch einer, der nicht viel mehr als ein hübsches Gesicht und artige Manieren anzubieten hat. Daß er lernt, wie man aufzutreten, zu reden, zu agieren hat, wie man sich in Szene setzen muß, wenn man vorteilhaft abschneiden will, steht außer Frage. Mehr noch lernt er wahrscheinlich, wie man es nicht machen soll und daß alles Ungestüme schädlich, alles Heftige töricht sei. Einer, der gut zuhören kann, schlägt auch aus solcher Begabung Gewinn. Clemens Metternich ist jemand, der über viele Begabungen verfügt, auch über jene der geduldigen Anpassung. In Brüssel darf er das erstmals beweisen.

Dann, da ist er gerade einundzwanzigjährig, wird er nach England delegiert. Wieder ist es nichts Großes, nichts wirklich Bedeutsames, was man ihm aufträgt. Er ist Begleiter des Generalschatzmeisters der niederländischen Regierung; oder er ist, um genau zu sein, einer von mehreren Begleitern. Heute nennt man dergleichen Delegationsmitglied. Clemens Metternich macht daraus einen hübschen kleinen Roman. »Ich machte die Bekanntschaft des Prinzen von Wales, späteren Regenten des Königreiches und zuletzt Königs unter dem Namen Georg IV.; unsere Beziehungen, die damals ihren Anfang nahmen, dauerten während des ganzen Lebens dieses Fürsten fort.« Oder diese selbstgefällige Bemerkung: »Damals war ich zum Posten eines außerordentlichen Gesandten und bevollmächtigten Ministers des Kaisers im [niederländischen] Haag ausersehen. Dies wußte man in London, und dieser Umstand verschaffte mir den Zutritt zu einer Sphäre der Gesellschaft, die sonst für einen jungen Menschen von einundzwanzig Jahren fast unnahbar ist.«

Auch einer Seeschlacht hätte er fast beiwohnen können. Das geschieht im Umfeld der Insel Wight, die vor der englischen Hafenstadt Portsmouth gelegen ist. Also wieder Pulverdampf, der von fernher in die Nase steigt, wieder eine Erfahrung, die zwar nur eine indirekte ist, weil Clemens Metternich von der Schlacht selbst, die mit einem Sieg der Engländer endet, nichts bemerkt, die er aber doch auf die Habenseite buchen darf, wenn er später einmal Entscheidungen wird treffen müssen. Am Beginn einer Laufbahn zählt jedes Steinchen, das man zum anderen legt, bis eine Pyramide entsteht.

Aber aller eingebildete oder vermeintliche Glanz, den Clemens Metternich in England erwerben kann, alle wirklichen oder herbeigeredeten Erfahrungen, die er macht, ändern nichts am Umstand, daß es der Familie Metternich schlecht ergeht. Mangel an kaiserlichem Wohlwollen und Geldmangel sind es, die das Haus Metternich belasten. Dabei könnte man sagen, daß Franz Georg an beidem schuldlos sei. Er ist zwar kein überragender Diplomat, aber in den Niederlanden wäre, damit kann er sich trösten, auch ein fähigerer Mann gescheitert. Und was seine nahezu ausweglose materielle Situation angeht, so hat er sich diese gleichsam aus patriotischen Gefühlen geschaffen. Verlust der einträglichen Besitzungen an die Franzosen, Unsummen vergeudet, um bei zwei Kaiserkrönungen gebührend auftreten zu können, und überhaupt eine unglückliche Hand in Geldangelegenheiten – das summiert sich. Das muß geändert werden. Zwei Möglichkeiten gibt es: den Kniefall vor dem Kaiser und eine günstige Verehelichung des Sohnes. Dazu muß er freilich nach Wien.

1794 ist es soweit. Einen anderen Ausweg sieht man nicht. Im Oktober macht er sich auf den Weg. Clemens freilich geht nach Böhmen, nach Schloß Königswart, nach jenem alten Stammgut, das einer der Vorfahren in der legendären Schlacht auf dem Weißen Berg sich erkämpft hatte und das nun, da man nichts anderes mehr besitzt, die Voraussetzungen schaffen soll für ein standesgemäßes Auftreten in Wien. Es ist eine heikle Aufgabe für den einundzwanzigjährigen Clemens. Zwei volle anstrengende, auch mühsame Monate bringt er damit zu, die beinahe verlotterte Liegenschaft und einen Verwalter, der nur für die eigene Tasche geschickt ist, wieder in eine brauchbare Ordnung zu bringen.

In diesen Spätherbst, in diesen Winter fällt Clemens Metternichs erste wirkliche Bewährungsprobe. Denn hier ist er keines einflußreichen Gönners gehorsamer Begleiter. Hier kann er sich keine Direktiven holen, nach denen vorzugehen ist. In Königswart muß er selbst Entscheidungen treffen, die, und das weiß er ganz genau, von weitreichender Bedeutung sind. Denn ist dieser Besitz erst einmal endgültig heruntergewirtschaftet, so daß kein Ertrag mehr daraus zu erzielen ist, so verliert die Familie auch das letzte an Eigenem, wird ihr auch der letzte Boden unter den Füßen weggezogen. Viel hängt ab von der Tüchtigkeit des jungen Metternich, von seiner Fähigkeit, mit Menschen umzugehen, die zwar Untergebene, aber auch in einem recht realistischen Sinne Unabhängige sind. Mit ihnen kann der junge Mensch, der wie aus einer anderen Welt hereingeschneit kommt, nicht in Sachkenntnis und Erfahrung wetteifern. Er hat Mühe, Autorität zu zeigen, ohne sich lächerlich zu machen. Es ist ein Seiltanz, den er absolvieren muß.

Aber wenn's ums Überleben geht, lernt einer im Handumdrehen sogar die Landwirtschaft – oder das, was einer wissen muß, um in den Büchern zu erkennen, ob er betrogen wird, und ob der Ertrag nicht doch zu steigern ist durch Tüchtigkeit und Eifer und ob es nottut, zu rationellen Methoden zu greifen, und dieses und jenes . . . Wir wissen nicht, wie das im Detail ausgesehen hat. Wir wissen nur, daß daraus keine Katastrophe wurde. »Ich verbrachte die Monate November und Dezember allein in Königswart und befaßte mich mit der meiner Obsorge anvertrauten Administration«, schreibt Metternich in seinen Erinnerungen. Mehr nicht. Und viel mehr ist da auch nicht, was des Erzählens wert wäre. Aber es ist genug, daß er nicht gescheitert ist. Und doch ist es zu wenig, um den Hals aus der enger werdenden Schlinge zu ziehen. Andere, wirksamere Abhilfe ist unumgänglich, wenn man nicht vollends in eine Abhängigkeit geraten will, die allein schon deshalb ein mörderisches Risiko in sich birgt, weil sie die immer wankelmütige Gunst der Mächtigen voraussetzt.

Natürlich wird im Hause Metternich nicht offen über die prekäre Lage gesprochen, in die man geraten ist, gleichviel, ob aus eigener Schuld oder aus Gründen, gegen die man nichts unternehmen kann. Noch nagt man nicht am Hungertuch. Noch funktionieren die Sicherheitsmechanismen der österreichischen Hocharistokratie. Und noch ist da der Kaiser, der sozusagen mit einem Federstrich die gefährdete Welt der Metternichs wieder in Ordnung bringen kann, was er dann auch tatsächlich tut. Aber daß man unabhängig von solchen Überlegungen dem ältesten Sohn eine gute, eine vortreffliche Partie arrangiert, daß man ihn versorgt sehen will mit einer Mitgift, die über das notwendige Alltägliche hinaus auch die Fortsetzung einer erfreulichen Karriere ermöglicht, ist nur selbstverständlich. Es wäre wider alle Vernunft, wie sie jener Zeit eigen ist, wenn nicht auch in diese Richtung alles zu erreichen versucht würde, was der üblichen Ordnung entspricht.

Diese Bemühungen sehen so aus, daß die Mutter, die sich nun energisch um das Schicksal des älteren Sohnes kümmert, sich einer Jugendfreundin anvertraut, welche mit dem Fürsten Kaunitz vermählt ist, dem ältesten Sohn des wenige Monate zuvor verstorbenen Fürsten und Staatskanzlers Kaunitz, dessen Enkelkind Eleonore wiederum, ein Mädchen von neunzehn Jahren, dereinst Erbin eines beträchtlichen Vermögens sein wird.

Man braucht die Geschichte nicht im Detail zu erzählen. Am 27. September 1795 ist Hochzeit auf Schloß Pratzen oberhalb eines Dorfes namens Austerlitz. Es ist das, was man eine Allianz der Vernunft nennt. Es hat mit Liebe nichts zu tun. Aber es funktioniert, weil es funktionieren muß. Was die Hochzeit angeht, über deren Datum es bei den Biographen Metternichs Meinungsverschiedenheiten gibt, weil einmal der 27. August 1795 und dann wieder der 27. September genannt wird – sogar über das Jahr sind sie sich nicht immer einig, denn bei Walther Tritsch lesen wir, daß es 1794 gewesen sein soll, daß Clemens Metternich seiner Eleonore vermählt wurde –, was also diese Hochzeit angeht, die wir uns wahrscheinlich doch für den 27. September 1795 denken dürfen, so öffnet sie ihm – und damit auch seiner Familie – endgültig die bisher verschlossenen Türen zu den Salons der Wiener Hocharistokratie. Derlei ist nicht bloß erfreulich, sondern auch entscheidend für die weiteren Lebensumstände eines Menschen, der zwar einer Freundin über seine erste Ehefrau einmal mitteilen wird, daß Eleonore »niemals hübsch« sei, und: »Liebenswert erscheint sie nur denjenigen, die sie sehr gut kennen ... In der Öffentlichkeit hält man sie für unfreundlich, und gerade das möchte sie«, der aber auch, wie zu seinen Gunsten ergänzt werden muß, dieser höflichen Herzlichkeit fähig ist, die ihn sagen läßt: »Es gibt nichts in der Welt, was ich nicht für sie tun möchte.«

Muß man nicht erschrecken, wenn man derlei erfährt? Da redet einer von der eigenen Ehefrau, die ihm herzlich zugetan ist, ihn vielleicht sogar liebt mit der ganzen Unschuld ihrer spröden Mädchenhaftigkeit, wie über eine Aktie. Und in einem besonderen Sinne ist Eleonore Kaunitz auch gar nichts anderes als ein Wertpapier, eine Anlage sozusagen, von der sich Clemens

Metternich vortreffliche Zinsen erwarten darf. Fast überrascht es, daß aus einer solchen Verbindung Kinder entspringen, was uns daran denken läßt, daß es doch auch zu Umarmungen kommt, zu Zärtlichkeiten und vielleicht sogar zu einer gewissen Heftigkeit der Gefühle, die über das hinausgeht, was man eheliche Pflichterfüllung nennt. Clemens ist, was das andere Geschlecht angeht, längst schon ein erfahrener Mann. Er vermag eine Frau oder ein junges Mädchen an sich zu fesseln, ohne daß er zu heucheln genötigt wäre, etwas besonders Tiefes oder Ungestümes zu empfinden. Solche Exaltiertheit ist in den Kreisen, in denen ein Metternich lebt und verkehrt, ohnedies nicht üblich. Leidenschaft ist etwas, was man dem Pöbel überläßt, oder etwas, dem man sich gelegentlich außerhalb der Ehe, außerhalb der Konvention hingibt wie einer vorübergehenden Verirrung. Nicht daß er unempfindlich ist. Aber er hat sich in der Hand. Er ist diszipliniert nicht nur aus Erziehung, sondern weil ihm das angeboren ist.

Unmittelbar nach der Hochzeit, nun, da er mit dem ganzen österreichischen Hochadel versippt und verschwägert und zudem, was die erfreuliche Hauptsache dieses Arrangements genannt werden darf, auch im Besitz eines wirklichen Vermögens ist, er nicht nur über gnädigst gewährte Almosen, sondern tatsächlich über Reichtum verfügen kann, da also zieht er sich von allem zurück, was eben noch begehrenswert und das Ziel seiner und vor allem auch seiner Familie Anstrengungen gewesen war. Die Politik interessiert ihn plötzlich nicht mehr. Auf die Vorbereitungen zu einer glänzenden diplomatischen Laufbahn legt er keinen Wert mehr. Das Antichambrieren in den Vorzimmern der Macht, unerläßliche Lehrzeit für jeden politischen Eleven, verdrießt ihn. Gunstbeweise Höherer und Mächtigerer lassen ihn kalt.

Aber stimmt das wirklich? Gibt es da nicht etwas, das ihn so seltsam handeln läßt, daß manche meinen, das sei gegen alle Vernunft gerichtet? In seinen Erinnerungen schreibt er: »Ich habe schon erwähnt, daß der öffentliche Dienst wenig Anziehungskraft für mich besaß. Ich hätte vorgezogen, im Privatleben zu bleiben und meine Zeit der Pflege der Wissenschaften zu widmen. Zu der Epoche, von der ich spreche, schien das Geschick meine Neigungen begünstigen zu wollen . . .«

Wovon spricht der alte, längst berühmte und ein ereignisreiches Leben überblickende Fürst Metternich hier? Sind dem jungen Clemens Metternich die Trauben sauer, weil sie zu schwer oder gar nicht erreichbar scheinen? Ist er ein Mitgiftjäger, der sich, als die Beute eingebracht ist, behaglich zurücklehnt und jetzt, da er Mitbeteiligter eines schönen Vermögens und außerdem vollintegrierter Angehöriger der höchsten gesellschaftlichen Klasse ist, kein Ziel mehr zu haben braucht, das Anstrengung und Ehrgeiz erfordert?

Noch einmal Metternich selbst: »Ich schulde meinen Lesern die Gründe, die dazu beitrugen, daß ich mich von den öffentlichen Geschäften fernhalten wollte. Noch jung in eine Lage versetzt, die mir erlaubte, den Gang der großen Angelegenheiten vom höheren Gesichtspunkte zu betrachten, fand ich, daß sie anders, als es hätte geschehen sollen, geleitet wurden. [. . .] Mein eigentlicher Beruf schien mir die Pflege der Wissenschaften zu sein, besonders der exakten und der Naturwissenschaften, die ganz eigentlich meinem Geschmack entsprachen. Auch die schönen Künste liebte ich – nichts also weckte in mir den Wunsch, meine Freiheit in Fesseln zu schlagen. Die diplomatische Laufbahn konnte allerdings meinem Ehrgeiz schmeicheln, aber diesem Gefühle war ich mein ganzes Leben lang nicht zugänglich.«

Nun gibt es allerdings eine Meinung, die von manchen Historikern und literarischen Verwaltern der Biographie Metternichs vertreten wird und die besagt, daß der junge Ehemann mit seinem Verzicht auf das, was man eine glänzende diplomatische Karriere nennen könnte, lediglich dem ausdrücklichen Wunsch seines Schwiegervaters Kaunitz entsprochen habe, »der ihn und die Tochter vorerst unter den Augen behalten und nicht gleich in irgendwelchen diplomatischen Missionen in die Ferne entschwinden lassen will« (W. Tritsch). Darin könnte mehr als bloß ein Körnchen Wahrheit enthalten sein, denn nicht einmal verlockende Angebote, nicht einmal die nunmehr fast täglich sich bietende Möglichkeit, durch neugewonnene Bekanntschaften und Beziehungen mehr als nur einen Fuß in die Tür zu stellen, dahinter die Treppe aufwärts zu Einfluß und Ruhm liegt, können Clemens von seiner zurückhaltenden Lebensweise abbringen. Daß jedoch die Wünsche des Schwiegervaters nicht allein ausschlaggebend sein können für diese eremitische Haltung – der gewisse epikureische Möglichkeiten nicht im mindesten fremd sind –, beweist der Umstand, daß auch der Tod des Fürsten Kaunitz im Herbst des Jahres 1797 vorerst nichts an der vermeintlichen Idylle ändert. »Die häuslichen Angelegenheiten und die Studien blieben meine Beschäftigung«, berichtet Metternich in seinen Erinnerungen über die diesem Ereignis folgende Zeit.

Nur einmal tritt Clemens Metternich aus seiner selbsterwählten oder ihm sanft diktierten privaten Behaglichkeit hervor, um wieder einmal als Gehilfe und Sekretär seines Vaters und auch als Vertreter des westfälischen Grafenkollegs an schwierigen Verhandlungen teilzunehmen, nämlich anläßlich des sogenannten Kongresses von Rastatt. Dieser soll – in der Folge des für Österreich nicht sonderlich glücklichen Waffenstillstandes von Campo Formio – den in der norditalienischen Villa Manin, der Heimstätte des letzten Dogen von Venedig, angebahnten Frieden zwischen Frankreich und dem Hause Habsburg endgültig machen.

Es ist eine von allem Anfang an unangenehme oder eigentlich ausweglose Situation, in welche Franz Georg Metternich – und mit ihm natürlich Clemens – hineinbeordert wird, und zwar auf Veranlassung des damals amtierenden österreichischen Ministers des Auswärtigen, des Freiherrn Franz von Thugut, dem Metternich Jahrzehnte später noch grollend »eine ununterbrochene Reihenfolge von Mißgriffen und falschen Berechnungen« vorwirft. Es ist das, was man heute ein Himmelfahrtskommando nennt, bei dem zwar ein Graf Lehrbach offiziell als Bevollmächtigter des Kaisers Franz auftritt, das jedoch mit allen peinlichen Konsequenzen wieder einmal das ohnedies ramponierte Ansehen des Diplomaten Franz Georg Metternich arg beschädigt. Denn wirklich agieren können die Österreicher in Rastatt nicht. Sie haben gegen die Franzosen alles verloren, was man militärisch überhaupt verlieren kann, sie büßen endgültig das wertvolle linke Rheinufer ein – was vor allem für die Familie Metternich ein katastrophaler Verlust ist –, sie müssen auf die reiche Lombardei verzichten, und sie verlieren unwiderruflich die Österreichischen Niederlande. Das sind Ohrfeigen, die auch ein so starkes, dem äußeren Ansehen nach glänzendes Imperium wie das habsburgische erschüttern müssen, wobei man freilich hinzufügen muß, daß die kaiserliche Gesandtschaft – insbesondere natürlich Franz Georg Metternich – in Rastatt, wo ihr auf der Gegenseite der französische Botschafter in Wien und spätere König von Schweden, der General Bernadotte gegenübersaß, mit solchem Aplomb und solcher Verschwendungssucht auftrat, als wäre sie und nicht der Franzose der eigentliche Triumphator des Kongresses. Diese Gesandtschaft thronte, wie es seinerzeit der österreichische Historiker Viktor Bibl zornig notierte, »zum Ergötzen der französischen Direktorialgesandten unter einem prächtigen Baldachin und hielt streng auf die Einhaltung des althergebrachten Zeremoniells«. Franz Georg Metternich scheint dabei wieder einmal jene Rolle gespielt zu haben, die später dann dem Komödienschreiber Kotzebue Ursache gab, das vielgespielte Lustspiel *Die beiden Klingsberg* zu schreiben. Und auch der Sohn soll hier in Rastatt etlichen Verlockungen erlegen sein, die Viktor Bibl als Liebesaffären bezeichnete, »wobei sich Vater und Sohn gegenseitig ins Gehege kamen«.

Erfreulich ist das alles nicht; und dem Ansehen der Familie dient es gewiß nicht. In einem Brief, datiert auf den 7. Jänner 1798, berichtet Clemens über einen Ball: »Das war wohl die allerlangweiligste Angelegenheit ... fast hundert Männer waren anwesend, sozusagen nur Minister und Deputierte, und dazu acht bis zehn Frauen, von denen wohl die Hälfte die Fünfzig erreicht hatte.« Ist das wirklich alles, was er über Rastatt zu berichten weiß?

Affären mit Schauspielerinnen, Aufenthalt an den Spieltischen, blasiertes Benehmen oder eigentlich eine an den Tag gelegte Gleichgültigkeit gegenüber allen politischen Dingen, die man sehr leicht mit jenem Hochmut verwechseln kann, den ein junges Herrchen sich auf gar nichts anderes als auf seine Dummheit einbildet; dazu noch die Keckheit, die Ehefrau mit dem Kind in Rastatt zu empfangen, ohne jedoch den bisher geübten lockeren Lebensstil diskret einzuschränken; und zu allem Überfluß ein Skandal, ein tolldreister Streich, über den zuerst Rastatt und dann halb Europa schmunzelt. Derlei äußerer Schein, der in der Tat kein sonderlich erfreuliches Bild abgibt, erlaubt es dem Mitarbeiter einer französischen Zeitung, nach Paris zu schreiben: »Nicht selten sieht man ihn Frau und Kinder der Gesellschaft Fremder überlassen, um ein kleines Souper mit Schauspielerinnen und Spielbankbesitzern abzuhalten.« Und dann noch: »Er sollte sich zuweilen daran erinnern, daß Dünkel keine wahre Würde ist und daß es zumindest von äußerster Inkonsequenz zeugt, sich einerseits mit Leuten von schlechtem Ruf zu vergnügen, andererseits durchaus ehrenwerte Leute hochmütig zu behandeln.«

Die Schilderung des vorhin erwähnten Skandals oder tolldreisten Streiches ist noch nachzutragen. Die nachfolgende Geschichte, eine ebenso delikate wie allerdings den Charakter Clemens Metternichs vortrefflich beschreibende Anekdote, paßt nämlich recht gut zum Bild jener Wochen und Monate, in denen der junge Diplomat aus Wien – der seinen Abscheu vor aller diplomatischen Tätigkeit kaum verhehlt – eine recht sonderbare Figur abgibt. Diese Geschichte hat mit der reizenden Wiener Freundin des französischen Delegationsleiters zu tun, des Generals Bernadotte, von dem alle Welt weiß, wie sehr er der jungen Dame zugetan ist, die man im eigentlichen Sinne dieser Bezeichnung nicht eine Dame nennen kann, wie sehr er ihr selbst ausgefallene Wünsche liebevoll erfüllt, so etwa jenen, in Rastatt, wohin die Geliebte dem General selbstverständlich folgt, ein reizendes Palais zu mieten und einzurichten, ein Liebesnest, wie die wenigen galanten Rastatter Bürger und die Österreicher meinen.

So weit, so gut. Zu ergänzen wäre, daß sich dieses Palais mit der Wiener Schönen unweit jenes Hauses befindet, darin die Metternichs logieren. Dann, eines Nachts, eher schon im Morgengrauen, gibt es in Rastatt Feueralarm. Das Liebesnest des Franzosengenerals brenne, heißt es. Später wird nicht mehr in Erfahrung zu bringen sein, wer diesen, im übrigen unsinnigen, Feueralarm ausgelöst hat. Jetzt jedenfalls eilt die halbe Stadt zur Stätte der vermeintlichen Katastrophe und entdeckt dort zwar kein Feuer, wohl aber den jungen Herrn von Metternich, der sich weit aus dem Schlafzimmerfenster jener Dame lehnt, welcher Bernadotte sich selbst und die Welt zu Füßen zu legen wünscht. Clemens Metternich ist überdies dem Anlaß gemäß gekleidet, nämlich in ein Nachthemd.

Offenherziger kann man nicht mehr sein oder gleichgültiger gegen die Meinung der Öffentlichkeit handeln, wenngleich einige Historiker und Autoren diesen Skandal von Rastatt als bewußte Provokation betrachten oder als raffiniert eingefädelte Revanche für etwas, was in Wien passiert war. Denn kurz vor diesem blinden

Feueralarm hatte sich Bernadotte in der Kaiserstadt aufgehalten und dort anläßlich des französischen Revolutionsfeiertages an dem von ihm bewohnten Palast – dem sogenannten Geymüller-Palais in der Wallnerstraße, nur einen Steinwurf weit vom Palast der Fürsten Kaunitz entfernt, darin auch Clemens Metternich, sofern in Wien befindlich, nunmehr lebt – die französische Revolutionsfahne hissen lassen. Das wurde von vielen Wienern und natürlich auch von Clemens Metternich als unerhörter Affront empfunden. Er selbst fand sich zu diesem Zeitpunkt zwar längst schon in Rastatt, wurde aber durch Briefe über die Sache informiert und entrüstete sich in Briefen nach Wien über die Beleidigung, die Bernadotte sich geleistet habe. »Für ihn war die ganze Sache einfach eine Rücksichtslosigkeit. Ein persönlicher Affront gegenüber den Nachbarinnen, den Damen des Hauses Metternich, die während der Kongreßzeit allein und nur auf gute Nachbarschaft vertrauend nebenan im Palais Kaunitz wohnen. Zu so persönlicher Beleidigung, so meinte er, gehöre eine ebenso persönliche Abfuhr.« (W. Tritsch)

Der Skandal von Rastatt also nur die Antwort auf das Hissen der Trikolore in Wien? Nachthemd gegen Revolutionsfahne? Einen Franzosen zum Hahnrei machen, weil er den Wienern ein revolutionäres Tuch zeigt?

Man kann das so sehen. Man mag darüber schmunzeln oder auch die Nase rümpfen. Einen stichhaltigen Beweis dafür, daß Clemens Metternich der Mätresse Bernadottes mehr als bloß einige Handküsse und ein paar halblaute Komplimente appliziert hätte, gibt es übrigens nicht. Denn die Rastätter entdecken im Schlafzimmerfenster besagter Dame nur Clemens, nicht auch die Dame selbst. Und Recherchen, ob dieselbe sich in jener skandalösen Nacht tatsächlich in Rastatt aufgehalten und somit die Möglichkeit gehabt hätte, einer etwas sonderbaren Form von Patriotismus zu huldigen, wurden nicht angestellt.

Was Eleonores Meinung über ihren im Nachthemd

die Ehre des Vaterlandes rettenden Ehemann angeht, so gibt es auch darüber keine Nachricht. Metternich selbst wird in seinen Erinnerungen zu Rastatt nur soviel zu sagen haben, daß sein Aufenthalt dortselbst sein Widerstreben gegen eine Laufbahn, »die meinem Geiste keine Befriedigung gewährte«, nur bestärkt habe. Des weiteren wird er Überlegungen anstellen über die Lage im allgemeinen: daß die Revolution in Frankreich den Gipfelpunkt »ihrer grausamen Tollheiten« überschritten habe und die Republik nur »ein kläglicher Bodensatz« solcher Tollheiten sei und Deutschland, uneinig wie stets, lahmgelegt, so daß Österreich allein noch auf dem Schlachtfeld standhalte, aber »der Krieg ward schlecht geführt«. Und dann die Frage: »Lag wohl in einer solchen Situation etwas, das mich hätte ermuntern können, mein friedliches Leben gegen eine Tätigkeit einzutauschen, die sich nur innerhalb strenger, meinem Unabhängigkeitsgeiste widerstrebender und mein Gewissen beengender Grenzen bewegte?«

Die Antwort liefert Metternich selbst, nämlich – nachdem er 1799 aus Rastatt zurückkehrt – durch die wie selbstverständlich anmutende Wiederaufnahme seiner vorher geübten Lebensweise. Er führt ein eher zurückgezogenes Leben in Wien, im Palais Kaunitz und auf Eleonores Familiengütern, die er durch die Eheschließung als sein Eigentum betrachten darf. Oder, um es mit seinen eigenen Worten zu sagen: »Ich hatte mein Leben so eingerichtet, daß ich den Winter in der Hauptstadt, die Sommermonate auf dem Lande verbrachte, bald auf den meiner Frau gehörigen Gütern in Mähren, bald in Böhmen auf denen meiner Familie. Von den öffentlichen Angelegenheiten hatte ich mich gänzlich zurückgezogen und blieb ihnen gegenüber nur einfacher Beobachter.«

Clemens Metternich ist zu diesem Zeitpunkt sechsundzwanzig-, siebenundzwanzigjährig, ein junger Mann also, der, wenn man den üblichen bürgerlichen Maßstab nimmt, jetzt die Weichen stellen müßte für die

Zukunft. Aber ihm, der eigentlich nach wie vor ein Angehöriger des diplomatischen Dienstes ist oder sich nicht wirklich als entlassen betrachten darf aus der Pflichterfüllung für das Haus Habsburg, ihm fällt dazu nichts anderes ein als diese Bemerkungen: »Von Zeit zu Zeit besuchte ich den Baron Thugut, der in seiner Eigenschaft als Minister der auswärtigen Angelegenheiten die Staatskanzlei leitete. In eine nähere Berührung mit ihm suchte ich nicht zu kommen; dazu konnte nichts mich anregen, denn in den Geschäften strebte ich durchaus nach keiner Stellung.«

Clemens Metternich bevorzugt das Studium. Er hat seine Liebe zu den Wissenschaften entdeckt. Vielleicht sollte der besseren historischen Korrektheit wegen gesagt werden, daß er in mancher wissenschaftlichen Disziplin, zu der er sich hingezogen fühlt, dilettiert. Geschichte interessiert ihn. Da darf, auch wenn es wohlwollend gemeint ist, von Dilettantismus nicht die Rede sein; eher schon auf dem Gebiete der Medizin, der Naturwissenschaften, der Geologie, für welche er eine etwas zerstreute Zuneigung empfindet. Er bereichert sein Wissen. Man könnte auch sagen, daß er sich vorbereitet. Aber kann er selbst sagen, in welche Richtung seine Vorbereitungen zielen?

Wenn das, was bis etwa zur Jahrhundertwende im Leben des reichen Müßiggängers, der eigentlich keiner in des Wortes negativer Bedeutung ist, tatsächlich passiert, Lehrjahre füllen, die geistige Entwicklung dieses Menschen bereichern soll, dann bleibt doch die Frage offen, ob Metternich selbst bewußt so gehandelt, bewußt auf diese recht bequeme Weise sein Leben eingerichtet hat. »Das freie, angeregte Leben zwischen seinem schönen Heim und ernster Wissenschaft«, schreibt Walther Tritsch, »zwischen den großen Salons der internationalen Hocharistokratie und seiner weiträumig aufgefaßten Gutsherrlichkeit in Königswart und Austerlitz: das entsprach ganz dem Geschmack des jungen Metternich. Auch war es die beste Lehre und Vorbereitung, die jene Zeit einem künftigen Staatsmann von europäischem Format zu bieten hatte.« Das ist eine ungemein positive Ausdeutung dessen, was Metternich wirklich leistet oder eher nicht leistet. In diesem Zusammenhang sollte auch einmal ausgesprochen werden, was nur wenige Autoren mit aller Deutlichkeit aussprechen, daß nämlich die Metternichs, Vater und Sohn, für eine Verwendung etwa im auswärtigen Dienst nicht in Betracht genommen werden, weil vor allem die Leistungen Franz Georgs auf diesem Gebiet klägliche und beschämende waren; und gleichfalls müßte überlegt werden, daß vielleicht des Vaters unentwegtes Scheitern als Diplomat, seine peinlichen Extravaganzen, seine kostspieligen Neigungen, die in keinem Verhältnis stehen zu dem, was er tatsächlich leistet, daß also Franz Georg dem Sohn hinderlich im Weg steht, weil zum Beispiel ein so wichtiger Mann wie Thugut nicht unterscheiden kann oder will zwischen dem versagenden Franz Georg und dem hoffnungsvollen, begabteren Clemens. Nur Verdruß an der Welt, nur vornehme Zurückgezogenheit, nur Lust am einsamen Studium kann es nicht sein, was den jungen Metternich jetzt bewegt, was ihn so agieren läßt, daß er tatsächlich wie ein vornehmer und vermögender Müßiggänger wirkt. Einer, der mit einem Charakter, mit einem Temperament ausgestattet ist wie jenem Metternichs, ist zum Müßiggänger nicht im mindesten geeignet. Einen solchen Menschen reizt die Tat. Ein solcher Mensch will mitgestalten, will sich in Szene setzen. Und derlei ist in den Salons, in denen sich Clemens zeigt, ist auf den Gütern, in deren Abgeschiedenheit er sich zurückzieht, nicht möglich.

Daß er selbst den damaligen Zustand als nicht ganz befriedigend empfindet, darf vermutet werden. Beweisbar ist dies freilich nicht. Nachweisbar ist nur, daß er gelegentlich dem Kaiser aufwartet, »der keine Gelegenheit vorbeigehen ließ, mir vorzuwerfen, was er als meine Trägheit bezeichnete«, und der – zumindest berichtet das Metternich – eines Tages gesagt haben soll: »Halten Sie sich mir zu Befehl, das ist alles, was ich für den Augenblick von Ihnen verlange.«

Indessen arbeitet die Zeit, arbeiten die Verhältnisse ohnedies für Metternich, auch wenn das eine etwas übertriebene Meinung von der Bedeutung des jungen Diplomaten impliziert. Tatsächlich hat Österreich seit jenen Tagen, da man auf den norditalienischen Schlachtfeldern dem militärischen Genie Bonapartes hoffnungslos unterlegen war, nichts als Niederlagen hinnehmen müssen. Campo Formio. Dann Rastatt. Und jetzt, man schreibt das Jahr 1801, der sogenannte Friede von Lunéville, der eine weitere Demütigung bedeutet. In Wien ist man, was nicht weiter verwundert, herzlich unzufrieden mit der Außenpolitik Thuguts, dem man alles das vorwirft, was in den Jahren zuvor an sträflichen Unterlassungssünden und politischen Torheiten passiert ist. Er wird jedenfalls abgesetzt. An seine Stelle beruft man den bisherigen Gesandten in Petersburg, Ludwig Cobenzl, den wiederum, bis er in Wien eintrifft, Graf Trautmannsdorff vertreten soll. Und dieser wendet sich jetzt, da er als Stellvertreter des Außenministers de facto die ganze Macht in Händen hält, an Clemens Metternich mit der Aufforderung, sich dem Staat wieder zur Verfügung zu stellen. Oder eigentlich ist es Kaiser Franz, der jenes »Halten Sie sich mir zu Befehl« nun verwirklicht sehen will und über Trautmannsdorff an Clemens Metternich den Vorschlag richtet, entweder als Gesandter nach Dresden oder Kopenhagen zu gehen oder aber als Minister von Böhmen beim Deutschen Reichstag in Frankfurt wirksam zu sein.

Metternich zögert. Er ist sich unschlüssig, wie er auf diese ehrenvolle Berufung reagieren soll, kokettiert mit der eigenen Unzulänglichkeit, an die er in Wahrheit selbstverständlich nicht glaubt, und bittet schließlich um Audienz beim Kaiser.

»Mit Freimut legte ich Seiner Majestät meine Ansicht

über meinen Lebensplan und die Fähigkeiten, die ich zu besitzen glaubte, wie über die, welche ich mir nicht zuerkannte, dar.« Und dann zitiert sich Metternich in den *Denkwürdigkeiten* selbst: »Eure Majestät wollen, daß ich in eine Sphäre trete, für die ich mich nicht berufen glaube. Ich unterwerfe mich Ihren Befehlen. Wollen Eure Majestät niemals meinen Willen in Zweifel ziehen, aber mißtrauen Allerhöchstdieselben meinen Fähigkeiten. Ich werde den Versuch unternehmen, und Eure Majestät werden mir erlauben, mich vom Dienste an jenem Tag zurückzuziehen, an dem ich fürchten werde, nicht zu entsprechen.«

Das ist eine Antwort, wie sie einem Souverän, der gerade eine Gnade gewährt hat, nicht oft gegeben wird. Muß man wirklich ernst nehmen, was der nunmehr Achtundzwanzigjährige da sagt? Und meint er es so, wie er es sagt? Zudem sind wir auch in diesem Fall nur auf das Wort, auf das Erinnerungsvermögen Metternichs selbst angewiesen, der in seinen Tagebüchern und Notizen die Causa so darstellt, als ob erst sanftes Drängen und in Bitten gekleidete Befehle ihm die Rückkehr in den diplomatischen Dienst hätten schmackhaft machen können.

Er, »der volle sieben Jahre seinen soignierten Lokkenkopf pretiös durch die Wiener Luft getragen und den etwas beschwerlichen Zauber dieser mitunter recht zeitraubenden Residenz nach allen Richtungen hin kennengelernt« (W. Tritsch) hat, entscheidet sich nun für Dresden. Denn »Dresden hatte in meinen Augen den Wert eines Beobachtungspostens, der nutzbringend gemacht werden konnte«.

Es ist schon merkwürdig mit diesem jungen Menschen, der so beharrlich sein Licht unter den Scheffel stellt, dem es fast peinlich ist, wenn man sich seiner möglichen Fähigkeiten bedienen will, und der dann, nachdem er mit wohlgeübter Untertänigkeit und Höflichkeit seine Bedenken über die eigene Bedeutung geschickt plaziert hat, sich sogleich der günstigsten aller ihm angebotenen Positionen bemächtigt. Und der dadurch bestätigt, wessen man ihn verdächtigt: daß er jemand ist, der ganz genau weiß, was er will.

Ein Gesandter in Berlin

Metternich geht also nach Dresden. Achtundzwanzigjährig übersiedelt er mit Frau und Kindern im Spätherbst des Jahres 1801 als Gesandter des österreichischen Kaisers in die sächsische Residenz. Zwei Jahre später, 1803, wird er, die Stufenleiter der Karriere emporkletternd, in gleicher Mission nach Berlin gehen. Dresden ist nur ein Zwischenspiel, »in politischer Hinsicht nicht viel mehr als eine bloße Kommandite des Berliner Gesandtschaftspostens«, wie Metternich selbst feststellt. Dresden, das ist die »Unerschütterlichkeit der alten Ordnung, und das sterbende Rokoko zeigte hier noch einen höchst lebendigen Glanz«. Sein erster Eindruck, der freilich fast schon die ganze Wahrheit enthält, lautet dementsprechend: hier sei die Welt stehengeblieben. »Eine Oase in der europäischen Wüste von Umsturz und Auflösung.«

Aber die heile kursächsische Welt mit ihren Gartenfesten, Hofgesellschaften und einem Adel, der nichts anderes zu tun braucht, als nur zu repräsentieren, während das arbeitsame, tüchtige Volk einen Wohlstand erzeugt, von welchem alle profitieren – diese auf ein überschaubares Maß begrenzte und in Behaglichkeit eingebettete Idylle, in der man politisch nicht sonderlich schöpferisch tätig sein kann, hat andere Vorzüge, welche Clemens Metternich in vollen Zügen genießt.

Catherine Pavlowna heißt einer dieser Vorzüge. Sie ist achtzehnjährig, Russin, Nichte Potemkins und Urgroßnichte Katharinas I., grünäugig, leidenschaftlich, einem russischen General angetraut, der das alles vielleicht nicht richtig zu schätzen weiß und der sich durch Clemens Metternich beweisen lassen muß, welche Art der Zerstreuung einem solchen Geschöpf nottut. Neun Monate später, nachdem des österreichischen Kaisers junger und hübscher Gesandter die Bekanntschaft Catherines hat machen dürfen, schenkt diese einem Kind das Leben, einem Mädchen, und läßt es auf den Namen Clementine taufen.

Aber das ist nicht alles. Da gibt es eine kurländische Prinzessin Katharina Wilhelmine, nachmalige Fürstin Rohan, Fürstin Trubetzkoi und endlich Gräfin Schulenburg, jetzt zwanzigjährig und als Herzogin von Sagan ein leicht entflammbares Opfer für die Verführungskünste Metternichs. Ihr wird Metternich übrigens noch einmal begegnen, und das mit einer Leidenschaft, zu der er jetzt noch nicht fähig ist. Und da gibt es Friederike Mecklenburg, eine verwitwete Prinzessin von Preußen, deren während der Dresdner Zeit noch nicht zu Ende geschriebene Biographie einiges an Überraschungen enthalten wird, darunter die, daß sie es über manchen Umweg bis zur Königin von Hannover bringen wird. Es gibt noch diese und jene Damen, deren Stammbaum minder interessant, deren angeheiratete Titel weniger aufsehenerregend sind. Clemens Metternich ficht das alles nur wenig an. Er verführt und genießt, er läßt sich verführen und gewährt Genuß – oder wie man das eben nennen mag, was seine kursächsische Zeit vornehmlich ausfüllt.

Und Eleonore? Auf den Porträts, die von ihr erhalten sind, blickt sie mit unendlich seelenvollen Augen in eine Welt, die ihr gewiß als etwas Unbegreifliches erscheinen muß, die sie möglicherweise gar nicht versteht. Als einen herzensguten Menschen dürfen wir sie uns denken und diskret verschweigen, was sich sonst noch vermuten läßt. Ein wenig eifersüchtig sei sie auf die achtzehnjährige Russin gewesen, erzählen Zeitgenossen, aber nicht der Liaison wegen, sondern weil das Produkt dieser Liaison, also Clementine, so besonders entzückend gewesen sei.

Und Metternich selbst? In seiner Autobiographie findet sich nichts Nennenswertes über diese Zeit, die er in Kursachsen zubringt. »Nach dem Anblick dieses Hofes allein zu urteilen, hätte man glauben mögen, die Welt sei stehengeblieben.« Also bleibt in Dresden für einen Diplomaten nichts zu tun außer der Verführung junger und nicht mehr ganz so junger Frauen, deren Lebenslust groß genug ist, daß sie sich verführen lassen, und deren Beachtung der konventionellen Tugenden in der Regel Diskretion garantiert?

Aber so einfach kann man Clemens Metternich nicht in die Schablone des galanten Verführers und müßiggängerischen Diplomaten pressen. Zudem ist der Dresdner Hof nicht nur als Jagdgebiet für einen jungen und vergnügungssüchtigen Mann brauchbar. Auch die Politik fordert manchmal ihr Recht. Und Metternich kann beweisen, daß er noch andere Fähigkeiten beherrscht als jene, die man zur Inszenierung und Verheimlichung von gesellschaftlichen Skandalen benötigt.

Er lernt, jetzt freilich auf einem anderen Gebiet als auf jenem wissenschaftlichen, das er zuvor in Wien durchforschte. Nun geht es darum, sich sorgfältig umzuhören und Material zu sammeln für die Berichte an die Staatskanzlei, aber auch zur eigenen Erbauung und zur Bereicherung des praktischen Wissens. Politik ist eine Wissenschaft, aber sie ist nicht nur das; sie hat ebensoviel mit dem Gewahrwerden von Wirklichkeit wie mit dem Spiel der Phantasie zu tun. Und sie bedarf vor allem der Emsigkeit: hier eine Anekdote, dort eine Indiskretion; auch scheinbar banales Geschwätz kann brauchbar sein, denn es gibt selbst an einem so ruhigen Ort wie Dresden nichts, was einen klugen Diplomaten nicht unentwegt hellhörig sein läßt. Und Clemens Metternich ist ein kluger Diplomat. Die Allüren, die Weibergeschichten dürfen darüber nicht wegtäuschen.

In Dresden lernt er Friedrich Gentz kennen und einen jungen Studenten aus Göttingen namens Josef Pilat, der später einmal sein Privatsekretär werden und diese Position viele Jahre lang innehaben soll. Friedrich Gentz kann man als politischen Schriftsteller bezeichnen, als Publizisten von hoher Begabung, der jetzt nach Wien unterwegs ist. Gentz, dessen Eitelkeit sprichwörtlich ist – was an seiner Bedeutung nichts ändert –, um etliches älter als Metternich, Sohn eines Preußen und einer Französin, hochgebildet und ein um kluge Inhalte und um die pointierte Wiedergabe dieser Inhalte nie verlegener Stilist von hohen Graden, wird dem jungen Gesandten rasch ein begeisterter Freund. Sein Aufenthalt in Dresden, ursprünglich nur als Station auf der Durchreise gedacht, zieht sich in die Länge, und er ist jetzt schon gewinnbringend für beide. Wichtig ist ihnen das Übereinstimmen in der Beurteilung der politischen Lage, daß nämlich »nur die Verbindung zwischen Österreich und Preußen, begleitet von einer allgemeinen Konsolidierung aller noch übrigen Kräfte Deutschlands« den drohenden »Untergang der Unabhängigkeit Europas« verhindern könne, wie es Metternich einmal ausdrückte.

Mit dieser Auffassung steht er allerdings fast allein. Im Wiener Ministerium schüttelt man höchstens den Kopf über solche Phantastereien. In Metternichs nächster Umgebung wird das, was er als politische Notwendigkeit erachtet, als einen dieser Sachzwänge, denen man sich, wenn man Erfolg haben will, niemals entziehen darf, schlichtweg als Marotte abgetan. Politik, wie Metternich sie jetzt schon begreift – als ein Ergebnis der Vernunft und zugleich als unaufhörlich zu bedenken der Vorschuß auf die Zukunft –, ist nicht unbedingt nach dem Geschmack der Österreicher. Aber Clemens Metternich ist seiner Herkunft, seinem Empfinden und Denken nach nicht wirklich ein Österreicher, höchstens ein angelernter, einer, der gehorsam in das bereitgelegte österreichische Kostüm schlüpft.

Im Herbst des Jahres 1803 erfolgt die Übersiedlung nach Berlin, der Wechsel nach oben, erklimmt er die nächste Stufe auf der Treppe des Erfolgs. Clemens Metternich wird des österreichischen Kaisers bevollmächtigter Gesandter am Hofe der Preußen. »Der Graf Metternich ist jung, aber er ist nicht ungeschickt«, urteilt in Wien der einflußreiche Graf Colloredo über ihn. Dresden hat also nicht nur Liebesaffären, sondern noch etwas anderes gebracht, nämlich den Nachweis, daß der junge Diplomat nunmehr reif ist für höhere Aufgaben.

Nach einem kleinen, kurzen Umweg über Ochsenhausen im Schwäbischen, das eine ehemalige Reichsabtei ist und den Metternichs jetzt den Reichsfürstenstand gewährt, was kaum einträglich und ruhmreich sein kann angesichts der bescheidenen Größe dieses neuen Fürstentums und auch angesichts dieses auf unangenehme Weise doppelsinnigen Namens, was Metternich aber nie mehr als ein gleichgültiges Achselzucken kosten wird, nach diesem Umweg also kommt er am 21. November 1803 nach Berlin. Er darf sich vom ersten Tag an einer vortrefflichen Aufnahme sicher sein. Die Königin Luise kann er buchstäblich eine »Gespielin aus den Tagen der Kindheit« nennen. Von König Wilhelm III. wird er »wie ein alter Freund empfangen«. Und der Erbprinz Louis Ferdinand war immerhin der erste nennenswerte Liebhaber jener Katharina Wilhelmine, der Metternich in Dresden seine amourösen Aufwartungen gemacht hatte, jener nachmaligen Fürstin Rohan und Gräfin Schulenburg, von der man noch hören wird. Solche Gemeinsamkeiten verbinden. »Mein Debüt daselbst war leicht«, schreibt der alte Clemens Metternich über Berlin. Einfacher und genauer kann man es nicht ausdrücken.

Jetzt geht es um hohe Politik, nicht mehr um das Einsammeln von Gerüchten, Indiskretionen und Anekdoten, wie das noch in Dresden der Fall war. In Berlin muß die Entscheidung fallen, auf welche Weise man sich gegen Bonaparte arrangieren will, und ob das, was Metternich schon früh erkannt hat, noch Gültigkeit hat; daß man mit Preußen zusammengehen muß, wenn man die alte Ordnung bewahren will. Berlin ist immerhin wichtig genug, daß sogar der russische Zar Alexander I. in die preußische Hauptstadt eilt, um seinem Sonderbevollmächtigten, dem Fürsten Dolgorucki, den Rücken zu stärken.

Dazu eine jener privaten Fußnoten, ohne die man bei Metternich allem Anschein nach nicht auskommt: Jekaterina, das Eheweib Dolgoruckis, ist eine von Metternichs Berliner Liebschaften – was nicht ohne Rückwirkung bleibt auf das österreichisch-russische Verhältnis in Preußen. Dem Zaren wiederum sind bereits in Petersburg die Ohren vollgesungen worden über den Charme, die Intelligenz und die politische Begabung Metternichs. Und von einer gewissen Catherine ist die Rede, deren in Dresden geborene Tochter den Namen Clementine trägt. Alexander ist auf Metternich gewissermaßen vorbereitet, und er kommt ihm jetzt mit außerordentlicher Freundlichkeit entgegen. Einem Manne, von dem alle Frauen schwärmen, mag sich Alexander gedacht haben, ist manches zuzutrauen, auch oder gerade im Bereich der Diplomatie.

Es geht in Berlin um die Erhaltung der alten Strukturen. Auf einen so einfachen Nenner läßt sich das bringen, was nun ein emsiges Taktieren, unaufhörliches Verhandeln und pausenloses Intrigieren verursacht. »Durch Bonapartes Verhalten gegenüber Bayern und den anderen deutschen Fürsten, durch sein immer unverhüllteres Bestreben, das Reich endgültig zu zerschlagen, Kaiser Franz zur Niederlegung der römischen Krone zu zwingen und selbst den Imperatorenreif des gesamten Abendlandes zu erringen – da endlich begriffen Cobenzl und Colloredo in Wien, daß ein Paktieren mit dem Eroberer fruchtlos und ein Kampf aller gegen ihn unvermeidlich sei.« (W. Tritsch) Alle gegen Napoleon, das hört sich gut an. Und ist, betrachtet man es unter dem vorwaltenden politischen Aspekt, wohl auch grundvernünftig. In London arbeitet der legendäre Pitt am Zustandekommen einer große Koalition zwischen England, Rußland und Österreich, und er läßt deutlich erkennen, daß Preußen Teil dieser Koalition sein muß. Zar Alexander drängt in Berlin darauf, daß Preußen mitmacht. Und auch aus Wien kommen Depeschen, darin Metternich dringend aufgefordert wird, das zu tun, was er schon immer gepredigt und gefordert hat, nämlich Preußen auf die Seite Österreichs zu ziehen und für die Allianz gegen Napoleon zu gewinnen.

Aber es gibt Schwierigkeiten. Eine davon ist die Unzuverlässigkeit der preußischen Unterhändler, von denen sich lediglich Graf Hardenberg als loyal erweist, während andere preußische Diplomaten jedes Wort, das bei den geheimen Verhandlungen gesprochen wird, unverzüglich nach Frankreich verraten – denn anders als Verrat kann man das nicht nennen, was geschieht. Es geht soweit, daß man Hardenbergs Schwerhörigkeit und das dadurch notwendige laute Sprechen seiner Verhandlungspartner schamlos ausnützt, indem man Lauschposten aufstellt, die ohne große Schwierigkeiten alles mitschreiben können, was hinter verschlossenen, jedoch nicht undurchlässigen Türen gesprochen wird. Metternich selbst notiert in seinen Erinnerungen, daß dem Zaren und ihm »vom ersten Augenblick an der üble Wille der preußischen Unterhändler« aufgefallen sei. »Mit schlecht verhülltem Eifer wandten sie alle erdenklichen Winkelzüge an, um Abmachungen . . . in die Länge zu ziehen.« Es steht außer Zweifel, daß man in Berlin auf die französische Karte setzt. Schließlich marschieren Bonapartes Soldaten bereits durch Bayern, haben die preußische Stadt Ansbach besetzt, den österreichischen General Mack in Ulm eingekesselt. Das ist mehr als eine Drohgebärde. Das ist der Krieg, den zwar alle wollen, aber nicht so wollen, wie ihn Napoleon jetzt führt.

Und da ist auch noch der Preußenkönig Friedrich Wilhelm. Er ist ein Charakter, aus dem niemand klug wird, ein Mensch, dem das Zögern und Zaudern zur zweiten Natur geworden ist, ein König, der, wie Gerüchte behaupten, nicht wirklich dem Geschlecht der Hohenzollern zugehörig sei, was angeblich manches erkläre, Produkt eines Ehebruches, den seine Mutter mit dem königlichen Leibarzt begangen habe. Was an dieser Geschichte wahr, was bloß infame Lüge ist, kann jenen gleichgültig sein, die nun mit dem unzuverlässigen Charakter Friedrich Wilhelms auskommen müssen. Das ist schwierig genug, und es bereitet die Katastrophe vor, die unaufhaltsam zu nahen scheint.

Es kommt zum Allianzvertrag, der in Potsdam unterzeichnet wird. Aber er ist so gut wie wertlos, denn Friedrich Wilhelm III. hat zugleich sein vorher schon geschlossenes Bündnis mit Napoleon erneuert und verkündet jetzt die Mobilmachung – gegen Rußland und nicht gegen Frankreich, obgleich französische Truppen längst schon in Preußen einmarschiert sind. Die preußische Armee marschiert dafür entlang der Ostgrenze auf.

Nun bedarf es des ganzen persönlichen Einsatzes Alexanders und einer rund vierundzwanzigstündigen Dauersitzung in Potsdam, an welcher die Beteiligten und Betroffenen mehr oder minder begeistert teilnehmen, damit man schließlich doch noch zu bindenden Abmachungen kommt. Es geht um nichts Geringeres als die Befreiung des Reiches von den Franzosen. Metternich, der bei dieser Potsdamer Konferenz am 2. November 1805 noch einen Zusatzartikel zugunsten Österreichs durchbringen will, um verläßliche Garantien für die Bündnistreue Preußens zu erhalten, weil er offenbar als einziger der anwesenden Diplomaten eine militärische Niederlage nicht für ausgeschlossen hält, muß nachgeben. Er verzichtet auf den zusätzlichen Vertragspunkt, »weil der ewig schwankende Friedrich Wilhelm III. sonst überhaupt nichts unterschrieben hätte«, wie er sich noch viele Jahre später grollend an diesen Augenblick erinnert.

Bald darauf bricht die militärische Katastrophe über die Verbündeten herein, rascher als diese es selbst in ihren schlimmsten Träumen befürchtet haben mögen. Schon am 2. Dezember 1805 kommt es zur Schlacht von Austerlitz, die nicht zuletzt durch das unkluge Ungestüm des Zaren, durch seine militärische Unerfahrenheit zur schrecklichen Niederlage für die Verbündeten wird. Danach wird im Schloß der Kaunitz, darin Clemens Metternich einst seine Hochzeit mit Eleonore gefeiert hat, Napoleon residieren. Und er wird dem österreichischen Kaiser Franz und dem Zaren Alexander einen Waffenstillstand diktieren, wie er kläglicher, beschämender, vernichtender nicht mehr vorstellbar ist.

Was die Preußen angeht, die jetzt nach Austerlitz sich aller Bündnispflichten gegenüber der Koalition mit unziemlicher Eile entledigen, so ist es vor allem Metternich, der unermüdlich ihre Halbherzigkeiten und Verrätereien aufzudecken versucht. Das ändert freilich nichts mehr an den verheerenden Folgen der Schlacht von Austerlitz. Österreich verliert Venetien, Istrien und Dalmatien. Seine deutschen Territorien fallen an Bayern und Württemberg. Franz, als Franz II. Herrscher des »Heiligen Römischen Reiches Deutscher Nation«, das eigentlich längst schon zu existieren aufgehört hat, legt am 6. August 1806 die deutsche Kaiserwürde nieder und regiert künftig nur noch als Franz I., Kaiser von Österreich. In Wien sitzen die Franzosen. Napoleon erfindet für Deutschland den sogenannten Rheinbund, in welchem sich zahlreiche deutsche Fürsten als vollkommen abhängig von Frankreich bewähren dürfen. Die Welt ist aus den Fugen geraten oder, wie Metternich es auf den Punkt bringt, »nun ist die Welt verloren«.

Austerlitz hat noch andere Folgen. Sie »machten das Verbleiben der Männer, welche den Krieg von 1805 unternommen hatten, im Amte unmöglich«, wie Metternich seinem Tagebuch anvertraut. In den *Denkwürdigkeiten* heißt es: »Graf Colloredo, der Kabinettsminister, und Graf Cobenzl, der Hof- und Staatsvizekanzler, zogen sich zurück, und der Kaiser nahm zum Minister der auswärtigen Angelegenheiten den Grafen Stadion, seinen Botschafter in Petersburg.« Das hat Konsequenzen auch für Metternich. Und zwar die angenehmsten und glücklichsten, weil die Führungsschicht im österreichischen Außenministerium arg gebeutelt und sogar gelichtet wird. Denn von Glück muß man schon auch reden, wenn man sich überlegt, daß Metternich jetzt als Österreichs Gesandter für Petersburg vorgesehen ist, dort den Grafen Stadion ersetzend, welcher in Wien das schwierige Amt des Außenministers übernimmt. Schließlich ist Metternich einer jener Diplomaten, die stets auf ein Bündnis mit den wenig verläßlichen Preußen gedrängt hatten, und ist an bevorzugter Stelle am Verhandlungstisch in Potsdam gesessen, wo jenes Bündnis zustande kam, das dann nichts taugte, nichts taugen konnte, weil es zu überhastet und gegen den Willen der Preußen durchgesetzt worden war. Metternich hat es, könnte man sagen, vortrefflich gemeint, ist aber der Ungunst des Schicksals unterlegen.

Mit Ruhm hat sich Clemens Metternich in Berlin also nicht gerade bedecken können. Lediglich sein stets dokumentiertes Mißtrauen gegen Preußens Diplomaten, seine Wachsamkeit, sein Instinkt oder eben das Glück haben ihn davor bewahrt, über Potsdam, Austerlitz und die Folgen schwer ins Stolpern zu geraten. Statt dessen wird er sogar dekoriert, mit dem Großkreuz des St. Stefansordens. Und jetzt ist er für Petersburg vorgesehen. Der Zar, heißt es, wünsche das so. Alexander schätzt den jungen österreichischen Diplomaten, wobei nicht ganz deutlich wird, was eigentlich die Ursache dieses Vertrauens ist.

Metternich bereitet die Abreise nach Petersburg vor. Da verständigt ihn Graf Stadion davon, daß der Wiener

Botschafter Napoleons im ausdrücklichen Auftrag desselben vorstellig geworden sei, um Metternich nach Frankreich zu delegieren. Es handle sich, so der Minister, wahrscheinlich »um eine Grille Bonapartes«. Es stehe in Metternichs freier Entscheidung, dieser Laune zu entsprechen oder nicht.

An Napoleons Hof

Also Paris und nicht Petersburg. »Wie ein Blitzstrahl traf mich diese Veränderung meiner Bestimmung, als ich sie vernahm.« Nur ungern habe er, so der alt gewordene Staatsmann in seinen Erinnerungen, auf die Position in Petersburg verzichtet, »denn die persönlichen Beziehungen, in welche ich zu dem Kaiser Alexander getreten war, hatten mich hoffen lassen, daselbst meinem Monarchen auf eine nützliche Weise zu dienen und zugleich auf eine solche, die meinen politischen Anschauungen mehr zusagte, als die Art von Tätigkeit, welche in Paris gegenüber Napoleon meiner wartete«. Dieser Vorbehalt animiert Clemens Metternich dazu, vom Kaiser ein ganz außerordentliches Jahresgehalt zu erbitten. Und Franz I., der sparsamste unter allen europäischen Monarchen seines Zeitalters, bewilligt tatsächlich 90 000 Taler. Das sei angemessen für einen so schweren und verantwortungsvollen Posten, meint Metternich. An Eleonore schreibt er, daß man damit in Paris ganz gut auskommen könne. Und schließlich noch der Nachsatz: »Du hast keine Ahnung, was dieser Posten eigentlich bedeutet ... die Aussicht, sehr hoch zu kommen oder sehr tief zu fallen ...«

Im Juli 1806 verläßt er Wien, um dann, wie Heinrich Srbik schrieb, in Paris ein Stern der Gesellschaft des Kaiserhofes und der Salons zu werden. Und: »Die Frauen, die er liebte, waren ihm zugleich Quell politischer Information.« Also eine Fortsetzung dessen, was er sich schon in Dresden und Berlin geleistet, was er dort an raffinierter Erfahrung erworben und ausprobiert hat am schönen Geschlecht, das ihn stets von neuem unwiderstehlich anzieht und dessen Gunstbeweisen er sich niemals verweigert? Eine Fortsetzung, außerdem, die ihm fürstlich honoriert und insgesamt zum Vergnügen wird? Darf das, was Metternich nun bewirkt und erreicht, wirklich auf einen so einfachen Nenner gebracht werden?

Jetzt wird Caroline Murat seine Geliebte. Sie ist vierundzwanzigjährig, den Erzählungen nach minder hübsch als leidenschaftlich und begehrenswert nicht nur dieses einen, sondern auch anderer Vorzüge wegen, deren bedeutsamster vielleicht jener sein mag, daß sie, die Schwester Napoleons, überdurchschnittlich klug und willensstark ist. Caroline wird seine Geliebte freilich erst auf Umwegen, die charakteristisch sind für Metternich. Zuerst ist es eine Gräfin Reynault de St. Jean d'Angely, deren er sich oder die sich seiner annimmt, danach deren Freundin Laure Junot, welche die hübscheste, lebhafteste, witzigste, liebenswürdigste, eine vielbetrogene und eifrig wieder betrügende und die im übrigen bestangezogene Frau von Paris genannt worden ist. Und da ihr Ehemann, ein eher gewöhnlicher, aber kräftiger und gutgebauter Berufssoldat, eine Zeitlang der Favorit Carolines sein darf, benützt Clemens Metternich schließlich diesen galanten Umweg, um selbst der Liebhaber der Schwester Napoleons zu werden.

Hört sich das nicht verwerflich an? Oder eigentlich töricht? Ein dreiunddreißigjähriger Botschafter, dessen Ruf als Frauenliebling höher eingeschätzt wird denn sein Ruhm als Diplomat, kommt, angeblich herbeibeordert vom Kaiser der Franzosen, nach Paris, wo er sein darniederliegendes, gedemütigtes, aus vielen Wunden blutendes Vaterland aufs anständigste und erfolgreichste vertreten soll, und bringt dabei, wie es zunächst den Anschein hat, doch nichts anderes zuwege als die Wiederholung seiner bisherigen Affären.

Srbik, einer der intimsten Kenner Metternichs, meinte dazu: »Damals, im oftmaligen Verkehr mit dem Unterjocher Europas, belauert von dem Kaiser, seinen Hofleuten und seiner Polizei, hat er die schwere Kunst der vollen Selbstbeherrschung, des Verbergens seiner Gedanken unter kalter Zurückhaltung oder, wenn er wollte, unter einem glatten, verbindlich lächelnden Äußeren und des liebenswürdigen Konversierens mit tödlicher Feindschaft im Herzen gelernt. Damals wurde ihm in der Schule Talleyrands und Fouchés die Kunst des Finassierens, des ränkevollen Hintergehens der Feinde unter dem Schein der Freundschaft, die Kunst der doppelten Sprache und der doppelten Wege zu eigen.«

Andere Autoren sehen das etwas anders. Sie bezweifeln durchaus nicht die Lernfähigkeit Metternichs im Schatten eines Talleyrand und eines Fouché – jener der Minister des Äußeren, dieser Polizeiminister und beide gefürchtet wegen ihrer rücksichtslosen Intelligenz und gefährlichen Geschmeidigkeit –, wollen aber doch, soweit es Metternich betrifft, das Private vom Beruflichen getrennt sehen. Henry Vallotton erinnert an den Ausspruch Napoleons »Zerstreue mir das Bürschlein«, gerichtet an Caroline, als bekannt wird, daß Metternich sich um die temperamentvolle Korsin bemüht. Der brillante Savary formulierte es etwas differenzierter: »Herr von Metternich hatte seine Fühler soweit ausgestreckt, daß niemand anderer mehr die Reichweite seines Einflusses zu ergründen imstande gewesen wäre als allein der Kaiser. Denn er verfügte als unumschränkter Gebieter über eine Person, die für den Polizeiminister Fouché völlig unentbehrlich war. Die Diskretion hindert mich, ihren Namen auszusprechen. Er ist aller Welt bekannt.«

Die Wahrheit dürfte in der Mitte liegen. »Im Grunde fing hier erst mein öffentliches Leben an«, schreibt Metternich selbst und ergänzt diese Meinung durch den vielsagenden Ausspruch, daß es, wie er glaube, nicht gut gewesen sei von Napoleon, ihn, Metternich, in eine Funktion zu berufen, »die es mir ermöglichte, seine Vorzüge zu würdigen, aber auch seine Fehler kennenzulernen«. In Verbindung damit sollte man sich jene kleine Szene in Erinnerung rufen, bei welcher Napoleon, mit spöttischer Aufmerksamkeit den von ihm herbeigewünschten Gesandten aus Österreich musternd, den Satz sagt: »Sie sind sehr jung, um die älteste Monarchie Europas zu vertreten!«, und Metternich darauf die bald von ganz Paris bewunderte Antwort gibt: »Ich stehe im selben Alter wie Eure Majestät bei Austerlitz!«

Es ist eine Art Duell, was nun zwischen diesen beiden ungleichen Partnern stattfindet, zwischen dem Kaiser der Franzosen, den Metternich insgeheim als Emporkömmling und Erben der von ihm verachteten, verabscheuten Revolution begreift, dem er sich überlegen fühlt und den er auf eine Weise bekämpft, von welcher er meint, daß sie die einzig zielführende sei, und ihm, dem Österreicher, der als Kämpfer, Spieler und Genießer auftritt, wie es einer seiner Biographen einmal ausgedrückt hat. Oder, so der Franzose Vallotton, »lächelnd, leidenschaftslos, undurchdringlich beobachtet er seine Exzellenz, sondiert er, lauscht und notiert«. Und während Napoleon glaubt, er habe den jungen Botschafter aus Wien durch Caroline endgültig unter strenge Beobachtung gebracht, betrachtet Metternich es als »eine seiner geschicktesten Staatshandlungen in Paris, den Kopf der leidenschaftlichen Caroline Murat unwiderstehlich zu sich auf die Kissen zu ziehen« (W. Tritsch). Er verhandelt in aller Heimlichkeit mit Talleyrand und Fouché, ermöglicht jenem eine erste und schon dauerhafte Verbindung zum noch nicht ausgereiften, aber bereits mehr als bloß in Konturen sichtbar werdenden Komplott gegen den Soldatenkaiser, von dessen unausbleiblicher Niederlage alle überzeugt sind, die über die Launen der Tagespolitik hinaus das Zukünftige wittern; und er erlaubt Fouché, sich für Kränkungen schadlos zu halten, die dieser sich einbildet oder tatsächlich erfährt.

Metternich hat sich mit seiner Familie in der Rue du Faubourg St.-Honoré eingerichtet, in einem Palais, das er als kalt, rauchig und leer bezeichnet und in welchem er sich nicht sonderlich glücklich fühlt. Aber das hindert ihn nicht daran, sich insgesamt in Paris aufs allerbehaglichste einzurichten. Da sind zuerst die Frauen – und man darf Metternich hier nicht nur mit Caroline Murat in Verbindung bringen oder mit jenen Damen, die ihm den Zugang zur Schwester Napoleons erleichterten –, auf die er »als schlanker Edelmann mit feinen Gesichtszügen und sorgfältig gepudertem Blondhaar, mit betonter Eleganz in seiner Malteserritteruniform« großen Eindruck macht, wie übereinstimmend berichtet wird. Aber Metternich ist nicht nur ein galanter, er ist auch ein berechnender Liebhaber, einer, der genießt, ohne den Überblick des Genusses wegen zu verlieren, einer, dem dieser Genuß, dem die meisten Kavaliere nachjagen, nicht alles bedeutet, der, während er umarmt oder umarmt wird, wachen Sinnes überlegt, wie er die Zinsen dieses liebevollen Kapitals am nutzbringendsten anlegen kann.

»Zerstreue mir das Bürschlein«, soll Napoleon also gesagt haben, als die Affäre Metternichs mit Caroline nicht länger zu verheimlichen war. Und der Kaiser, wohl wissend, daß er auf diesem Feld dem Österreicher unterliegen muß, will als geschickter Arrangeur dieser Verbindung dastehen, will sein Gesicht nicht verlieren, obgleich er ahnt oder weiß, daß ihn Metternich gerade in diesem Punkt mit spielerischer Leichtigkeit ausmanövriert. Eines Tages erscheint der Gesandte aus Wien mit einem Armband, das aus den Haaren Carolines geflochten ist, zur Audienz beim Kaiser. Es ist ein Affront, wie er schärfer und mitleidloser nicht ausfallen kann. Ganz Paris weiß, was diese Geste bedeutet. Napoleon ist hilflos. Er reagiert gereizt, gerät aus der Fassung, nennt Metternich, wenn auch in dessen Abwesenheit, einen Trottel, überfällt ihn einmal während eines Empfangs hysterisch schreiend mit der Frage, was denn Österreichs Kaiser eigentlich von ihm wolle ... und muß sich die kühle, spöttische Antwort gefallen lassen: »Der Kaiser will vor allem, daß Sie seinen Botschafter respektieren.«

Metternich ist rastlos. Und neben Talleyrand, der seinen Verrat an Napoleon erbarmungslos vorbereitet, neben Fouché, der schon für die Zeit nach Napoleons Sturz arbeitet, sind es immer wieder Frauen, die ihn mit den entzückendsten Indiskretionen versorgen. Durch Caroline erfährt er erstmals vom Plan des französischen Imperators, sich von der Kaiserin Josephine scheiden zu lassen. Dieses Wissen soll später noch Früchte tragen. Das Wort seines Biographen Srbik – »Die Frauen, die er liebte, waren ihm zugleich Quell politischer Information« – erfährt vielfache Berechtigung. Freilich schleichen sich auch Fehler ein. Metternich überschätzt zum Beispiel die Bedeutung dessen, was ihm durch Talleyrand und Fouché mitgeteilt wird: daß die innere Schwäche Frankreichs alarmierend sei, daß vor allem die breite Masse des Volkes wachsende Sehnsucht nach Frieden empfinde. Napoleons Abenteuer in Spanien und die ersten Rückschläge jenseits der Pyrenäen hätten den Glauben selbst altgedienter Veteranen an den Nimbus des Kaisers ins Wanken gebracht, überhaupt sei Frankreichs Ehrgeiz mit dem Erreichen der natürlichen Grenzen Rhein, Alpen und Pyrenäen längst befriedigt; der Überfall Napoleons auf Spanien, seine Triumphe jenseits des Rheins, seine weiterreichenden Pläne würden nur noch Erschöpfung und Verdruß auslösen.

Metternich glaubt alle diese Dinge, weil er sie glauben will, weil alles, was Opposition gegen den französischen Kaiser bedeutet, diesen seiner Ansicht nach schwächt und Österreich zugute kommt. »Der Verkehr mit Talleyrand und Fouché, den Häuptern der Opposition gegen die maßlose Eroberungspolitik und den Führern einer Politik der inneren Konsolidierung und des äußeren Friedens Frankreichs«, schreibt Srbik, »wiegte Metternich in dem Glauben, daß die Nation in Frankreich ohne Zusammenhalt mit ihrem Herrscher stehe und zum Abfall bei unglücklichen Kämpfen reif und bereit sei.« Seine Berichte nach Wien werden dringender, auch farbiger und optimistischer. Zugleich hat es den Anschein, daß Metternich jetzt gezielt auf eine militärische Aktion gegen Napoleon hinarbeitet. Im Oktober 1807 meldet er, daß sich in Napoleons Auftreten ein deutlicher Wandel bemerkbar mache; der französische Kaiser scheine zu glauben, einen Punkt erreicht zu haben, an welchem Mäßigung in allen politischen Handlungen nutzlos geworden sei. Ein Jahr später spricht Metternich in einem Brief von schweren äußeren und inneren Rückschlägen, welche Napoleon durch »falsche Berechnungen und eine falsche Einschätzung der Lage« erleiden müsse. Und am 4. Dezember 1808 schreibt er voll Optimismus, daß dieser Krieg nicht mehr Frankreichs, sondern nur noch Napoleons Krieg sei; nicht einmal der Armee könne der Imperator sich jetzt noch gänzlich sicher sein.

»So wurde Metternich nach längerem Friedensbemühen zu einem Haupturheber des glorreichen, unglücklichen Krieges von 1809«, urteilt Srbik in diesem Zusammenhang. Gentz, der Freund Metternichs, wird bei der Durchsicht der Berichte aus dieser Zeit in seinem Tagebuch festhalten: »Es gibt sicherlich im Verhalten des Grafen Metternich in Paris einige zweideutige mißliche Punkte.« Gentz spielt dabei auf den Umstand an, daß zwischen Napoleon und Metternich nach wie vor ein enges und zugleich eigenartiges Verhältnis besteht, eine Art Haßliebe, wie sie einander verwandten Naturen eigentümlich ist, die durch häufigen Umgang sich ihrer Reibungsflächen schmerzlich bewußt werden, was Metternich, der sich in diesem Duell stets als Sieger betrachtet, dessen intelligente Eitelkeit eine Niederlage niemals akzeptieren würde, nicht im mindesten daran hindert, in seinen patriotischen Intrigen gegen den Imperator fortzufahren.

Ende 1808 wird er zur Berichterstattung nach Wien berufen. Einer der kritischen Biographen Metternichs, Viktor Bibl, urteilt darüber: »Der geschmeidige Mann, immer bestrebt, sich nach oben beliebt zu machen, wird sofort erkannt haben, daß hier alles zum Kriege trieb.« Dazu sollte freilich ergänzend angefügt werden, daß es nicht zuletzt Metternich selbst ist, der durch seine Nachrichten, durch seine Alarmrufe und optimistischen Interpretationen und, wenn man die österreichische Sicht der Angelegenheit berücksichtigt, etwas schöngefärbten Analysen der Lage in Frankreich die Kriegsstimmung in Wien auf nicht unerhebliche Weise beeinflußt. Und auch Srbik spricht von verhängnisvollen Irrtümern, welche Metternich »besonders während seines Wiener Aufenthaltes im Dezember 1808« beherrscht haben, so daß er »nach seiner Rückkehr nach Paris in den glühendsten Denkschriften und Depeschen von höchstem Schwung und erstaunlicher Kraft immer wieder zum Krieg aufforderte und im gleichen Sinn seine Frau in Wien agitieren ließ«.

Durch alle historischen und biographischen Arbeiten, die sich mit Metternich befassen, zieht sich als eine Art roter Faden diese Meinung, die ihn als Kriegshetzer und Kriegsverursacher von 1809 begreift, als Regisseur einer Niederlage, die für Österreich nur eine weitere schlimme Demütigung sein soll. Diese Meinung ist zweifellos eine Zusammenfassung dessen, was an historischem Material vorliegt. Aber sie übergeht doch die tieferen Ursachen der Beweggründe für Metternichs eifrige Agitation, denn diese sollte man weniger in seiner Neigung suchen, sich »nach oben beliebt zu machen«, wie es Bibl ausdrückt, als vielmehr darin, daß Metternich den französischen Kaiser als Nutznießer und Erben der Revolution versteht, in ihm einen Parvenü sieht, einen Charakter, der sich in den Ruinen einer alten, festgefügten Ordnung, welche für Metternich nach wie vor das Maß aller Dinge vorstellt, eingenistet hat und von dort aus die noch verbleibenden Bastionen dieser Ordnung attackiert. Napoleon ist für Metternich der Feind schlechthin. Er ist ihm, weil er Festgefügtes zerstört, die Inkarnation des Bösen. Daran ändert auch die merkwürdige Zuneigung nichts, die zwischen diesen beiden Männern besteht. Man kann etwas bewundern und es dennoch aus tiefster Seele ablehnen. Man kann eine Verwandtschaft des Charakters feststellen und dennoch diesen anderen Charakter hassen.

Es hieße Metternich gefährlich zu unterschätzen, ihn lediglich als Agent provocateur zu sehen oder als geschmeidigen Mann, der seine Fähnchen auf geniale Weise stets nach dem richtigen Wind zu richten versteht. Metternich ist und kann das alles natürlich auch, aber bei weitem nicht nur. Er ist auch ein Mann von Ehre, wobei diese Phrase hier in des Wortes ursprünglicher Bedeutung begriffen werden muß. Er hat Prinzipien. Er ist unumstößlich von der Richtigkeit dieser Prinzipien überzeugt. Er riskiert alles, um sie zu verteidigen – gegen Napoleon und für Österreich.

Aber als der Krieg, den Metternich so sehnlich herbeigewünscht, auch herbeiintrigiert oder zumindest erheblich mitvorbereitet hat, am 12. April 1809 erneut ausbricht, befindet sich Metternich – längst wieder aus Wien zurückgekehrt – immer noch in Paris, »kühl, unbefangen, selbstsicher, leichtsinnig wie immer, und wartete vergeblich auf Befehle seines Herrn« (W. Tritsch). Das Ereignis selbst, die offizielle Kriegserklärung, erfährt er aus den französischen Zeitungen. Denn Napoleon hat die österreichische Kurierpost abfangen lassen, erklärt jetzt aber, daß Metternich und seine Familie Gäste der französischen Nation seien und unter dem persönlichen Schutz des Kaisers stünden. Demgegenüber fordert ihn Fouché am 16. Mai auf – da ist Wien von den Franzosen bereits eingenommen, stehen die Schlachten von Aspern und Wagram unmittelbar bevor –, »nach Wien abzureisen, um dort gegen das Personal der französischen Botschaft ausgewechselt zu werden«, wie Metternich in seinen *Denkwürdigkeiten* berichtet.

Unterwegs, in Straßburg, erfährt er nähere Details über die Schlacht von Aspern, in welcher Erzherzog Carl der französischen Armee eine empfindliche Niederlage beigebracht hat. In Straßburg befindet sich zu jener Zeit zufällig auch Josephine, die Gemahlin Napoleons. Sie lädt Metternich zu sich ein. »Ich fand sie recht lebhaften Besorgnissen über die Folgen hingegeben, welche das fragliche Ereignis nach sich ziehen könnte«, notiert Metternich. »Sie machte mich mit den Einzelheiten, die sie erfahren hatte, bekannt, und diese ließen mir über die Bedeutung der [französischen] Niederlage keinen Zweifel. Sie lauteten so bestimmt, daß Josephine gar nicht zweifelte, ich würde bei meiner Ankunft in Wien bereits die Friedensunterhandlungen im Gange finden.«

Aber nachdem Metternich am 5. Juni 1809 endlich in Wien eingetroffen ist, wird ihm zwei Tage später mitgeteilt, daß Napoleon es nicht wünsche, ihn in Wien zu wissen. Und tatsächlich hält er sich bis in die ersten Julitage hinein in einem seiner Mutter gehörenden Landhaus unweit Hetzendorfs auf, wo er sich als Gefangener Napoleons betrachtet und sich dementsprechend benimmt. Als er erfährt, daß Napoleon es begrüßen würde, ihm zufällig im Park von Schönbrunn zu begegnen, lehnt er diese diskrete Aufforderung zu einer Unterredung mit den Worten ab: »Ich bin tatsächlich Gefangener, und Gefangene meiner Sorte betrachten sich, wenn sie ihre Pflicht verstehen, als Tote.«

Am 5. Juli kommt es zur zweitägigen Schlacht von Wagram, durch welche Napoleon die Scharte von Aspern auswetzt und das Schicksal des Feldzuges entscheidet. Metternich befindet sich an diesem Tag, gerade erst von den Franzosen aus seinem Hausarrest entlassen, in der unmittelbaren Nähe des österreichischen Kaisers, in einer Art Beobachtungsstand an den Abhängen des Bisamberges im Nordosten Wiens, jenseits der Donau und jedenfalls außerhalb der Reichweite der französischen Artillerie. In seinen *Denkwürdigkeiten* erzählt Metternich von diesem Geschehen, welches für Österreich wie auch für ihn selbst von außerordentlicher Tragweite sein sollte, eher allgemein und erstaunlich zurückhaltend. Bemerkenswert ist dabei gewiß jene Passage, in welcher Metternich die Reaktion des Kaisers schildert, nachdem die vernichtende Niederlage der Österreicher feststeht. »Es ist gut«, soll Franz gesagt haben; und dann, wie Metternich es beschreibt, »gegen mich gewendet, fügte er hinzu: ›Wir werden viel gut zu machen haben.‹ Und seine Majestät gab unverweilt Befehl, daß sein Hauptquartier sich in Znaim verfüge.«

Augenzeugen freilich geben uns ein etwas anderes Bild von der Situation. Demnach soll Metternich nicht mit Ausrufen des Entzückens gespart haben, als zumindest am ersten Tag die Angriffsfreudigkeit der österreichischen Infanterie eine frühe und günstige Entscheidung dieser Schlacht herbeizuführen schien. Und auch Metternichs lauthals geäußertes Mißfallen über den Rückzugsbefehl des Erzherzogs Carl, in welchem Metternich die hauptsächliche Ursache für die Niederlage zu erkennen glaubte, ist von mehreren Augenzeugen überliefert. Von diesem Tag an jedenfalls wird Metternich dem Bruder des Kaisers, der wahrscheinlich der einzige wirklich fähige Feldherr Österreichs in jenen düsteren Jahren war, mit unverhohlener Feindseligkeit begegnen.

Aber Metternich ist schließlich kein Soldat. Er ist an diesem Tag nur ein Patriot, noch dazu einer, der in die Schlacht von Wagram auch aus persönlichen Gründen die allergrößten Hoffnungen setzt. Die Niederlage muß ihn deshalb besonders treffen. Zugleich aber bedeutet sie für ihn einen besonderen Glücksfall.

Minister des Äußeren

Es ist noch nicht einmal achtundvierzig Stunden her, daß der tüchtige und kampferprobte Erzherzog Carl seine Truppen vom Schlachtfeld bei Wagram zurückgezogen hat. Einen geordneten Rückzug nennt man dergleichen, obgleich er so geordnet nicht war. Aber daß die österreichische Armee insgesamt noch intakt ist, wird Metternich – der in Carl den Verursacher der Niederlage sieht – schon kurze Zeit später erlauben, mit »großer Sorgfalt« seine Vorbereitungen für den nächsten Feldzug zu treffen, denn »die Mittel, über die wir noch verfügten, waren unermeßlich«.

Jetzt, zwei Tage nach Wagram, »ließ mich der Kaiser im Laufe des Morgens zu sich berufen«. Schon der erste Satz, den Franz an Metternich richtet, ist von folgenschwerem Inhalt: »Graf Stadion hat mir soeben seine Entlassung gegeben. Ich übertrage Ihnen an seiner Stelle das Departement der auswärtigen Angelegenheiten.« Metternich ist zu diesem Zeitpunkt noch nicht einmal sechsunddreißigjährig; und »weder meine Neigung noch meine Befähigung, soweit ich diese zu kennen glaube, eignen mich für die hohen Funktionen«, wie er, zumindest seinen *Denkwürdigkeiten* zufolge, dem Kaiser erwidert. Aber kennt man von ihm dieses Spiel nicht schon zur Genüge, daß er zuerst ablehnt, sich aufs schicklichste und zugleich intelligenteste ziert und ein Dutzend vernünftiger Einwände parat hat, die doch wieder nicht so vernünftig sind, daß sie nicht durch einen Befehl, der eher eine drängende Bitte ist, gegenstandslos gemacht werden könnten?

Metternich, den der Wunsch des Kaisers ungeachtet seiner eigenen Selbsteinschätzung, die keine geringe ist, doch etwas überrascht, lehnt also im Verlauf dieses Gesprächs, das am Morgen des 8. Juli 1809 stattfindet, zuerst einmal ab. Eigentlich lehnt er nicht ab, was ihm wie eine reife Frucht in den Schoß fällt, sondern er trägt Einwände vor, die, da sie vernünftig und wohldurchdacht scheinen, wiederum für ihn sprechen. »Zwei Gründe«, erwidert er dem Kaiser, »bewegen mich zu dieser Bitte«, die ausgesprochene Verfügung, den Befehl oder das Ersuchen nicht als definitiv zu betrachten. Der eine Grund hat damit zu tun, »daß ich den gegenwärtigen Augenblick zur Änderung des Ministeriums nicht für geeignet erachte«. Und der andere Grund? »Daß ich mich für diesen Platz nicht tauglich halte.«

Punktum. Das ist es. Zuerst die vernünftige Ermahnung, mitten im Galopp nicht die Pferde zu wechseln, und gleich darauf die kokette Bescheidenheit, die zum Widerspruch herausfordert. Und sofort noch ein Nachsatz, der beweisen soll, wie sehr Metternich den fatalen Stand der Dinge in seine Überlegungen miteinbezieht, wie sehr er selbst mitten im Tumult einer Niederlage das Ganze überblickt und fähig ist, über den Augenblick hinaus zu planen und Zukünftiges miteinzukalkulieren: »Überdies würde der Austritt des Grafen Stadion aus dem Ministerium am zweiten Tag nach der Schlacht bei Wagram die Bedeutung und die Folgen eines Verzichts von Seite Eurer Majestät auf die Fortführung einer Sache haben, der Sie bereits so große Opfer gebracht. Ich würde diesen Schritt als einen großen Fehler betrachten.«

So antwortet der plötzlich in eine schwindelerregende Höhe katapultierte Sechsunddreißigjährige seinem Kaiser. Zumindest stellt es sich so in der Erinnerung Metternichs dar, denn was dieses Gespräch angeht, das zwischen Kaiser Franz und Clemens Metternich auf eine Weise stattfindet, als handle es sich dabei um die möglichst höfliche und korrekte Erledigung des zu ungelegener Zeit vorgetragenen Ansuchens eines Bittstellers, so sind wir zur Gänze auf das Erinnerungsvermögen Metternichs angewiesen. An Fakten liegt lediglich vor, daß der bisherige Außenminister resigniert hat. Graf Stadion ist für die Fortführung des Krieges. Aber die Realität ist die, daß die österreichischen Truppen nichts anderes mehr zuwege bringen, als von Wagram bis Znaim verlustreiche Rückzugsgefechte zu liefern. Jetzt ist eine Atempause dringend notwendig. Ein Waffenstillstand und die Aufnahme von Friedensverhandlungen sollen diese Atempause ermöglichen. Er selbst, so Stadion, sei aber kaum der rechte Mann, um solche Verhandlungen erfolgreich zu führen. Daher sein Rücktritt.

Das hört sich logisch an, und das ist es auch, ist zudem Beweis für die Charakterstärke des glücklosen Außenministers, wohl auch für seine Klugheit. Denn was wird oder kann ein Friedensvertrag, abgeschlossen unter dem Eindruck der Niederlage von Wagram, anderes bringen als neue Demütigungen? Graf Stadion weiß das. Und Metternich weiß es selbstverständlich auch. Die Übernahme eines Amtes, dessen Chef federführend sein muß in den diffizilsten Angelegenheiten des Staates, ist zu einem so ungünstigen Augenblick alles andere als erstrebenswert. Außerdem ist er dem Grafen Stadion verpflichtet, ist ihm sogar freundschaftlich zugetan. Das besagt zwar noch nichts in jener Sphäre, wo die Luft dünn und die Verantwortung von einem Riesengewicht ist; aber Metternich ist kein Schurke, der einer Intrige mit ungewissem Ausgang wegen die gute Verbindung zu einem der einflußreichsten Männer der Monarchie leichtfertig aufs Spiel setzt.

Soviel gibt es zu bedenken. Soviel muß an klugem Einwand und an höflichem Taktieren geleistet werden, und das alles in der verhältnismäßig kurzen Zeit einer morgendlichen Unterhaltung, bei welcher es vor allem darum geht, die eigenen Vorstellungen und Wünsche in eine Form zu kleiden, die der Kaiser goutieren kann. Natürlich will Metternich den Köder schlucken, der vor seiner Nase tanzt, und die Machtfülle eines Ministers genießen selbst in einem Augenblick, der alles andere als erfreulich ist. Aber er muß auch darauf Bedacht nehmen, daß ihn die Erbschaft, die ihm so unvermutet angetragen wird, nicht erdrückt. Man muß sich die Möglichkeit eines ehrenvollen Rückzugs offenhalten.

Es tut nicht gut, einen Gipfel zu erstürmen, ohne sich vorher nicht aller Möglichkeiten für einen glücklichen Abstieg zu versichern.

Es habe mit diesem Gespräch vom 8. Juli 1809 die »wunderliche Zusammenarbeit des Leichtsinnigen mit dem Unentschlossenen, dieser Bund zwischen einem vom Leben enttäuschten Kaiser und einem vom Leben verwöhnten Minister« begonnen, schreibt einer der Biographen Metternichs (W. Tritsch) und meint mit dem Leichtsinnigen natürlich Metternich. Aber dieser ist in Wahrheit nichts weniger als leichtsinnig. Das definitive Ergebnis des Gesprächs beweist es, auch wenn es eines solchen Beweises längst nicht mehr bedarf.

Metternich handelt jetzt. Er geht dabei recht behutsam vor. Aber er setzt einen Schritt nach dem anderen, entschlossener und selbstbewußter, als sich das anhört, wenn er selbst darüber berichtet. Zuerst ringt er dem Kaiser das Versprechen ab, »mich an dem Tage zu entlassen, wo Eure Majestät mich auf falschem Wege sehen werden«. Franz ist, wie man sich leicht vorstellen kann, unendlich entzückt von diesem Menschen, der so gänzlich anders ist als seine übrigen Minister, ein Leichtfuß fast, einer, der mit scheinbar spielerischer Eleganz an die Dinge herangeht und es dabei doch nicht am notwendigen Ernst fehlen läßt. Daß Metternich mit seinen geschickt vorgetragenen Demutsgesten nur den Koketten spielen könnte, kommt dem Kaiser nicht in den Sinn. Daß Metternich nur eine Spielernatur sein könnte, würde er nicht glauben. Franz hält sich viel darauf zugute, ein vortrefflicher Menschenkenner zu sein. Ein solcher täuscht sich niemals in dem Bild, das er sich von seinem Gegenüber macht. »Kurz, die beiden benehmen sich, als ob sie unablegbare Brillen trügen, die jedem von ihnen eine andere Schicht ein und derselben Wirklichkeit vor Augen führten und sie doch diese Wirklichkeit selbst niemals erblicken ließen. Der Leichtsinnige sieht immer nur Horizontlinien, der Griesgram immer nur den Kies vor seinen Füßen. Zusammen haben sie entweder nur unheimliches, unerklärliches Glück gehabt oder doch hier und da ... einfach das Richtige getroffen.« (W. Tritsch)

So kann es auch sein. So kann man es auch sehen. Biographen und Historiker tragen gleichfalls gelegentlich unablegbare Brillen und sehen nur das, was sie sehen wollen. Denkbar ist nämlich ebenso, daß Metternich und Franz einander prachtvoll ergänzen, daß erst die Verschiedenartigkeit ihrer Charaktere jenes schöne Ganze ergibt, das dem Glück Österreichs nützt.

Metternich jedenfalls handelt. Vom Kaiser begibt er sich unverzüglich zum Grafen Stadion und versucht, dessen Entschluß rückgängig zu machen. »Als ich sah, daß meine Anstrengungen fruchtlos seien«, spielt er die nächste Karte aus. Er appelliert an Stadions Pflichtgefühl. Und zugleich räumt er mögliche Hindernisse aus dem Weg, die ihm schon am Anfang seiner neuen Karriere gefährlich sein könnten. Stadion wird den Erzherzog Carl auf dessen Rückzug durch Böhmen begleiten, und zwar als Minister, der keine definitive Funktion mehr zu erfüllen hat, der aber für die Öffentlichkeit sein Amt nach wie vor noch bekleidet. Der Kaiser wiederum wird sich an die Spitze der in Ungarn befindlichen Armee begeben und von Metternich begleitet werden, welcher interimistisch die Agenden eines Ministers des Auswärtigen übernimmt. Der tatsächliche Austritt Stadions aus dem Ministerium soll erst bei Kriegsende erfolgen.

Vielleicht sollte man sich hier des Urteils entsinnen, das Metternichs Freund Gentz einmal über ihn gefällt hat: daß Metternich keine ethisch-religiöse, sondern ausschließlich eine politische Natur sei. Das erklärte manches von dem, was im Augenblick verwirrend anmutet. Metternich will das Amt, das ihm der Kaiser anträgt. Aber er will es mit einem Minimum an Risiko. Nur ein Dummkopf stürzt sich geschlossenen Aug's in ein Abenteuer, darauf hoffend, daß der ungewisse Ausgang dennoch ein günstiger sein möge. Metternich wählt die andere Möglichkeit. Und er bereitet jetzt schon alles aufs sorgfältigste für einen möglichst positiven Ausgang vor. Das Abenteuer selbst ist unwesentlich. Wichtig ist nur das Resultat. Und um ein brauchbares Resultat zu erzielen, müssen bereits vor Beginn des Abenteuers alle Unwägbarkeiten ausgeschieden werden. Das ist es, was Metternich reizt. Das entspricht seiner Begabung, dieser nur dem Anschein nach komödiantischen Beschwingtheit, mit welcher er die Dinge in Angriff nimmt. In Wahrheit kalkuliert er jedes Risiko ein und schließt es dadurch nach Möglichkeit aus. Er ist wie ein Schachspieler, dessen Ehrgeiz sich darauf richtet, seinem Partner stets um einen halben Zug voraus zu sein. Ethik interessiert ihn nicht. Politik hat nichts mit Moral, sondern mit Intelligenz zu tun.

Nun reist er mit dem Kaiser, dessen neuer Außenminister er de facto bereits ist, nach Ungarn. Er hat bewiesen, daß er die Ehre Stadions hoch achtet. Er hat den Kaiser und dadurch alle Welt eindringlich vor sich selbst gewarnt. Und er hat das Bild, das man sich von ihm macht, in düsteres Schwarz getaucht. Um so strahlender wird es sein, wenn er Erfolg hat. Und wer sollte daran zweifeln, daß dieser Erfolgverwöhnte auch jetzt Erfolg haben wird?

Heinrich Srbik hat zusammengefaßt, was Metternichs historische Bedeutung in jenem für Österreich so bedeutsamen Jahr 1809 tatsächlich ausgemacht habe; daß er nämlich »ohne Enthusiasmus . . . mit schärfstem Verständnis für das politisch Mögliche und als Universalist der alten Staatengemeinschaft den Kampf gegen den Universalstaat Napoleons und dann gegen die anderen aus der Revolution geborenen Ideen geführt hat«. Ein Enthusiast ist Metternich in der Tat nicht. Er weiß lediglich sehr genau, was er will; und vor allem weiß er, was machbar ist in einer so verworrenen Zeit wie dieser, in der ein geschickter Mann rasch Karriere machen und ebenso rasch wieder in der Versenkung verschwinden kann.

Jetzt, da er mit dem Kaiser von Znaim nach Komorn im Ungarischen unterwegs ist und mit ihm viele Stunden lang unter vier Augen sich unterhalten darf, verabsäumt Metternich es nicht, den Kaiser vollends für sich zu gewinnen. Denn darauf kommt es an: daß das, was man den Gleichklang der Seelen nennen könnte, klaglos funktioniert; daß Franz zum Mund wird, der das ausspricht, was Metternich plant; daß, wie Metternich es viele Jahre später ausdrückt, »in allen wichtigen Fragen meine Ansichten mit den seinen immer in Einklang sein würden und daß mir in seinen großen Eigenschaften stets die Stütze gesichert sei, ohne welche ein Minister, seien seine Absichten noch so gut, keinen festen Plan seines Vorgehens mit Aussicht auf Erfolg fassen kann«.

Das ist es, was Metternich erreichen muß: die völlige Übereinstimmung mit jenen, welche die Macht haben, Pläne zu verwirklichen, wobei diese Übereinstimmung so beschaffen sein muß, daß die Impulse dafür vom Untergebenen ausgehen. Der Minister also gleichsam als Vordenker, Vorsprecher, Vorplaner des Kaisers, als ein Vertrauter, der, schlüpfte er in des Kaisers Kleider, als dieser selbst gelten könnte, als einer, auf den man sich blindlings verlassen kann, weil man dessen vortreffliche Ideen als die eigenen ansieht. Man könnte auch sagen, daß Metternich sich gänzlich des Kaisers bemächtigt, ihn völlig vereinnahmt. Aber was immer es sein mag, was zwischen diesen beiden Männern an Übereinstimmung, gegenseitiger Inbesitznahme und wechselseitiger Durchdringung passiert: Es wird Österreich zum Vorteil gereichen.

Kurze Zeit nach der Ankunft in Komorn erhalten die Österreicher Nachricht vom Angebot der Franzosen, Friedensverhandlungen aufzunehmen. Man einigt sich rasch darauf, im ungarischen Altenburg im Komitat Wieselburg zusammenzukommen, aber »bei dieser Gelegenheit machte sich eine sonderbare Formschwierigkeit geltend«. Denn Metternich weiß nicht, in welcher

Funktion er den Franzosen gegenübertreten soll. Botschafter ist er nicht mehr. Minister ist er noch nicht. »Ich erstattete dem Kaiser von dieser Verlegenheit Bericht, worauf er verfügte, daß ich den Titel eines Staatsministers annehmen solle.« So einfach erledigen sich komplizierte Dinge. So wirkungsvoll ist die Schubkraft des Erfolges, wenn sie einem bereits Erfolgreichen widerfährt.

Was die Verhandlungen in Altenburg angeht, so ist die Situation verfahren, das heißt, die Franzosen demonstrieren, daß sie in der Kunst der diplomatischen Intrige immer noch unerreichbar zu sein vermögen. Metternich beantragt, daß Protokolle geführt werden. Dieser Antrag wird zuerst abgelehnt und nach acht Tagen plötzlich doch akzeptiert. Aber als Metternich dann das umfangreiche Aktenpaket durchsieht, das sich inzwischen angesammelt hat, muß er zu seinem Erstaunen feststellen, daß Gespräche darin enthalten sind, die gar nicht stattgefunden haben. Er denke nicht daran, erklärt er sogleich, diese erfundenen Protokolle zu unterzeichnen. Daraufhin läßt Napoleon mitteilen, daß man Metternich nicht mehr am Verhandlungstisch wünsche. Das in Paris begonnene Duell erfährt also eine Fortsetzung. Die Österreicher geben nach, haben als militärisch Besiegte auch gar keine Alternative, entsenden den Fürsten Liechtenstein und haben im übrigen nur die Existenz der Monarchie im Sinn, die weder zerschlagen noch allzu drastisch beschränkt werden darf.

Bei diesen Verhandlungen, an denen Metternich jetzt nicht mehr teilnimmt, weil Napoleon gewiß mit Recht befürchtet hat, daß der österreichische Minister ein unangenehmer Partner sei, wird Fürst Liechtenstein zur tragischen Figur. In Altenburg werden die Gespräche abgebrochen. Wenige Tage später wird Fürst Liechtenstein nach Schönbrunn beordert. Man händigt ihm ein Papier aus, das er unterschreibt, weil er glaubt, lediglich eine Empfangsbestätigung ausfüllen zu müssen. Zu spät erkennt er, daß er den von den Franzosen aufgesetzten Friedensvertrag unterzeichnet hat.

Das alles ist, wenn man den österreichischen Quellen Glauben schenken darf, ein abgekartetes Spiel, bei welchem sich Fürst Liechtenstein allerdings mehr als leichtsinnig benimmt. Angeblich soll er erst am Morgen des 14. Oktober 1809 die tatsächliche Bedeutung der von ihm guten, weil irrigen Glaubens unterzeichneten Akte begriffen haben. Er ist um fünf Uhr morgens nach Hause zurückgekehrt, vernahm bei Tagesanbruch plötzlich Kanonenschüsse und erfuhr, als er nach deren Bedeutung fragte, zu seiner nicht geringen Überraschung, daß damit die Unterzeichnung des Friedensvertrages gefeiert werde. Daraufhin, so wird berichtet, will Liechtenstein von Napoleon Rechenschaft fordern. Aber in Schönbrunn wird ihm achselzuckend erklärt, daß der französische Kaiser das Schloß bereits verlassen habe. Und Liechtenstein muß unverrichteter Dinge und völlig verzweifelt dem Kaiser, dem Minister Bericht erstatten.

Metternich nennt diesen Vertrag übrigens einen »Friedensakt voll unwürdiger Hinterlist, der jeder völkerrechtlichen Grundlage« entbehre. Vorstellen läßt sich, daß er insgeheim die Franzosen für die intelligente Unverfrorenheit bewundert, durch welche sie die Unterzeichnung dieses Vertrages erreicht haben. Über die Konsequenzen gibt er sich keinen Illusionen hin. »Der Wiener [sogenannte] Friedensschluß hatte das Reich in einen eisernen Zirkel gebannt, seiner Verbindung mit dem Adriatischen Meer beraubt und es von Brody, dem nordöstlichen Berührungspunkt mit Rußland, bis zu den südöstlichen Grenzmarken gegen das ottomanische Reich mit einem Ländergürtel umzingelt, welcher unter dem Szepter oder unter dem direkten Einfluß Napoleons stand«, schreibt er in seinen *Denkwürdigkeiten*. Besonders erbittert es ihn, daß in einem geheimen Zusatzartikel die effektive Kampfstärke der österreichischen Streitkräfte auf 150 000 Mann beschränkt wird. Weniger Kopfzerbrechen bereitet ihm die für die damaligen Verhältnisse exorbitant hohe Kriegsentschädigung, welche Österreich an Frankreich zahlen muß und welche die ohnedies bereits hoffnungslos belastete finanzielle Situation der Monarchie endgültig ins Chaos treibt.

Und welche Erkenntnis zieht Metternich aus der bitteren und zynischen Lektion, die Napoleon mit diesem Schönbrunner Frieden den Österreichern erteilt hat? »Durch dieses Ereignis hatte das Interim der mir übertragenen Funktionen sein Ende erreicht«, notiert er lakonisch in seinen Erinnerungen. »Ich entfaltete nunmehr den Charakter eines Ministers der auswärtigen Angelegenheiten und gestehe freimütig, daß ich von dem Portefeuille mit mehr Selbstvertrauen, als ich mir im verflossenen Juli zugemutet hatte, Besitz ergriff. Was eben vorgegangen war, ließ mich an Napoleon eine Seite entdecken, die ihn in meinen Augen bedeutend niedriger stellte und vor meinem Gewissen die von mir zu verteidigende Sache in gleichem Maße hob.«

Kein Wort der Anklage gegen Liechtenstein und dessen verhängnisvollen Dilettantismus, mit welchem er in jede von Napoleon und dessen Beratern aufgestellte Falle getappt ist. Keine Spur von Sentimentalität, welche angesichts der tragischen Situation durchaus verständlich wäre. Und nichts von dem, was die Monarchie in diesen düsteren Herbsttagen des Jahres 1809 lähmt, lähmt den Außenminister. In der Politik soll man vertanen Möglichkeiten nicht nachtrauern. Auch dann nicht, wenn sie zu einer Katastrophe führen. In der Politik zählt die Gegenwart; und das, was man aus ihr zu machen versteht. Metternichs einziger Rückblick, den er sich in diesem Augenblick erlaubt, beschäftigt sich mit etwas ganz anderem. »Als den Ausgangspunkt der auf Europa lastenden Übel erblickte ich die soziale Revolution, wie sie im Jahre 1789 sich in Frankreich Bahn gebrochen hatte.«

Das ist es, womit man sich befassen muß, worauf man die Strategie des zukünftigen Handelns einzurichten hat. Napoleon ist ein Produkt des Jahres 1789, ein Geschöpf dieser Revolution, die jede überlieferte Ordnung sprengt und Unheil dort erzeugt, wo diese überlieferte Ordnung noch intakt ist. Man muß Napoleon vernichten. Dann rottet man auch das Unheil aus. Alles andere ist vorerst nebensächlich. Alles andere hat nur dieser einen und ausschließlichen Konsequenz zu dienen.

Eines Tages wird Eleonore Metternich – die sich immer noch in Paris befindet, wo sie das Palais der österreichischen Botschaft an Fürst Carl Schwarzenberg ordnungsgemäß übergeben hat und daselbst nun als Gast des neuen Botschafters logiert – von einem Mitglied der französischen Regierung namens Cambacérés zu einem Maskenball eingeladen. Und noch dazu dringend, wie Clemens Metternich in seinen Erinnerungen schreibt. Eleonore nimmt die Einladung natürlich an. Während des Festes »bemächtigte sich eine Maske, in der sie unverweilt Napoleon erkannte, ihres Armes«. Es kommt in einem Nebenzimmer zu einem Gespräch, welches Napoleon ebenso diskret wie geschickt eingefädelt hat und dann auf den wesentlichen Punkt bringt. Der Inhalt dieses Gespräches beweist, wieviel dem französischen Kaiser daran liegt, daß das, was er scheinbar im Scherz Eleonore erzählt, an die richtige Adresse gelangt. »Schreiben Sie Ihrem Gemahl und fragen Sie ihn, was er von der Sache denke«, sagt Napoleon abschließend und darf nun sicher sein, daß diese eher ungewöhnliche Art von Ballgeflüster sehr rasch politische Auswirkungen haben wird.

Die Sache! Nicht mehr und nicht weniger deutet Napoleon an als die Möglichkeit einer Vermählung mit der österreichischen Erzherzogin Marie Louise; und ob sie, Eleonore, nach ihren Erfahrungen in Betracht ziehen könne, daß eine solche Verbindung zustande käme; und ob der österreichische Kaiser seine Einwilligung zu einer solchen Heirat geben würde. Es sind, bis auf den Kernpunkt der Angelegenheit, natürlich alles nur

Phrasen. Napoleon ist vorerst nur daran gelegen, daß man in Wien von seiner Absicht erfährt und daß die besondere Form der Werbung, die er wählt, auch akzeptiert wird.

Metternich, der nur wenige Tage später davon unterrichtet wird, hatte durch liebenswürdige Indiskretionen vor Jahresfrist bereits in Paris erfahren, daß Napoleon sich mit der Absicht trage, die Aufhebung der Ehe mit Josephine zu beantragen. Die Unfähigkeit Josephines, dem Imperator Kinder zu gebären, sei der Grund für diesen Wunsch nach einer Trennung, heißt es offiziell. Das ist freilich nur ein Teil der Wahrheit. Selbstverständlich ist es Napoleons ausdrücklicher Wunsch, den Thron Frankreichs für sich und seine Familie zu erhalten, was naturgemäß die Existenz eines Thronfolgers voraussetzt. Jeder Emporkömmling empfindet irgendwann einmal Sehnsucht danach, das Außergewöhnliche seiner Leistung für die Nachwelt auch dadurch zu dokumentieren, daß er eine Dynastie gründet. Napoleon macht darin keine Ausnahme. Es kann ihm auf Dauer nicht genügen, daß er seine Familienangehörigen zu Fürsten und Königen macht, sie in seinem Namen über halb Europa herrschen läßt, ohne daß er dessen gewiß sein kann, auch nach seinem Tod tatsächlich als Begründer eines neuen Herrschergeschlechts gerühmt zu werden. Aber das allein ist es nicht, was ihn eine Trennung von Josephine anstreben läßt. Napoleon ist überdurchschnittlich ehrgeizig und außerordentlich ruhmsüchtig – und beherrscht von einer Eitelkeit, die keine Grenzen kennt. Er weiß, daß ihn die Monarchen Europas insgeheim verachten, ihn als das bezeichnen, was er in Wahrheit ist: als Emporkömmling, als Desperado, dessen Macht auf nichts anderem gründet als der Leistung seiner Soldaten, seinem Genie und vor allem auch auf seinem Glück. Das aber zählt wenig in den Augen jener, deren Familien seit Generationen über ihre Völker herrschen. Was Napoleon fehlt, ist der Adel der Herkunft. Und das ist der ärgerlichste Mangel, den sich ein militärischer Abenteurer, der mehr sein will als bloß ein Soldatenkaiser, nicht erlauben kann. »Napoleons Versuche, den Thron Frankreichs für sich und seine Familie zu sichern, geschehen vor aller Welt«, schreibt Walther Tritsch. »Seine Pläne, seine Wünsche, seine Absichten äußert er vor aller Welt. Vor aller Welt die einverständliche Trennung von Josephine ... vor aller Welt sein Streben nach legitimer Verbindung mit einer Tochter aus möglichst altem Herrscherhaus.« Es ist in der Tat wie ein Akt aus der großen Menschheitskomödie, was hier der Öffentlichkeit geboten wird, wie es einer der Biographen Metternichs einmal formuliert hat.

Denn Metternich, lange schon informiert über die Wünsche Napoleons, tritt nun als Regisseur dieser tragikomischen Burleske in Erscheinung. Er hat, stets vortrefflich unterrichtet über die Strategien beider Seiten, zuerst Napoleons Versuche, in die russische Zarenfamilie einzuheiraten, mit ebenso großem Amüsement wie interessierter Anteilnahme beobachtet. Napoleons Auserwählte war eine Großfürstin, eine Schwester des Zaren Alexander. Aber die Unterhandlungen in dieser Angelegenheit – die man keine delikate zu nennen braucht, weil die dazu notwendigen Vorbereitungen auf ebenso geschäftstüchtige wie plumpe Art betrieben worden waren – haben sich zerschlagen. Jede Seite wollte mehr verschlingen, als die andere zu geben bereit gewesen wäre. Die Heiratsabsichten, anfänglich noch durchaus praktikabel, erstickten unter dem Machthunger, der Habgier, dem übertriebenen Ehrgeiz der beiden Fürsten, die sich auf diese Weise ein passables Geschäft entgehen ließen, weil sie beide zuviel Kapital daraus schlagen wollten. Zwei Krämer, die auf fette Beute aus waren, hatten sich gründlich verspekuliert. Mehr ist darüber nicht zu sagen.

Jetzt geht es also um Marie Louise, Abkömmling der ältesten regierenden Monarchie Europas, ein halbes Kind noch, das allerdings, wie sich rasch herausstellen soll, imstande sein wird, seine erzherzogliche Jungfräulichkeit gegen eine gesunde und hitzige Sinnlichkeit einzutauschen. Aber so weit, sich solche Intimitäten vorzustellen, ist man in Wien längst noch nicht. Der Kaiser, durch Eilkuriere aus Paris vom Ansinnen Napoleons unterrichtet, ist vorerst außer sich – und zugleich trotz seiner Lethargie, die mitunter nur eine vorgetäuschte ist, eine Art Schutzwand gegen den lästigen Tumult draußen in der Welt, zugleich also schon hellhörig und so fähig wie willens, sich Vorteile einer solchen Verbindung auszurechnen. Franz reagiert grundvernünftig und sehr österreichisch. Er befiehlt Metternich zu sich. Und er wappnet sich, selbst schon halb entschlossen, seine Tochter dem Ungeheuer in Paris zu überantworten, mit der schönsten aller väterlichen Anstandsregeln. Es soll Marie Louise letztlich selbst entscheiden, was ihre Pflicht ist und wie sie dieser Pflicht zu gehorchen wünscht.

Was nun in Schönbrunn passiert, wo der österreichische Kaiser nach dem Abzug der Franzosen wieder sein eigener Herr von Napoleons Gnaden sein darf, kann man gleichfalls mit einem Schauspiel vergleichen, bei welchem die Akteure einen bedeutungsschweren Text aufsagen, dem sie pantomimisch aufs heftigste widersprechen. Jeder ist ungemein vorsichtig, sondiert äußerst behutsam des Partners Meinung und vermeidet geschickt die Veröffentlichung der eigenen. Man spielt einander die unangenehme Wahrheit wie einen heißen Erdapfel zu, stets darauf bedacht, sich nicht die Finger zu verbrennen. Dabei weiß jedermann, wie die Sache ausgehen wird. Metternich sagt: »Eure Majestät finden sich hiemit in der Lage, in der der Herrscher und der Vater allein ja oder nein sagen können. Das eine oder das andere wird von Ihnen ausgesprochen werden müssen, denn eine ausweichende oder verzögernde Antwort ist nicht möglich.« Und Franz antwortet: »Ich lege die Entscheidung in die Hand meiner Tochter. Da ich ihr nie Zwang antun werde, wünsche ich, bevor ich meine Pflichten als Monarch in Erwägung ziehe, zu wissen, was sie über sich selbst entscheidet.«

Beide Männer wissen, daß Napoleons Angebot mehr ein Diktat als eine Brautwerbung ist. Sich diesem Diktat offen zu widersetzen, bedeutet Unvorhersehbares. Frankreichs Beherrscher hat schon aus nichtigerem Grund als eines abgelehnten Heiratsantrages wegen seine Armeen in Bewegung gesetzt. Er ist unberechenbar, als Feind wie als Verbündeter. Er ist der gefährlichste Schwiegersohn, den ein europäischer Monarch haben kann. Aber darf und kann sich Österreich in seiner gegenwärtigen Situation diesem in die höfliche Form eines Angebots gekleideten Befehl überhaupt widersetzen?

Und was beabsichtigt Napoleon mit dieser Verbindung? »Will der kaiserliche Eroberer den Degen in die Scheide stecken und die Zukunft Frankreichs und seiner Familie auf die Prinzipien der Ordnung im Inneren und des Friedens nach außen bauen?« Metternich verneint diese selbstgestellte Vermutung »in Anbetracht des Charakters Napoleons« sogleich entschieden. Bleibt als andere Möglichkeit, daß der französische Kaiser mit Hilfe Österreichs eine Dynastie zu gründen wünscht, ohne von seinem Eroberungssystem abzugehen. Aber das »beruhte auf so unpraktischen Voraussetzungen, daß ich doch nicht mit Sicherheit auf dieselben bauen konnte«, wie Metternich nüchtern feststellt.

Inzwischen hat der Minister, wie es der Kaiser wünscht, der Erzherzogin seine Aufwartung gemacht. Für Metternich ist das nichts weiter als höfliche Routine, denn wie Franz weiß auch er ganz genau, daß sich Marie Louise dem, was in diesen Tagen immer wieder »die Pflicht« genannt wird, nicht widersetzen darf. »Ich will nur, was zu wollen meine Pflicht ist«, erklärt die kleine Erzherzogin dann auch mit jenem schönen Pathos, das in solchen Situationen den vorgeschriebenen Tonfall ausmacht. Und auch Franz, der von seiner Tochter nichts anderes erwartet hat, bedient sich des nämlichen Stils, als er seinem Außenminister gegenüber die Erklärung abgibt, daß er sich bereits entschieden habe. »Meine Zustimmung zur Heirat wird der Monarchie einige Jahre politischen Friedens sichern, die ich zur Heilung ihrer Wunden werde verwenden können.«

So hat jedermann sein Alibi gefunden. Nur Metternich ist unzufrieden. Ihn beschäftigt die Frage, was Napoleon tatsächlich beabsichtigt. Außerdem glaubt er nicht an diese »Jahre politischen Friedens«, die eine solche Heirat einbringen soll. Er hat mehr als einen Grund, skeptisch zu sein. Und er will Gewißheit. Die politische Lage ist alles andere denn erfreulich. Österreich darf sich den Luxus einer eigenen Meinung gar nicht leisten. Es kann nur reagieren, aber nicht mehr selbständig agieren. »Österreich war 1809 militärisch und wirtschaftlich zusammengebrochen ... Metternichs fester Wille war, die Bestimmungen des Friedensvertrages genau zu erfüllen, jeden Verdacht feindlicher Absichten gegen Frankreich zu vermeiden und das Wohlwollen des Despoten für Österreich zu erwerben, um diesen Staat aus dem Elend herauszuheben und für die unausbleibliche große Weltkrise zu festigen.« (Heinrich Srbik)

Also wäre die Werbung Napoleons als Fingerzeig zu betrachten, der Österreich den Weg weist, den es gehen muß, wenn es gesunden will? Metternich ist geneigt, sich diese positive Interpretation zu eigen zu machen. Ein Antrag des Kronprinzen Ludwig von Bayern in jenen Tagen, der gleichfalls Marie Louise betrifft, spielt dabei keine Rolle. Wenn man zwischen Frankreich und Bayern zu wählen hat, darf die Entscheidung nicht schwerfallen. Wer ist schon Ludwig, gemessen an Napoleon? Außerdem kennt Metternich, wenn es um die Sache des Staates geht, keine Skrupel. »Es hindert ihn seelisch nicht«, schreibt Srbik, »daß vor kaum zwanzig Jahren eine andere österreichische Erzherzogin als Kronenträgerin Frankreichs den Tod auf dem Schafott erlitten, daß vor wenigen Monaten die Heere Österreichs und Frankreichs auf Leben und Tod gerungen hatten.«

Die Absichten Metternichs in dieser Angelegenheit sind also eindeutig. Dem »Vollender der Revolution, der sich in sehr zweifelhaftem Rechtsverfahren von seiner Gemahlin trennte« (Srbik), die Tochter des letzten Römischen Kaisers gleichsam ohne weitere Verzögerung ins Bett zu legen, um dadurch eine besonders günstige Position für alle weiteren Schritte einzunehmen, das ist es, wohin Metternichs Absichten zielen, nachdem ihm erst einmal Napoleons Wunsch bekannt ist. Im Dezember 1809 schreibt er an seinen Nachfolger auf dem Botschafterposten in Paris, an den Fürsten Schwarzenberg: »Schon die Tatsache seiner Anfrage allein mag uns den Maßstab für den wahren Umfang seiner künftigen Zerstörungspläne liefern und auch für den Zeitpunkt, in welchem er sich voraussichtlich wieder gegen uns wenden wird . . .«

Illusionen macht sich Metternich also wahrlich keine. Er agitiert auf vielen Ebenen, nützt alle seine Verbindungen und findet in Eleonore eine begabte Helferin. Es kommt in Paris zu einem intimen Zusammentreffen zwischen ihr und Josephine, der zu jenem Zeitpunkt noch in Ehe und Würden befindlichen Kaiserin. Eleonore berichtet darüber unverzüglich nach Wien. Josephine sei zu dem Opfer bereit, das von ihr gefordert werde. Sie befürworte sogar den Plan Napoleons, sich mit einer österreichischen Erzherzogin zu vermählen. Man müsse dem österreichischen Kaiser unmißverständlich klarmachen, daß sein Untergang und damit das Ende der Monarchie unausbleiblich seien, falls man die Werbung Napoleons abschlage.

Metternich liest das in Wien und zuckt die Achseln. Er hat ganz andere Sorgen. Selbstverständlich wird man dem Brautwerben Napoleons nachgeben. Dieser Punkt ist doch längst entschieden. Da braucht es auch nicht mehr das drohende Rasseln mit dem Sabel, das Napoleon für notwendig hält, um seinem Angebot

Nachdruck zu verleihen. Gerade Österreich riskiert keinen neuen Krieg, nur um die vermeintliche Schande von sich abzuwenden, eine Erzherzogin dem Emporkömmling aus Frankreich in die Arme zu treiben. Allerdings gibt es eine Partei in Wien – und mehr noch in Prag –, die sich der Vorstellung heftig widersetzt, plötzlich in den Stand der Verschwägerung mit einem Manne treten zu müssen, den man eben noch erbittert bekämpft und aufrichtig zu fürchten gelernt hat, weil man weiß, daß sein Aufstieg das Ende aller überlieferten Ordnung bedeutet. Metternichs Vater gehört dieser Partei an. Er überwirft sich vorübergehend mit seinem Sohn, will und kann nicht begreifen, was diesen bewegt, einer solchen unvorstellbaren Partnerschaft nicht nur zuzustimmen, sondern ihr nach Kräften auch Vorschub zu leisten, und daß die tiefere Wahrheit, wie es die Gräfin Thürheim so treffend ausgedrückt hat, darin liegen könne, Marie Louise als eine Art Rächerin des erniedrigten, besiegten und ohnmächtigen Österreich nach Frankreich zu entsenden.

Metternichs Gegner – er hatte zu Lebzeiten deren viele, und er hat sie noch heute – sehen den Sachverhalt natürlich etwas anders. Sie sind davon überzeugt, daß es überhaupt Metternich gewesen sei, welcher diesen abenteuerlichen Plan einer Heirat der Erzherzogin Marie Louise mit Napoleon ausgeheckt und dann so vortrefflich inszeniert habe, daß er tatsächlich realisiert werden konnte. Jene Anekdote, welche die Begegnung Napoleons mit Eleonore und seine seltsame Art der Brautwerbung auf dem Maskenball in Paris schildert, sei glattweg erfunden. Auch daß Kaiser Franz zumindest anfänglich bereit gewesen sei, die freie Meinung seiner Tochter hinsichtlich dieser geplanten Eheschließung zu respektieren, sei eine Erfindung Metternichs. Viktor Bibl, dessen Porträt Metternichs ein eher ungünstiges, zumindest ein außerordentlich kritisches ist, schreibt in diesem Zusammenhang vom guten Geschäft, das der österreichische Außenminister zu machen beabsichtigte, was wiederum »in den Kreisen der Aristokratie doch als ehrlos« empfunden worden sei. Dem gegenüber steht wiederum die Meinung der Gräfin Lulu Thürheim, die nicht nur Mitglied dieser Aristokratie, sondern auch Zeitgenossin Metternichs und authentische Augenzeugin ist. Sie berichtet in ihrem Tagebuch vom Jubel in Wien und von der Hoffnung, daß nunmehr die Ordnung gesichert und die Finanzen geordnet werden könnten. Allerdings heißt es da auch: »Wenn Napoleon nun statt des unbesiegbaren, mächtigen Feindes den Protektor Österreichs hervorkehrt, so wird er dieses vielleicht in eine schimpfliche Abhängigkeit bringen . . .« Aber kann diese Abhängigkeit überhaupt noch schimpflicher werden, als sie es ohnehin schon ist?

Metternich weiß eines mit untrüglicher Sicherheit: daß diese Verbindung ebenso große Vorteile wie immense Gefahren mit sich bringen kann, daß man, um die Gefahren möglichst gering und kalkulierbar zu halten, über jeden Schritt Napoleons unterrichtet sein muß, und daß ferner alles mit größtmöglicher Diskretion vor sich zu gehen hat. Außerdem sollte man auf Sicherheiten bestehen für den Fall, daß die Brautwerbung Napoleons um Marie Louise eine ähnliche Wendung nimmt wie die bei der russischen Großfürstin. Die Instruktionen, welche Metternich am 25. Dezember 1809 an den Fürsten Schwarzenberg nach Paris delegiert, enthalten auch den Befehl: »Sie werden überdies versuchen, die Frage der Vorteile, die Frankreich Österreich unter der Voraussetzung einer familiären Verbindung zu bieten hat, so genau wie nur irgend moglich zu präzisieren.« Und am 27. Jänner des darauffolgenden Jahres schreibt er an Eleonore: »Ich betrachte diese Angelegenheit als die wichtigste, die in diesem Augenblick in Europa zu regeln ist.«

Aber zu diesem Zeitpunkt sind alle Entscheidungen so gut wie gefallen. Am 8. Februar 1810 wird in Paris der Ehekontrakt unterzeichnet. Marie Louise, die einst – eigentlich ist das noch gar nicht so lange her – Napoleon ein Scheusal nannte und in den elenden Quartieren Ungarns, wohin sich der kaiserliche Hof hat flüchten müssen, die sie peinigenden Wanzen als »Napoleons« bezeichnet hat, wird nun eine jährliche Apanage von vier Millionen Goldfrancs und zudem einige prachtvolle Paläste im Herzen von Paris als Leibgedinge bekommen.

Die Hochzeit selbst wird im März gehalten, und zwar in Wien, wo ausgerechnet Erzherzog Carl, der Sieger von Aspern, versehen mit einer Vollmacht Napoleons, den abwesenden Bräutigam vor dem Altar vertritt. »Metternich protokolliert als kaiserlicher Notar den Verzicht der Erzherzogin auf ihre Rechte auf den Thron Österreichs. Schließlich entreißt sich die tränenüberströmte Marie Louise den Umarmungen ihrer Familie.« (H. Vallotton) Und die offizielle Hochzeit – oder, wenn man so will, die französische Wiederholung – wird am 2. April in Paris gefeiert. Aber da ist aus der jungfräulichen Braut seit einigen Tagen schon eine fast hingebungsvolle Gattin geworden, hat Napoleon bereits in Compiègne Marie Louise im ersten stürmischen Anlauf erobert, so daß sie anderntags an ihren Vater in Wien berichten kann, daß Napoleon ungemein zuvorkommend sei und etwas Einnehmendes besitze, dem man unmöglich widerstehen könne.

Die Würfel sind also gefallen. Ein paar Details wären nachzutragen: daß die Übergabe der österreichischen Braut an die Franzosen in Braunau stattgefunden hat, wo sie unter anderem auch von Caroline Murat in Empfang genommen und sogleich in die Geheimnisse der französischen Parfümierungskunst eingeweiht wurde, daß Metternich in Wien seinem Kaiser den Vorschlag machte, gemeinsam mit der Erzherzogin nach Paris zu reisen und dort so lange zu verweilen, »bis ich das Wahre an der Sachlage ans Licht gefördert haben würde«, und daß Metternich diesbezüglich auch bei Napoleon hat anfragen lassen, daß also das Geschäft –

denn als etwas anderes sollte man die Heirat Marie Louises tatsächlich nicht betrachten – zwar glücklich unter Dach und Fach gebracht, jedoch noch lange nicht wirklich erfaßt worden ist. Diese Hochzeit wirkt sozusagen nur für den Augenblick besänftigend, über die Zukunft sagt sie gar nichts aus.

Und nachtragen sollte man auch die kleine Pikanterie, daß Metternich, der zuerst einen anderen Reiseweg als Marie Louise eingeschlagen hat, in Compiègne mit der übrigen Gesellschaft zusammentrifft, also mit Napoleon, mit Eleonore, die in Begleitung des Fürsten Schwarzenberg aus Paris herbeigeeilt kommt, und natürlich auch mit Caroline Murat.

Die Komödie geht weiter. Aber ist es wirklich bloß eine solche? Sechs Monate wird Metternich am Hofe des französischen Kaisers bleiben. In dieser Zeit werden jene Entscheidungen vorbereitet, die dann das Antlitz Europas grundlegend verändern sollen, und wird Metternich den bereits begonnenen Schritt vom intriganten Karrieristen, vom eleganten Diplomaten mit etwas zweideutigem Ruf zum großen Staatsmann allmählich vollenden.

Er sei von Napoleon mit »sichtlichen Zeichen der Befriedigung« aufgenommen worden, berichtet Metternich später. »Er gefiel sich darin, mir die Genugtuung auszudrücken, die er über den Abschluß der Angelegenheit, die ihn in diesem Augenblicke allein beschäftigte, empfand ...«

Das Verhältnis, das sich zwischen diesen beiden Männern entwickelt hat und nun einem neuen Höhepunkt, einer gleichsam von Herzlichkeit begleiteten wachsamen Feindseligkeit entgegenstrebt, berührt auch heute noch seltsam. Napoleon und Metternich: Das sind zwei völlig entgegengesetzte Naturen, die sich selbst als den jeweils einzigen Charakter begreifen, der wirklich fähig ist, sich im Labyrinth der Politik zurechtzufinden. Aber jeder akzeptiert den anderen als fast gleichwertig, als beinahe ebenbürtig, als jenen Partner, den als Konkurrenten zu haben Vergnügen bereitet. Dabei nimmt Napoleon den österreichischen Minister nicht wirklich ernst; er unterschätzt dessen mitleidlosen Haß, die kalte, berechnende Wut, mit der Metternich alles unternimmt, um den Parvenü unschädlich zu machen. Napoleon ahnt zu wenig von den Gefühlen seines Gegenübers, kann sie, die auf einer gänzlich andersgearteten Ordnung beruhen, nicht oder nur ungenügend nachvollziehen. Metternich wiederum, sich dem französischen Kaiser auf eine Weise überlegen fühlend, die nicht ganz ungefährlich ist, weil er zwar das Sprunghafte, scheinbar Unberechenbare seines Antagonisten in seine Überlegungen miteinzukalkulieren fähig ist, nicht jedoch das Kraftvolle, Ungebrochene und aufrichtig Leidenschaftliche an Napoleons Charakter zu erkennen weiß – Metternich genießt das Vertrauen, das ihm der Imperator entgegenbringt und nützt es mit rachsüchtiger Unbarmherzigkeit aus.

Metternich ist nur wenige Stunden nach der Erzherzogin, der nunmehrigen Gemahlin Napoleons, in Compiègne angekommen »und blieb volle sechs Monate am Hofe des Imperators . . . und wurde tatsächlich während dieser ganzen Zeit als Staatsbesuch behandelt« (W. Tritsch). Aber nicht diese für einen Außenminister ohnedies selbstverständliche protokollarische Äußerlichkeit ist von Bedeutung, sondern der Umstand, daß Metternich jetzt in ständigem Kontakt mit Napoleon steht, privat wie offiziell. An manchen Tagen trifft man einander mehrmals. Immer wieder kommt es zu stundenlangen Gesprächen. Gesprochen, diskutiert, verhandelt wird über fast alles, »über das Eheglück der jungen Kaiserin, über die Anleiheverhandlungen und einen Handelsvertrag, über Abbau oder gar Fallenlassen der österreichischen Rüstungsbeschränkungen, über die Wagenladungen gefälschter Banknoten, die der Imperator während des Krieges gegen Österreich rasch hatte anfertigen lassen« (W. Tritsch); und immer wieder über die politische Lage in Europa, also über Rußland, Preußen, das Osmanische Reich, den Balkan.

Währenddem intrigiert gegen Metternich in Wien eine Gruppe von fanatischen Patrioten, an deren Spitze ausgerechnet Metternichs Vater steht, der jetzt als eine Art provisorischer Statthalter die Position des abwesenden Sohnes einnimmt. Der eigenwillige, vielleicht bloß starrköpfige, vielleicht jeder intelligenten politischen Strategie unfähige Fürst Franz Georg kann seinem Sohn dessen Aktivität anläßlich der Brautwerbung Napoleons um Marie Louise nicht vergessen, noch weniger verzeihen. Er betrachtet als schandbar und als Verrat an Österreich, was für Clemens Metternich eine lebensrettende Staatsnotwendigkeit ist. Franz Georg betreibt nun sogar in aller Öffentlichkeit gegen den Außenminister Opposition. Es »durchkreuzte sein kurzsichtiger Vater«, so Srbik, die »fein angelegte Politik« Metternichs, und er würde sie durch blanke Unvernunft – und wohl auch eines Gefühls wegen, das man als verletzte Eitelkeit bezeichnen könnte – fast endgültig zum Scheitern verurteilen, wenn Clemens Metternich dann nicht doch noch, gewissermaßen im letzten Augenblick, nach Wien käme und alles wieder in Ordnung brächte.

Jetzt in Paris ist Metternich in seinem Element, und das in jeder Hinsicht, also auch in amouröser, was bei einem Mann, der das Glück hat, ein Frauenliebling zu sein, nicht überraschen kann. Es gibt allerdings auch Komplikationen. Als er seine Gunst nicht nur Caroline, sondern auch einer Rivalin schenkt, kommt es fast zum Skandal, der »nur durch den Takt der geduldigen Gattin Metternichs vermieden wurde«, wie Srbik erzählt. Aber »im Grund sind dies doch abermals nur Nebensächlichkeiten, die den Gang seiner Politik nicht berührten«. Denn »die Lockungen der Frauen haben sein Denken so wenig dauernd gefangen genommen wie die Lockungen des Welteroberers ihn bewegen konnten, Österreich gebunden an Frankreich auszuliefern und in die Gefolgschaftsrolle eines Rheinbundstaates zu führen« (H. Srbik).

Metternich selbst, jetzt sichtbar ein Günstling Napoleons, von diesem in aller Öffentlichkeit wiederholt bevorzugt behandelt und über Monate hinweg sein beständigster Gesprächspartner, liefert in seinen *Denkwürdigkeiten* ein leicht korrigiertes Bild von der Zeit in Paris während des Frühlings und Sommers 1810. »Somit blieb ich unzugänglich für die Liebenswürdigkeiten«, schreibt er, »die Napoleon bei Gelegenheit an die zu verschwenden wußte, aus denen er Vorteil ziehen zu können hoffte. Ich entzog mich den Berührungen mit dem Hofe nicht, ich hatte zu demselben den freiesten Zutritt, von dem ich indes ... nur mit der sorgsamsten Zurückhaltung Gebrauch machte.«

Allerdings ist Napoleon für ihn das, was man als harten Brocken bezeichnen könnte. »Von so hohem Interesse es auch für mich war, die Denkweise und die Ansichten dieses Mannes in den verschiedensten Richtungen kennenzulernen, so gewährte mir das immer noch keine hinlänglichen Anhaltspunkte zur Aufklärung über seine nächsten Zukunftspläne.« In Wien wird man schon ungeduldig. Die Gegner Metternichs murren. Und sie werfen ihm vor, daß er nichts erreiche, keine effektive Veränderung der bedrückenden Situation ermögliche und keinen »augenblicklich greifbaren Gewinn« für die Selbsterhaltung und Selbständigkeit Österreichs vorzeigen könne. Metternichs psychologische Ausflüge in den Charakter Napoleons interessieren jene nicht, die jetzt nach der Heirat Marie Louises, gegen die sie zuvor heftig polemisiert haben, auf ein Wunder hoffen. Man hält Metternich vor, daß es ihm nicht gelinge, die Illyrischen Provinzen wieder mit Österreich zu vereinen, daß er außerstande sei, die Beschränkung der österreichischen Truppenstärke auf 150 000 Mann – was man ganz allgemein für eine peinliche Demütigung hält – endlich zu beseitigen. Dafür lehnt man einen Handelsvertrag, den Metternich in Paris abschließt, als unzumutbar und schandbar ab. Man will oder kann nicht begreifen, was den Außenminister im Augenblick am nachhaltigsten bewegt und was er in einem ausführlichen Bericht an den österreichischen Kaiser, geschrieben am 28. Juni 1810, so formuliert: »Der größte, bestimmteste und wegen seiner Größe am schwersten zu berechnende Vorteil, welchen wir aus der Vermählung einer Tochter Eurer Majestät mit dem französischen Kaiser zu ziehen berechtigt sind, ist jener, den verzweifelten Zustand gänzlicher Zerrüttung unserer inneren und äußeren Kräfte in einen Stand der Ruhe verändert zu haben. Die größte Anstrengung der Regierung muß unter diesen Verhältnissen auf Ordnung und Belebung unserer im Augenblick des letzten Friedens und durch ihn so tief gesunkenen inneren Kräfte und auf Sammlung eben dieser Kräfte für alle möglichen Fälle der Zukunft abzielen.«

Metternich rät also zu Mäßigung und Zeitgewinn. Denn »man würde sich irren«, schreibt er weiter an Kaiser Franz, wenn man dieser Verbindung der Erzherzogin mit dem Imperator »eine Gewalt beilegte, welche sich auf alle Pläne Napoleons erstreckte oder diese vielleicht gänzlich zu modifizieren imstande wäre. Die Tendenz dieses Monarchen nach Alleinherrschaft liegt in seiner Natur; sie kann modifiziert, ihr können Zügel angelegt, vernichtet kann sie jedoch nie werden.«

Deutlicher, kompromißloser und wahrheitsgetreuer ist Napoleon nie beschrieben worden. Und zu mehr Aufrichtigkeit – oder soll man vielleicht sagen: zu illusionsloserem Vorausblick – wird auch Metternich in dieser Causa nie mehr gelangen, wenn er abschließend feststellt, daß »ungeachtet der Heirat Epochen möglich sind, wo wir alle unsere Kräfte aufzubieten haben werden, um die uns bedrohende Gefahr der Unterjochung abzuwenden oder ihr zu widerstehen«.

Zeitgewinn muß Metternich erreichen, die Pläne Napoleons genauer kennenlernen, dessen Absichten bezüglich Österreichs nicht bloß erraten, sondern so frühzeitig und so umfassend wissen, daß er rechtzeitig Gegenmaßnahmen ergreifen kann. In Wien mag man gegen ihn intrigieren. Der Kaiser in Schönbrunn mag irritiert den Kopf schütteln. In Paris mag man ihn seiner Affären wegen belächeln oder beneiden. Was für ihn zählt, ist Gewißheit und ein geschicktes Hinauszögern jenes Augenblicks, den man am besten mitbestimmen sollte, in welchem Napoleon wieder zuschlagen wird.

Die Lage in Europa ist in diesem Jahr 1810 ohnedies verzweifelt, wenn nicht gar aussichtslos. Im Juli annektiert der Imperator Holland. Seinem General Bernadotte erlaubt er die Annahme der Thronfolge in Schweden. Seine Armeen stoßen über Sevilla und Malaga bis nach Portugal vor. Die Grenzen des Kaiserreiches erstrecken sich vom römischen Tiber bis an die Elbe, von der Ostsee bis ans Tyrrhenische Meer. Nur England widersteht noch dem napoleonischen Zugriff. Und nachdem der englische Feldherr Wellington in Spanien wieder an Boden gewinnt, wird auch die Beziehung zu Rußland – mit dessen Zaren man sich gerade erst verschwägern wollte und der sich nun, nach den Niederlagen französischer Truppen in Spanien, vorsichtig von Napoleon zu lösen beginnt – frostig bis feindselig. Am 31. Dezember 1810 hebt der Zar für sein Reich die von Napoleon ausgerufene, gegen England gerichtete Kontinentalsperre auf. Schon im Oktober hat in Wien der Generaladjutant Alexanders, Graf Schuwalow, einen eher plumpen Versuch gewagt, ein Bündnis Österreichs mit Rußland für den Fall eines neuen Krieges gegen Frankreich zu arrangieren. Es ist Metternichs Vater Franz Georg, der bei diesem nicht ungefährlichen Spiel nachdrücklich in Erscheinung tritt, das erst durch die Rückkehr Metternichs nach Wien abrupt beendet wird.

Metternich erfährt in Paris endlich – man schreibt schon den September 1810 – Einzelheiten über Napoleons Absichten für die nähere Zukunft. Es hat lange gedauert, bis der eine Fuchs dem anderen in die Falle geht, sich jene Blöße gibt, auf die der andere gewartet hat. Über Monate hinweg hat Metternich eine merkwürdige Rolle gespielt: nach außen in Paris den ewig lächelnden und immerzu in irgendwelche Amouren verstrickten Hofmann, der eigentlich mehr ein Höfling als ein selbstbewußt auftretender Diplomat und Politiker zu sein scheint, und Wien, dem österreichischen Kaiser, der dortigen Hofkaramilla gegenüber den besorgten und strengen Hüter eines schandbaren Friedensvertrags, der Österreich praktisch an Frankreich ausliefert, es wehrlos und, wie manche Patrioten zürnen, auch ehrlos sein läßt. Immer wieder die Ermahnungen nach Wien, um keines einzigen Fingers Breite von den schmachvollen Bedingungen dieses Vertrages abzurükken. Und in Paris immer wieder die liebenswürdige Maske des Biedermannes einem Manne gegenüber, der nach und nach, weil er den österreichischen Außenminister vielleicht um eine Spur zu gering einschätzt, alles preisgibt, was Metternich wissen muß, um in seiner Politik fortzufahren, die nichts anderes zum Ziel hat als die Errettung Österreichs aus Napoleons erdrückender Umarmung und die Vernichtung des Imperators.

Denn Metternich weiß, daß man, wenn man seine Freiheit zurückgewinnen will, nicht um irgendwelche Punkte in einem Vertrag feilschen darf, sondern daß man den Imperator vernichten, zerstören, davonjagen muß. Österreich kann nur existieren, wenn Napoleons Frankreich zugrunde geht. Alles andere ist Illusion. Alles andere ist töricht, für die Existenz Österreichs lebensgefährlich.

Und jetzt im September »rückte Napoleon in unseren Gesprächen mit seinen Absichten näher heraus«, wie Metternich in seinen *Denkwürdigkeiten* mitteilt. Es hat sich die Geduld also gelohnt, die kluge Hartnäckigkeit, mit welcher Metternich in diesen Wochen und Monaten in Paris vorgegangen ist, scheinbar teilnahmslos, scheinbar nichts anderes als ein liebedienerischer Höfling von Napoleons Gnaden und zudem ein blasierter Dandy, ein österreichischer Beau auf dem glatten Par kett der Pariser Gesellschaft, einer, der sein Amt nur als Vorwand benützt für mehr oder minder geschmackvolle Auftritte in den Salons, für mehr oder minder geistreiche Inszenierungen seiner vermeintlichen Bedeutung, für die Vermehrung seines zweideutigen Ruhmes als ebenso galanter wie ausdauernder Liebhaber der Frauen. Es hat sich alles gelohnt: die Verstellung, die Geduld, das Hineinschlüpfen in eine Rolle, die zu Mißverständnissen Anlaß bot, und die Standfestigkeit in dem Duell mit Napoleon, das dieser – davon ist Metternich mehr als von allem anderen überzeugt – letztlich verlieren wird.

Im September also, mehrmals und zu verschiedenen Anlässen, Napoleons Eröffnungen über seine nächsten Pläne. Zuletzt am 20. September, wie Metternich in seinen Erinnerungen das Datum mit bürokratischer Genauigkeit festhält, und zwar in St. Cloud, das er unmittelbar nach diesem letzten aufschlußreichen Gespräch »mit dem Bewußtsein, hinlängliches Licht geschöpft zu haben«, verläßt. Vier Tage später nimmt er in Paris beim Imperator seine Abschiedsaudienz, erreicht dabei gleichsam wie nebenbei, was vorher so lange Zeit ein Gegenstand hartnäckiger und frustrierender Verhandlungen gewesen ist, daß nämlich Napoleon die Österreicher von der demütigenden Verpflichtung, nicht mehr als 150 000 Mann unter Waffen halten zu dürfen, jetzt doch noch entbindet, und kehrt dann unverzüglich nach Österreich zurück. Zuerst nach Wien, wo er nur einen Tag verweilt, »um Kunde über einen soeben auf dem politischen Felde stattgehabten Zwischenfall ... von meinem Vater einzuholen«, das heißt, um alles möglichst rasch wieder in Ordnung zu bringen, was Franz Georg an politisch Törichtem und Gefährlichem mit den Russen eingefädelt hat. Dann geht es weiter nach Graz, wo Kaiser Franz schon ungeduldig auf den Bericht seines Außenministers wartet.

Dieser Bericht, mit Metternichs eigenen Worten auf das Wesentliche konzentriert, ist ungeschminkt und eindeutig. »Im Jahre 1811 wird der materielle Friede auf dem europäischen Kontinent durch eine neue Schilderhebung Napoleons nicht gestört werden«, prophezeit Metternich. Aber dafür werde im Verlauf dieses kommenden Jahres Napoleon »mit verstärkten eigenen Streitkräften seine Bundesgenossen zu einem gegen Rußland gerichteten Hauptschlag sammeln«; diesen Feldzug »wird Napoleon im Frühjahr 1812 beginnen«. Und dann, wieder wörtlich aus den *Denkwürdigkeiten* übernommen: »Das Jahr 1811 muß die kaiserliche Regierung sonach zu einem Abschnitt in der unhaltbaren finanziellen Lage des Reiches in der zweifachen Richtung benützen, um einerseits das Papiergeld zu vermindern und andererseits die Mittel zu einer imponierenden militärischen Ausrüstung und Aufstellung für das kommende Jahr zu beschaffen.«

Dazu muß man festhalten, daß die Staatsschuld zu diesem Zeitpunkt 658 Millionen Gulden beträgt. Das Papiergeld ist auf über eine Milliarde sogenannter Bankozettel angewachsen und betrifft dabei kaum acht Prozent des Nennwertes. Die Finanzen sind also heillos zerrüttet. »Der bürgerliche Wohlstand war verwüstet, nur noch durch die Bankzetteldruckerei konnten für die dringendsten Ausgaben der Staatsverwaltung die Mittel bereitgestellt werden. Der Geldwert sank immer noch weiter.« (W. Tritsch) Der Präsident der Hofkammer, ein gewisser Graf O'Donnel, soll in diesem Zusammenhang den resignierenden Ausspruch getan haben: »Gut, daß man uns wenigstens noch Papier [für das Bedrucken der Bankozettel] dagelassen hat!«

Und der nächste Punkt in Metternichs realistischem Grazer Vortrag dem Kaiser gegenüber: Österreich werde, bezogen auf die beiden nächsten Jahre, sich einer bewaffneten Neutralität zu befleißigen haben. Vor allem aber werde man abwarten müssen, welche Richtung man selbst einschlagen könne angesichts »des in jedem Falle exzentrischen Unternehmens Napoleons«. Metternich wörtlich: »In einem Krieg zwischen Frankreich und Rußland nimmt Österreich eine Flankenstellung ein, welche seinen Aussprüchen [Ansprüchen] im Verlauf und am Ende des Kampfes ein entscheidendes Gewicht sichern wird.«

Was Metternich hier Anfang Oktober in Graz – und zu Beginn des kommenden Jahres in einem schriftlichen Bericht in Wien ein zweites Mal – in aller Ausführlichkeit darlegt, ist die klare Erkennung und Beschreibung zukünftiger Ereignisse und zugleich die daraus sich ableitende Politik Österreichs für die Zukunft. Der Außenminister hat – noch wird man das in Wien nicht wirklich zu würdigen wissen – während seines sechsmonatigen Aufenthaltes in Paris tatsächlich ganze Arbeit geleistet. Er weiß jetzt, was die kommenden Monate und Jahre bringen werden. Es hat sich ihm gleichsam die Zukunft enthüllt. Österreichs Reaktion auf das, was diese Zukunft bringt, muß daher den Verhältnissen angepaßt sein. Man wird realistisch vorzugehen haben. In weiser Selbstbeschränkung nur das Vernünftige tun, auch wenn es den jeweils herrschenden Verhältnissen zuwiderläuft, also keine Parteinahme, sondern Konzentration nach innen. Die Finanzen müssen in Ordnung gebracht werden. Dennoch ist die Aufrüstung des Heeres unvermeidlich. Bewaffnete Neutralität heißt, sich gegen jeden Feind wehren zu können, und bedeutet ferner, daß man in der Lage sein muß, zum geeigneten Zeitpunkt selbst loszuschlagen.

Daß dieser Augenblick kommen wird, ist für Metternich unumstößliche Gewißheit. Das Warten hat sich gelohnt. Was Österreich jetzt braucht, ist nur noch etwas Geduld.

Der russische Feldzug

»Auf dem politischen Felde verlief das Jahr 1811, wie ich es vorhergesehen hatte«, darf Metternich selbstzufrieden feststellen. Napoleon konzentriert seine Truppen im Herzogtum Warschau. Der russische Zar forciert seine Rüstungen. Österreich tritt harmlos, lautlos auf der Stelle. Immer erbitterter ist dafür »der Kampf am Hof, in den höchsten Armeekreisen und in der Gesellschaft gegen den leitenden Minister als angeblichen Söldling Frankreichs« (Srbik), wobei es sowohl die Erzherzöge Carl, Josef und Johann als auch die Kaiserin Maria Ludovica selbst sind, die gegen Metternich und für den zurückgetretenen Grafen Stadion Stellung beziehen. »Und über all dem Getriebe der Kriegs- und Friedensdürstenden ein schwungloser, schwacher Monarch.« Dieser Ausspruch Srbiks charakterisiert am besten die Situation, in welcher sich Metternich in diesen Wochen und Monaten befindet. »Bei aller Oberflächlichkeit, Eitelkeit und allem Leichtsinn – es tritt doch schon in diesem heimischen Ringen ein politischer Scharfblick, eine Biegsamkeit und Zähigkeit, eine Sicherheit und Zielrichtung der Staatsführung mit leichtester Anpassungsfähigkeit der Taktik entgegen, die Metternichs Talenten keinen seiner Gegner ebenbürtig erscheinen lassen, mochte er auch manchem von ihnen als Charakter nachstehen.« (Srbik)

Metternich weiß, was die Nachrichten bedeuten, die ihn von überall her aus Europa erreichen: Krieg zwischen Frankreich und Rußland. Diese Auseinandersetzung ist unvermeidlich geworden. Napoleon geht Schritt für Schritt vor, beharrlich und unbarmherzig. Er sammelt seine Hilfstruppen, nötigt Preußen zur Bündnistreue und lockt die Österreicher mit vagen Versprechungen. Im Dezember 1811 fordert er von Wien die Beistellung eines Truppenkontingentes in der Stärke von annähernd 50 000 Mann und setzt dagegen vage Versprechungen ein, die Illyrischen Provinzen, die Moldau, Walachien und Serbien betreffend. Wenige Tage später hält Metternich beim Kaiser Vortrag und erklärt unter anderem, daß der Zeitpunkt nunmehr eingetreten sei, den Napoleon schon lange vorher berechnet habe, »in welchem der letzte Kampf der alten

Ordnung der Dinge gegen seine Umwälzungspläne unvermeidlich ist. Er bestehe den Kampf oder unterliege«, sagt Metternich etwas emphatisch, »das eine wie das andere verändert die ganze Lage der Dinge in Europa.«

Die Veränderung der bestehenden Verhältnisse im Sinne der napoleonischen Neuordnung fürchtet Metternich eigentlich kaum noch. Er weiß, daß die Würfel gefallen, die wesentlichen Entscheidungen getroffen sind, in Österreich wie auch jenseits der Grenzen. Wichtig ist lediglich, daß man die Balance hält, sowohl Napoleon als auch Alexander gegenüber. »In diesem Narrenwirrsal bleibt Metternich kühl und ruhig. Ihm ist klar: beide Eroberungsreiche, Rußland und das französische Imperium, beide müssen wieder hinausgedrängt werden, ganz hinaus aus Mitteleuropa. Beiden Abenteurern, dem unersättlichen Napoleon und dem chimärenreichen Alexander, muß man ein Halt bieten. Sie sollen einander nur schlagen, möglichst gründlich, aber nicht auf österreichischem Gebiet und schon gar nicht mit österreichischem Blut.«

Was hier Walther Tritsch auf einen recht einfachen Nenner bringt, ist freilich nur machbar, wenn sich Metternich auch gegen die Wiener Hofkaramilla durchsetzt und geschickt seine Gegner ausmanövriert, von denen mancher bloß ein Neider, mancher nur ein idealistischer Wirrkopf ist. Aber da dem Außenminister die Inszenierung von Intrigen nicht fremd ist und er sich nun auch als ein »souveräner Verächter des Geredes der Menge« (Srbik) erweist, der ungeachtet aller gegen ihn gerichteten Pfeile und Maßnahmen sein Programm verfolgt, gelingt es ihm mit einfachen Methoden, sich seiner Gegner zu erwehren. Es werden Briefe eines enthusiastischen und mit den Methoden Metternichs und des Kaisers rechtschaffen unzufriedenen Erzherzogs an die Kaiserin abgefangen, kompromittierende Briefe für Maria Ludovica, die ihrerseits törichte Briefe zurückschreibt, in denen sie sich unter anderem über die »absonderlichen Launen« ihres hohen Gemahls beklagt, vernichtende Briefe für den allzu ungestümen Erzherzog Josef, der sich für das sogenannte bürgerlich-freisinnige Lager und für die vermeintlich oder tatsächlich unterdrückten Ungarn einsetzt; es werden Gegenminen gelegt, und die Verschwörer, die in Wahrheit bloß klägliche Dilettanten sind, werden zum billigen Opfer ihrer eigenen Unvernunft. Es sind Gegner, mit denen ein Metternich mühelos fertig wird, die an seinem Festhalten zugunsten der bewaffneten Neutralität Österreichs nichts zu verändern imstande sind, und denen es nicht gelingt, das intime Vertrauensverhältnis zwischen dem Kaiser und dessen Außenminister zu stören.

Denn auch das erweist sich jetzt als bedeutsam für die Politik Metternichs, daß ihm sein Monarch ein fast uneingeschränktes Vertrauen entgegenbringt. Franz I., ein phlegmatischer Charakter, weder sonderlich unfähig für sein Amt noch besonders begabt, sich in der Politik zu behaupten, hat instinktiv erkannt, daß er auf Metternich setzen muß, wenn er Erfolg haben will.

Im Mai 1812 kommt es in Dresden zu einem Zusammentreffen zwischen dem österreichischen Kaiser und Napoleon. Charakteristisch ist dabei der unterschiedliche Aufwand, den die Monarchen jeweils für notwendig erachten. Napoleons Gefolge beträgt an die zweihundert Offiziere und Bedienstete. Franz I., dessen leidenschaftlich patriotische Erzherzöge erst durch einen scharfen Befehl nach Dresden in Marsch gesetzt werden konnten, begnügt sich mit seinem Außenminister und einer Handvoll Diener. Die Erzherzöge, die mit verdrossenen Mienen am Eröffnungsbankett teilnehmen, kritisieren den Prunk, den Napoleon entfaltet, flüstern einander die Summe zu, welche Österreich als Kriegsentschädigung bezahlen mußte, fühlen sich wieder einmal gedemütigt und verlassen ostentativ den Empfang, nachdem sie gerade noch Marie Louise ihre kühle Aufwartung gemacht haben. Die Monarchen, deren Haltung zueinander nach den Worten Metternichs eine »ihren Stellungen angemessene, aber kalte« ist, haben kaum echte Berührungspunkte. Daß sie miteinander verschwägert sind, wirkt hier in Dresden wie eine bizarre Laune des Schicksals. Nur Metternich kommt in diesen Maitagen des Jahres 1812 mehrfach mit Napoleon zusammen, erfährt wiederum die Gunst vertraulicher Gespräche. »Stundenlange Gespräche fanden zwischen uns statt«, schreibt Metternich, »aber nur selten war von Politik die Rede.«

Wozu auch? Die Zeit der theoretischen Überlegungen ist endgültig vorbei. Am 22. Juni 1812 erklärt Napoleon Rußland den Krieg und marschiert mit einer Armee, die sich zusammensetzt aus 190 000 Franzosen, 110 000 Deutschen – den Soldaten, die der Rheinbund stellt –, 30 000 Österreichern – Franz hat Napoleons Forderung nach Erstellung eines Armeekorps doch nachgegeben, hat nachgeben müssen, weil dies, wie ihm Metternich geduldig beibringt, das kleinere Übel sei und nichts an der Gesamthaltung Österreichs ändere –, ferner aus 20 000 Preußen, 12 000 Schweizern und noch zahlreichen anderen Kontingenten verbündeter oder unterjochter Nationen ... und marschiert also mit dieser Armee, deren effektive Stärke mit rund 400 000 Mann zu beziffern ist, in Rußland ein. Er erringt in rascher Folge jene Siege von Smolensk und Borodino, die ihn innerhalb weniger Wochen bis vor Moskau bringen. Am 14. September 1812 marschiert er in Moskau ein. Er wähnt sich am Ziel, glaubt sich als Sieger und unterschätzt auf sträfliche Weise das Beharrungsvermögen der Russen, ihre ungebrochene Vaterlandsliebe und ihren Fanatismus, unterschätzt zu Beginn auch jenen Brand, der schon am 15. September ausbricht, jenes große, verheerende Feuer, das russische Patrioten gelegt haben und das sich wie rasend vermehrt, bis ganz Moskau in Flammen steht. Die französische Armee, bar jeder Ressourcen und Stützpunkte, muß sich aus Moskau zurückziehen; sie muß gemeinsam mit ihren Verbündeten vor dem einbrechenden Winter fliehen, bis sie, als sie endlich wieder nach Deutschland kommt, auf knappe 60 000 Mann zusammengeschmolzen ist, was bedeutet, daß an die 340 000 Soldaten erfroren, verhungert, ertrunken oder von den Kosaken hingemetzelt sind, was überdies bedeutet, daß es die legendäre Grande Armée, Napoleons wirkungsvollstes Instrument, nicht mehr gibt, daß innerhalb weniger Monate aus dem großen Rausch des vermeintlichen Triumphes der große Katzenjammer einer grausamen Niederlage geworden ist.

Und Metternich? Triumphiert er nun, weil er das alles vorhergesehen, das alles in seine Pläne einbezogen hat? »Der Feldzug 1812 war von Folgen begleitet«, schreibt er in den *Denkwürdigkeiten*, »welche ich bereits vor dessen Beginn nicht allein als mögliche, sondern wegen der wesentlich irrtümlichen Ansichten Napoleons als die wahrscheinlichsten erkannt hatte.« Und etwas später, nach der Schilderung des nunmehrigen Kräfteverhältnisses, das sich auf fast dramatische Weise zugunsten Österreichs verschoben hat, diese beiden Sätze: »Daß dem Kaiser und mir dieser Kräftezustand vor Augen lag, bedarf keiner Erwähnung. Die Frage stellte sich zwischen Seiner Majestät und mir nicht auf diesem Feld, wohl aber in der Wahl der einzuschlagenden Richtung, um unsere passive Stellung in eine aktive umzuwandeln.«

Denn so einfach, wie manche vorschnelle Meinung jetzt glaubt, ist die Lage auch wieder nicht. Napoleon ist zwar vernichtend geschlagen, besiegt eher vom mörderischen russischen Winter als von der russischen Armee, aber er selbst hat sich retten können, und das nicht nur im buchstäblichen, sondern auch im übertragenen Sinn. Napoleon ist besiegt, aber nicht vernichtet. Frankreich hat eine empfindliche Schlappe erlitten. Aber es ist durchaus noch fähig, kräftig zurückzuschlagen.

In Preußen hat Napoleons russische Niederlage ein stürmisches Echo ausgelöst. Fichte hält in Berlin seine leidenschaftlichen Reden an die deutsche Nation. Die

Dichter Arndt und Körner beflügeln mit ihren patriotischen Versen die politische Phantasie der Bürger. Aufbruchstimmung liegt in der Luft. An den deutschen Universitäten formieren sich die Studenten zu Freischaren. Die Vorstellung von einer neuen Freiheit greift um sich in den Köpfen und Herzen jener, die sich kurz zuvor noch willfährig dem französischen Joch gebeugt hatten. Die Demütigung der französischen Armee in den Weiten Rußlands hat ungeahnte Kräfte freigesetzt. Manchenorts geht es schon nicht mehr darum, sich von Napoleon zu befreien. Manches Freiheitslied ist jetzt auch gegen jene Fürsten gerichtet, die zuerst von Napoleons Gnaden ihre Fürstentümer erhielten und jetzt keine andere Sorge mehr haben, als möglichst rasch vom Imperator abzufallen.

Metternich verfolgt diese Entwicklung, die auch in Österreich viele Anhänger findet, mit Unbehagen. Nichts wäre in diesen Augenblicken törichter, als sich von einem Gefühl der patriotischen Leidenschaft mitreißen zu lassen. Es mag sich die freiheitsdürstende Jugend Deutschlands in romantischem Überschwang schon am Beginn einer neuen Epoche wähnen; es mag Preußen nun an Rußlands Seite rücken und sich auf eine militärische Bereinigung seiner komplizierten Situation vorbereiten; und es mögen die Fürsten des Rheinbundes in der Behendigkeit des Abfalls von Napoleon einander zu überbieten suchen ... Österreich wird seine einmal eingenommene Position vorerst nicht aufgeben. Und es wird nicht abrücken von dem, was Metternich so formuliert: daß man den geeigneten Augenblick abwarten müsse, »um zum sicheren Triumph jener ewigen Sache zu kommen, die weder russisch noch österreichisch ist, weil sie auf ewigen und unveränderlichen Gesetzen beruht«.

Metternich kann, sein Kaiser darf es nicht dulden, daß jetzt womöglich an die Stelle Frankreichs das siegreiche und sich seiner Macht immer stärker bewußte Rußland tritt. Dagegen muß etwas getan werden, auf politischem wie auf militärischem Gebiet. Aber alles muß sorgfältig aufeinander abgestimmt sein, und nichts darf vor den Augen der Öffentlichkeit geschehen. Denn noch ist Napoleon nicht endgültig am Boden, noch kann er in Frankreich seine legendäre Armee der Neunzehnjährigen ausheben. Und noch ist der Widerstand jener, deren lautstark verkündete Losung jetzt Freiheit heißt, ein eher romantisches Gefühl und nicht ein durch Verträge abgesichertes und durch militärische Stärke unterstütztes Faktum.

Also handelt Metternich wie immer zwischen den Fronten, agiert, taktiert und paktiert in jenen Bereichen, wo der Nutzen am größten und die Gefahr einer vorzeitigen Entdeckung der österreichischen Pläne am geringsten ist. Die Menge mag schreien, jubeln, fluchen, Metternichs Namen mit Abscheu aussprechen, ihn einen Verräter an den heiligsten Gütern des Vaterlandes nennen. Er weiß zu genau, was ein einziger ungeschickter Schachzug, was ein einziger unbedachter Schritt bewirken würde. »Da ich überzeugt war, daß der Verlust einer einzigen Schlacht alles aufs Spiel setzen würde«, schreibt er in seinen *Denkwürdigkeiten* und warnt noch viele Jahre nach den Ereignissen von 1812 vor unüberlegtem Tun und einer allzu spontanen Politik, in welcher die Gefühle, jedoch nicht der Verstand das Übergewicht haben. Und er rechtfertigt noch im nachhinein sein Handeln, das nun, 1812, manchem nur schwer verständlich ist. Gleichzeitig unternimmt er in diesen Wochen und Monaten, die von den hitzigsten Emotionen erfüllt sind, alles, um den letzten entscheidenden Schritt riskieren zu können. Die Armee unter der Leitung des Fürsten Schwarzenberg, welcher seine Soldaten aus dem russischen Feldzug hat zurückführen können, ohne daß sie Schaden genommen hätten, versammelt sich rund um Prag. Man rüstet auf, macht jedoch im Gegensatz zu den Preußen kein Aufhebens davon und übt sich zwangsläufig in jener Geduld, die Metternich unermüdlich predigt oder eigentlich befiehlt, befehlen muß, weil es auch in Österreich Hitzköpfe gibt, die sogleich losschlagen wollen, denen die vorsichtige, unendlich behutsame, gleichsam lautlose Politik nicht behagt, die nach Metternichs Überzeugung die einzige Garantie für einen dauerhaften Erfolg ist. Zu Ostern 1813 will beispielsweise Erzherzog Johann einen Volksaufstand anzetteln, der von der Adria bis nach Süddeutschland eine einzige mächtige Bewegung sein soll und der, so denken die naiven Verschwörer, dem napoleonischen Spuk endgültig den Garaus machen wird. In Prag wiederum versammelt ein Preuße die unzufriedenen österreichischen Patrioten um sich und plant gleichfalls eine Volkserhebung, wobei man nicht genau weiß, ob sie gegen den verhaßten Imperator oder nicht schon gegen den nicht minder verhaßten Metternich gerichtet sein wird. Dieser hat Mühe, der gefährlichen Konspirationen Herr zu werden.

Zugleich muß Metternich immer wieder, wenn auch auf einer gänzlich anderen Ebene, mit den Schwierigkeiten fertig werden, welche ihm der Kaiser selbst bereitet. Franz I. ist ein Bürokrat. Er regiert sein Reich nicht, sondern verwaltet es. Einem solchen Charakter ist die schwierige Kunst der Politik, wie Metternich sie versteht und betreibt, wesensfremd und ärgerlich. »Denn Kaiser Franz hielt gefügige Werkzeuge seiner sublimen Aktenbewältigungskunst wie ein guter Jäger seine Patronen. Und Clemens Metternich war immer nur so weit und so lange allmächtig, als er den Eindruck zu wecken und zu wahren verstand, von all diesen Werkzeugen sei er selbst immer noch das verläßlichste.« (W. Tritsch)

Aber dann, im April 1813, riskiert Metternich eine erste deutlichere Veröffentlichung seiner Politik. Es ist Napoleon selbst, der ihn dazu animiert. Denn der Imperator – der inzwischen in Frankreich eine neue Armee aufgestellt hat, wie es in Preußen und in Rußland gleichfalls geschehen ist – fordert jetzt von den Österreichern volle Unterstützung seiner neuen militärischen Absichten, die gegen Preußen und die mit Preußen verbündeten Russen gerichtet sind. Nicht mehr ein gleichsam zur Neutralität verurteiltes Armeekorps wie jenes, das unter dem Fürsten Schwarzenberg für den verhängnisvollen Feldzug Napoleons nach Rußland aufgestellt worden und dann in Polen stationiert gewesen ist, will Napoleon nun, sondern eine österreichische Armee, die seinen neuerlichen Kampf gegen die europäischen Verbündeten tatkräftig unterstützen soll.

Die Reaktion Metternichs auf dieses Ansinnen, das mehr einer barschen Forderung gleichkommt, ist eine taktische Meisterleistung. Napoleon, so eine Antwort nach Paris, setze durch diese neue Forderung alle einschränkenden Bedingungen des mit Frankreich abgeschlossenen Bündnisses und damit den Vertrag selbst außer Kraft. Da aber der Hauptinhalt dieses Vertrages Österreichs Neutralität sei, bedeute dies nun nichts anderes als die Aufhebung eben dieser Neutralität Österreichs.

Mehr hat Metternich im Augenblick dazu nicht zu sagen. In Paris wird Napoleon rot vor Zorn, als ihm diese Antwort Metternichs übermittelt wird, und reagiert mit Versprechungen und Drohungen. Einerseits wird die Rückgabe Schlesiens an Österreich angekündigt für den Fall, daß Franz I. nunmehr als kompromißloser Verbündeter Frankreichs in Erscheinung tritt, andererseits droht Napoleon mit dessen Absetzung und der Aufteilung Österreichs an die allzeit habgierigen Fürsten des Rheinbundes.

Aber in Wien bleibt man gegen alle österreichische Art und Gewohnheit erstaunlich konsequent. Die einzigen Konzessionen, zu denen man sich bewegen läßt, haben damit zu tun, daß man immer noch etwas Zeit braucht, um Österreichs Heer für den zu erwartenden entscheidenden Waffengang auszurüsten. Und Metternich verhandelt, konstruiert neue Bündnisse, bezieht halb Europa in seine Pläne ein, konspiriert und intrigiert aufs schamloseste, ohne sich auf mehr einzulassen als auf vage Andeutungen und die Erörterung künftiger Möglichkeiten. Er weiß nur zu genau, daß er Napoleon keinen handfesten Anlaß für eine offizielle Kriegserklärung liefern darf. Er weiß aber auch, daß Frankreich nur dann endgültig zu bezwingen ist, wenn die Front gegen den Imperator mächtig genug ist.

Napoleon marschiert an der Spitze einer neu aufgestellten Armee von 300 000 Mann am 15. April 1813 gegen Deutschland, wirft in einer Reihe von blutigen Schlachten die Preußen bis hinter die Oder zurück und setzt schon zum letzten vernichtenden Angriff an, als plötzlich durch Metternichs nachdrückliche Intervention im Juni 1813 ein sechswöchiger Waffenstillstand vereinbart werden kann, den Napoleon später einmal als den größten Fehler seines Lebens bezeichnen wird.

Es kommt wieder zu Gesprächen zwischen dem französischen Kaiser und Metternich, an denen jetzt auch der russische Zar Alexander und Österreichs Franz I. teilnehmen. Vor allem mit Alexander konferiert Metternich, der inzwischen von allen als eigentlicher Regisseur der sich nunmehr abzeichnenden Entwicklung begriffen wird, immer wieder viele Stunden lang. In seinen Erinnerungen schreibt Metternich, der sich wohl als einziger der damals versammelten Fürsten und Politiker keinen Illusionen über die Schwierigkeit der Situation hingab, daß es seine einzige Sorge gewesen sei, allen Beteiligten unmißverständlich die Vermittlerrolle Österreichs beizubringen und sie davon zu überzeugen, daß »das Heil Europas fürder«, so Metternich wörtlich, »nur von der Verhaltenslinie, welche Österreich verfolgen werde, abhänge«.

Ende Juni 1813 kommt es dann in Napoleons Hauptquartier in der Nähe von Elsterwiese zu jener fast neun Stunden dauernden Unterredung, die nicht nur der Historiker Srbik später einen »weltgeschichtlichen Augenblick« nennen wird und in welcher Metternich erstmals erreicht, daß sogar die »ergebensten Höflinge an seiner [Napoleons] Unfehlbarkeit zu zweifeln« beginnen. »Auch in ihren Augen«, notierte Metternich befriedigt, »wie in denen Europas begann Napoleons Stern zu sinken.«

Der Kongreß

Die Politik Metternichs ist ebenso klar wie in ihrer Kompromißlosigkeit eindeutig: Es muß unter allen Umständen verhindert werden, daß Napoleon noch einmal jene gefährliche Stärke zurückerlangt, die es ihm erlauben könnte, Europa wieder mit seinen Armeen zu überrennen und Österreich endgültig zu zerstören, es muß aber genauso verhindert werden, daß Rußland einen zu großen Einfluß auf die Geschicke Europas nimmt. Jene, die Metternich jetzt schon, mehr als dreißig Jahre vor dem Ausbruch der Revolution von 1848, einen Verräter nennen, verkennen völlig die Situation und die Absichten des Außenministers. Denn daß er aus eigener Machtvollkommenheit den mit Napoleon vereinbarten Waffenstillstand über die festgesetzte Frist hinaus verlängert, hat nichts, wie das der russische Zar in seiner Verärgerung formuliert haben soll, »mit Verräterei« zu tun; es bedeutet auch nicht, daß Metternich sich nun – sozusagen im letzten Augenblick – auf die Seite Napoleons schlägt; sondern es ist eine Frage der Vernunft und des Überlebens. Metternich will und muß sichergehen. Er darf sich kein Risiko erlauben, obwohl seine politische Strategie ungemein riskant ist. Wenn es jenseits aller geheimen Verhandlungen, Abmachungen, Konspirationen und mehr oder minder haltbaren Verträge zum letzten entscheidenden Waffengang kommt – und daß dieser kommen wird, ist Metternichs tiefe Überzeugung –, dann muß Österreich in der Lage sein, diesen Waffengang für sich zu entscheiden. Dafür ist Metternich bereit, jedes vertretbare Risiko einzugehen.

Jener überraschende Waffenstillstand, den Napoleon gegen alle Erwartungen, vor allem gegen jede militärische Vernunft seinen Gegnern bewilligt hat, gibt Metternich noch einmal die Zeit, die er braucht, um die letzten Vorbereitungen zu treffen. Am 17. Juni trifft er sich mit Alexander auf einem einsam gelegenen Jagdschloß an der böhmisch-schlesischen Grenze. Diese Zusammenkunft – an welcher übrigens auf österreichischer Seite auch Graf Stadion teilnimmt – ist von großer Bedeutung für alles Künftige. Denn sie löst sowohl den Konflikt oder eigentlich die Verstimmung, die es zwischen dem russischen Zaren und Metternich seit der gescheiterten Mission der Abgesandten des Zaren in Wien – einen Kriegseintritt Österreichs gegen Frankreich betreffend – und vor allem seit der Heirat Marie Louises mit Napoleon gegeben hat, als auch alle ungeklärten Fragen, wie man nun gemeinsam gegen Napoleon vorgehen könne, ohne geltendes Recht und geschlossene Verträge allzu eklatant zu verletzen. Man einigt sich nach langwierigen Diskussionen in den wesentlichen Punkten, welche notwendig sind, um Österreich in gleichsam eleganter und moralisch einwandfreier Manier an der Seite Rußlands und Preußens gegen Frankreich in den Krieg ziehen zu lassen. Metternich verpflichtet sich, Napoleon mit vier Forderungen zu konfrontieren, deren mit Sicherheit zu erwartende Ablehnung Österreich die erhoffte Chance geben wird, sich von seiner selbstauferlegten Neutralität zu befreien. Diese Forderungen betreffen die Auflösung des von Napoleon geschaffenen Herzogtums Warschau, die Wiederherstellung Preußens als souveräner Staat, die Rückgabe Illyriens – also des dalmatinischen Küstenlandes und einiger altösterreichischer Provinzen und Kronländer – an Österreich sowie die vollkommene Wiederherstellung der Freiheit der deutschen Reichsstädte.

Jede einzelne dieser Forderungen muß für Napoleon unannehmbar sein. Metternich weiß das und setzt jetzt alles auf diese Karte. Alexander ist immerhin so sehr beeindruckt, daß er über den Österreicher höchstes Lob schüttet: »Das ist ein großer Staatsmann, schade, daß er nicht in meinen Diensten steht. Mit ihm zusammen hätte ich die Welt erobert.«

Der solcherart Gelobte trifft sich mit Napoleon und verlängert eigenmächtig den Waffenstillstand, nachdem er zuvor zu Feldmarschall Schwarzenberg einen Eilboten entsandt und dringend angefragt hat, was diese Verlängerung den Verbündeten nützen könne, und die Antwort in der Tasche weiß, die eindeutig ist. »Meine Armee wird sich zwanzig Tage später um 75 000 Mann verstärken«, lautet sie. Metternichs riskantes Spiel geht auf. Wiederum ist Zeit gewonnen. In Prag wird man sich noch einmal treffen. Aber in Prag, wo der Friede, den Napoleon braucht, um seine Truppen zu sammeln, ausgehandelt und vertraglich fixiert werden soll, fehlen den französischen Unterhändlern jene Vollmachten, auf deren Beibringung Metternich beharrt. Und da diese Vollmachten ausbleiben – sie werden vierundzwanzig Stunden später, und damit zu spät, mit einem Eilkurier in Prag eintreffen –, entscheidet er sich. Das Spiel ist so gelaufen, wie er es vorhergesehen hat. Napoleon hat, so darf Metternich aufatmend feststellen, Österreichs Forderungen nicht akzeptiert. Um Mitternacht des 10. August 1813 befindet sich Österreich mit Frankreich im Kriegszustand.

An seinen Vater, dem er dessen gegen ihn gerichtete politische Eskapaden längst verziehen hat, schreibt Metternich, Europa werde nunmehr gerettet werden, »und ich schmeichle mir, daß man mir schließlich nicht das geringste Verdienst daran zuschreiben wird. Seit Jahren war mein politischer Gang derselbe. Ich habe nicht umsonst, während ich das große Werk unternahm, meinen Gegner und unsere Kräfte gut kennenlernen wollen.«

Den Gegner genau zu studieren, um ihn im entscheidenden Augenblick aus der intimen Kenntnis seines Charakters heraus nicht bloß verstehen, sondern auch sein mögliches Handeln im vorhinein ausrechnen und in die eigenen Pläne integrieren zu können ... dieser Maxime hat Metternich bei Napoleon auf eine so umfassende Weise gehorcht, daß er später einmal wird sagen können: »Meine Meinung über Napoleon hat sich in den verschiedenen Phasen unserer Beziehung nicht geändert. Ich habe ihn in den Augenblicken seines größten Glanzes gesehen und studiert; ich habe ihn auch in denen seines Falls gesehen und verfolgt. Was er auch immer hat versuchen mögen, um mich in bezug auf sich irrezuführen, woran er in sehr vielen Fällen ein großes Interesse hatte, so hat er doch darin keinen Erfolg gehabt. Ich kann mich also schmeicheln, seine wesentlichen Charakterzüge erfaßt und ihn unparteiisch beurteilt zu haben.«

Und einige Abschnitte später heißt es in den *Denkwürdigkeiten*: »Seine Haltung schien mir gewissen Zwang und sogar Verlegenheit anzudeuten. Seine kurze und gedrungene Gestalt, die nachlässige Haltung und nichtsdestoweniger der beabsichtigte Versuch, sich wichtig zu geben, schwächten in mir vollends das Gefühl der Größe, welches man selbstverständlich mit der Vorstellung von dem Manne verband, der die ganze Welt erzittern ließ. Dieser Eindruck hat sich niemals vollständig in meinem Geiste verwischt, er ist mir in den wichtigsten Zusammenkünften, die ich mit Napoleon gehabt habe, gegenwärtig geblieben. Es ist möglich, daß das dazu beigetragen hat, mir den Mann so zu zeigen, wie er war, durch die Maske hindurch, mit der er sich zu verhüllen verstand, und ich habe mich daran gewöhnt, in seinen Launen, in seinen Zornanfällen, in seinen heftigen Interpellationen ebensoviel vorbereitete, einstudierte und auf die Wirkung berechnete Szenen zu sehen, wie er sie auf den, mit dem er redete, hervorbringen wollte.«

Metternich befaßt sich in seinen Erinnerungen viele Seiten lang mit Napoleon und enthüllt dort Satz für Satz einen Charakter, den er nicht nur durchschaut, sondern dessen scheinbarer Unberechenbarkeit er sich jederzeit gewachsen fühlt. Er versagt dem Imperator, für dessen Sturz und Auslöschung aus der Chronik der laufenden Ereignisse er so nachhaltig und mit soviel geduldiger und geschmeidiger Intelligenz gesorgt hat, keinesfalls den Respekt. Aber er mystifiziert ihn nicht. »Er besaß wenig wissenschaftliche Kenntnisse«, heißt es einmal. Dafür »war er mit einem besonderen Gefühl begabt, diejenigen Menschen zu erkennen, die ihm nützlich werden konnten«. Und dann wieder: »Napoleon betrachtete sich als ein in der Welt isoliertes Wesen, das dazu geschaffen sei, sie zu regieren und alle Menschen nach seinem Willen zu lenken. Er hatte keine andere Hochachtung für die Menschen als die, die ein Werkführer für seine Arbeiter haben kann.« Und schließlich die vergleichsweise schneidende, freilich auch etwas hochmütige Kritik, die Metternich an seinem großen Gegenspieler übt: »Man dürfte sich schwerlich eine linkischere Haltung vorstellen, als sie Napoleon in einem Salon besaß. Die Mühe, die er sich gab, um die Fehler seiner Natur und seiner Erziehung zu verbessern, ließen nur um so mehr das hervortreten, was ihm fehlte.«

Ein Reichsgraf – und jetzt auch Fürst, denn Kaiser Franz zeichnet seinen wertvollsten Minister mit der Fürstenwürde aus – verzeiht einem Parvenü niemals dessen Herkunft. Er übersieht nie die eklatanten Unterschiede, die zwischen angeborener, ererbter Noblesse und einer mühsam angeeigneten und deshalb nicht gänzlich vollkommenen Haltung bestehen. Metternich spricht Napoleon weder »seinen tätigen und scharfen Verstand« noch sein »militärisches Genie« ab. Aber am grundsätzlichen Urteil, das der Aristokrat – der mit seiner Eitelkeit kokettiert – über den Emporkömmling fällt, ändert das nichts. Einen Politiker, der sich in den Salons der Pariser Gesellschaft linkisch aufführt, wird man immer düpieren können, und vor allem verzeiht man ihm nicht seine einfache Herkunft.

Aber es ist eine Sache, allen Ehrgeiz und alle Energie auf die Beseitigung eines diktatorischen Imperators zu konzentrieren, durch dessen rücksichtslose Machtpolitik die alte Ordnung nicht bloß gefährdet, sondern beinahe zerstört wurde; und es ist eine ganz andere Sache, sich mit den Verbundeten, die man für den Kampf gegen diesen Imperator benötigt, so zu arrangieren, daß nichts die eigenen Ziele beeinträchtigt. Metternichs bisherige Politik war, wenn man es auf eine so einfache Formel bringen darf, fast ausschließlich damit beschäftigt, Möglichkeiten und Wege zu erkunden oder überhaupt erst zu schaffen, um den Koloß Napoleon ins Wanken zu bringen.

Und nun betritt mit Zar Alexander I. ein ähnlicher Charakter den europäischen Schauplatz, den Metternich weder dem französischen Kaiser noch dem russischen Eroberer überlassen will. Wie schon bei Napoleon konzentriert sich Metternich auch beim russischen Zaren auf die Erforschung seiner Fähigkeiten, die möglichst intime Kenntnis seiner Psyche, wobei er später feststellen wird, daß es ein schwieriges Unternehmen sei, ein Porträt des Zaren zu zeichnen, aber gleichzeitig sehr rasch erkennt, daß Alexander »ohne Zweifel Geist« besitzt; nur kommt sofort die bemerkenswerte Einschränkung: »Aber sein Geist, fein und scharf, ermangelte aller Tiefe.« Dann noch die eher geringschätzige Bemerkung vom Leben Alexanders, das sich abnütze zwischen Hingebung und Enttäuschung. »Einfach in seinen Liebhabereien, nüchtern von Temperament und manchen Neigungen hingegeben, die ich mir erlauben möchte, als bürgerliche zu bezeichnen ...« In solchem Urteil ist Metternichs Einschätzung und zugleich Geringschätzung des Zaren enthalten. Einer, dessen Neigungen als bürgerlich bezeichnet werden müssen, hat in Metternichs Augen kein Anrecht darauf, sich dem Verlauf der Geschichte, wie er nun von Metternich mit leichter Hand vorgezeichnet wird, zu widersetzen.

Dort also der machthungrige Parvenü, hier ein Monarch, dessen Macht schon groß und immer noch im Wachsen ist, den man aber nicht anders denn als einen »uferlosen Pläneschmied« bezeichnen und gerade dadurch gut ausrechnen kann ... Metternich sieht in beiden Kaisern Werkzeuge, derer man sich bedienen muß, mit aller Vorsicht natürlich und stets dessen eingedenk, daß Politik nur die Kunst des Möglichen sein kann. Aber wenn man geschickt dafür sorgt, daß vieles möglich wird, sollte das Ergebnis ein recht passables sein.

Bleibt noch der Preußenkönig Friedrich Wilhelm, dem Metternich in seinem Schachspiel eine besondere Rolle zueignet und von dem er doch niemals genau weiß, was er eigentlich beabsichtigt oder will. Friedrich Wilhelm, der sich zuerst mit Napoleon verbündet hat, lehnt sich nun fast rückhaltlos an Alexander an. Dadurch aber gefährdet er Metternichs Pläne für den künftigen Frieden, den es noch auszuhandeln gilt, wenn erst einmal der Waffenlärm auf den Schlachtfeldern Europas verstummt sein wird. Friedrich Wilhelm ist immerhin geneigt, den Russen alles Land jenseits der Oder zu überlassen, als Dank sozusagen für die Unterstützung des Zaren gegen Napoleon. Gerade das aber, diese gefährliche Stärkung Rußlands auf europäischem Boden, wobei die Zielrichtung eindeutig Mitteleuropa ist, kann und darf Metternich nicht dulden. Er braucht, um das gestörte europäische Gleichgewicht wiederherstellen zu können, ein starkes Preußen, ein in seine Schranken zurückgewiesenes Frankreich und ein Zarenreich, das im politischen Konzert der Nationen nur eine untergeordnete Rolle spielen darf.

Die Wirklichkeit sieht jedoch anders aus. »Kaiser Franz möchte das alte Europa ehebaldigst, ehetunlichst wiederherstellen. Alexander möchte es möglichst rasch erobern. Genau wie Napoleon. Der eine will Stütz- und Flickwerk für längst Morsches, der andere will einreißen. Der eine denkt an die vielen Rubriken und Abteilungen seiner Haus-, Hof- und Staatskanzlei . . . Der andere denkt an handfesten Ländergewinn, an neue Ausgangsstellungen für neue Weltherrschaft.« (W. Tritsch)

Und Metternich steht zwischen allen diesen Wünschen, Plänen, Hoffnungen, balanciert auf dünnem Seil über den Abgrund der einander widerstreitenden Meinungen. Er darf Napoleon, der noch keinesfalls besiegt ist, nicht einen Augenblick lang aus den Augen verlieren, er muß sich mit Alexanders unberechenbarer und freilich dennoch durchschaubarer Politik befassen, er soll Friedrich Wilhelm eine Stütze und dem österreichischen Kaiser die schlechthin vollkommene Garantie sein für das Gelingen dessen, was man die Restaurierung Europas nennen könnte. Aus dem Zweikampf mit Napoleon ist unversehens ein Mehrfrontenkrieg geworden. Nicht ein Krieg, in welchem die Militärs entscheiden, sondern einer der Zwischentöne, der halbherzigen Zusagen, in denen die Lüge lauert, und der feierlich beschworenen Bündnisse, die nur so lange etwas taugen, bis ein neues Bündnis, eine neue politische Konstellation und neue Pläne das Alte wertlos sein lassen.

Es ist Metternichs bislang farbigste, abwechslungsreichste, politisch ergiebigste und seinen politischen Neigungen am weitesten entgegenkommende, aber zweifellos auch schwerste Zeit. Er kann allen Ruhm seiner jahrelangen Anstrengungen ernten. Aber er läuft in diesen ereignisreichen Wochen und Monaten bis zur Völkerschlacht von Leipzig am 18. Oktober 1813, bis zum Einzug der Alliierten in Paris und der offiziellen Thronentsagung Napoleons am 11. April 1814 immer wieder Gefahr, alles mit einem Schlag zu verlieren, was er schon sicher in seinen Händen wähnt.

Weniger irritiert ihn dabei, daß die Kriegsziele der Verbündeten vollkommen verschieden sind, als vielmehr die erbarmungswürdige Haltung Friedrich Wilhelms, der Preußen fast gänzlich den russischen Wünschen öffnet und dadurch die lebenswichtigsten österreichischen Interessen gefährdet. »Metternich selbst hat seine persönliche Ansicht über die zu erkämpfenden Friedensbedingungen schon oft klar geäußert. Er will die Riesenqualle des Ostens ebensowenig über das Land zwischen Ostsee und Schwarzmeer gebieten lassen wie den Riesenpolypen des Westens. Er will den mitteleuropäischen Lebensraum vor jedem fremden Einfluß schützen, vor jeder fremden Begehrlichkeit. Und dazu ist ein starkes Österreich notwendig und ein starkes Preußen. Denn dieser Lebensraum ist noch immer weder volkshaft noch staatlich auskristallisiert, mit seinen vielen Zwerg- und Splitternationen. Er muß vor dem Zugriff der neuen slawischen Vormacht ebenso geschützt werden wie vor dem sogenannten Sicherheitsbedürfnis der lateinischen.« (W. Tritsch)

Genau in diesem Punkt versagt der Preußenkönig. Er entzieht sich den österreichischen Vorstellungen und Wünschen in einem Maße, das bedrohlich ist. Er ist ein Bundesgenosse, dem man nur bedingt trauen darf. Schwankend in seinem Urteil wie in seinen Neigungen, charakterlich labil und dadurch nur schwer berechenbar, ist er ein Zerrbild dessen, was in Preußen an nationalem Ungestüm, an vaterländischer Leidenschaftlichkeit existiert. Vor allem aber ist Friedrich Wilhelm ein allzu willfähriger Parteigänger Alexanders, ein bedenkenloser Helfershelfer der gegen Österreichs Interessen gerichteten russischen Expansionspolitik.

Ein anderer schwacher Punkt in dieser kühnen Konstruktion, die Metternich zugunsten des kommenden Friedens errichtet, ist Zar Alexander. »Er verirrte sich ebenso leicht infolge eines Übermaßes von Mißtrauen als durch entschiedenes Hinneigen zu falschen Theorien«, wird Metternich noch ein halbes Menschenalter später grollend feststellen. »Lieblingsideen gewannen in seinem Urteil immer die Oberhand; er erfaßte sie durch plötzliche Eingebung und mit äußerster Wärme; und sie erlangten bald Übergewicht genug, um ihn zu beherrschen und ihren Urhebern die Unterjochung seines Willens leicht zu machen.«

Ein vernichtenderes Urteil über einen Menschen als eines, in welchem von der plötzlichen Eingebung sogenannter Lieblingsideen die Rede ist, die nach der Meinung Metternichs in der Politik nichts zu suchen haben, ist nur schwer vorstellbar. Aber Österreichs führender Staatsminister hat allen Grund, auch noch nach Jahrzehnten dem russischen Zaren alles andere als Liebenswürdigkeiten nachzusagen. Da ist zum Beispiel die Affäre um die leidige Frage des Oberbefehls über die Truppen der Alliierten. Allgemein setzt man voraus, daß Österreich durch seinen Kriegseintritt gegen Napoleon nunmehr auch den Oberkommandierenden stellen werde, und der soll niemand anderer sein als Feldmarschall Fürst Schwarzenberg. Aber im letzten Augenblick legt sich Alexander quer, katapultiert diese Frage sozusagen in den Bereich der Staatspolitik und droht sogar mit einem Sonderfrieden und damit mit der Aufhebung des gerade erst mühsam genug geschlossenen Bündnisses. Worauf Metternich selbstverständlich mit ebensolcher Maßlosigkeit reagiert und gleichfalls einen Sonderfrieden ankündigt für den Fall, daß Alexanders Wunschkandidat durchgesetzt werde, ein von den Franzosen zu den Russen übergelaufener General namens Moreau, über dessen militärische Qualität sich nichts Aufsehenerregendes sagen läßt. Diese für Metternich und Österreich unannehmbare Möglichkeit ist insofern gegeben, als der Preußenkönig Friedrich Wilhelm zu allem entschlossen ist, was sein neuer Verbündeter Alexander will, und natürlich gleichfalls auf Moreau besteht.

Die bittere Farce, die tatsächlich den Bestand der Allianz gegen Napoleon gefährdet hat, erledigt sich dann von selbst. General Moreau, der wahrscheinlich von allen am meisten überrascht gewesen sein dürfte, als Oberkommandierender eingesetzt zu werden, fällt bei einem Gefecht vor Dresden durch eine verirrte französische Kugel.

Damit aber nehmen die Schwierigkeiten, die Metternich mit seinen Verbündeten hat, noch lange kein Ende. Vor allem der nunmehrige Oberkommandierende, Fürst Schwarzenberg, hat unter den Eifersüchteleien und den verschiedenen Auffassungen, wie dieser Krieg zu führen sei, zu leiden. In der Völkerschlacht von Leipzig, die von den Preußen und Österreichern gemeinsam entschieden wird, sind es wieder einmal die

Russen, die sich allen österreichischen Befehlen widersetzen und die geschlagenen Franzosen – anstatt sie vollends zu vernichten – entkommen lassen.

»Ein Minister auf Feldzügen, das ist eine häßliche Sache«, schreibt Metternich in einem Brief an die mit ihm befreundete Catherine Bagration. »Ich bringe meine Tage auf Pferderücken zu, und zwanzig Sekretäre sind mir auf den Fersen. Und zwanzig Minister stehlen mir meine Abende.«

Er hat auch jetzt, nach der Völkerschlacht von Leipzig, keine Zeit, sich auf seinen Lorbeeren auszuruhen. Denn wirklich entschieden ist vorerst einmal lediglich die militärische, nicht jedoch die politische Situation. Und auch die Militärs, allen voran der ungestüme preußische General Blücher, müssen sich von Napoleon noch einige schmerzhafte Lektionen erteilen lassen, was diesen sogar dazu animiert, an seinen Schwiegervater, also an Kaiser Franz, ein Schreiben zu richten, darin Napoleon den Österreichern ein gesondertes Friedensangebot macht; und zwar eines auf der Grundlage von Vorschlägen, die Metternich bei Verhandlungen in Frankfurt an die Adresse des französischen Kaisers gerichtet hat und die dann von Napoleon entrüstet abgelehnt worden sind. Jene Vorschläge waren außerordentlich weitreichend, sie beließen den Franzosen immerhin Belgien, Luxemburg und alle linksrheinischen, ehemals deutschen Gebiete; auch hier ist Metternich ein riskantes Spiel eingegangen, hat er darauf gesetzt, daß Napoleon die Frankfurter Vorschläge ablehnen werde. Metternich hat sogar noch ein übriges getan und, Napoleons Ablehnung einkalkulierend, ein Manifest, das von seinem Freund Gentz formuliert wurde, vorbereiten lassen, das nun in einer Auflage von 20 000 Exemplaren in ganz Frankreich verteilt wird und darin es unter anderem heißt, daß man nichts anderes wünsche als das Glück Frankreichs . . .

Metternich weiß jetzt, daß mit der Niederringung Napoleons die Bedrohung Österreichs nicht beendet, sondern im Gegenteil zu einer neuen und womöglich noch schlimmeren Realität geworden ist. Er »sah die doppelt schwierige Aufgabe vor sich, Alexander zum Siege über Napoleon zu verhelfen und dabei zugleich die maßlosen Siegespläne dieses selben Alexander aus eigener Kraft zu verhindern. Deren Verwirklichung hätte in Metternichs Augen das Ende des Abendlandes bedeutet« (W. Tritsch). Und es ist kein Zufall, daß er sich nun – da der Feldzug gegen Frankreich in seine letzte Phase eingetreten ist und die russische Dominanz in Mitteleuropa nicht zuletzt auch durch die Politik Friedrich Wilhelms III. zunimmt – eines besonders wichtigen Verbündeten versichert, nämlich des englischen Außenministers Lord Castlereagh, mit welchem er, als dieser im Hauptquartier der Verbündeten eintrifft, vom ersten Augenblick an gut harmoniert. Beide Männer sind der Idee des politischen Gleichgewichts in Europa verpflichtet. Beide verfolgen ähnliche ideologische Ziele. Und beide betrachten sich eher als Restauratoren denn als Erneuerer.

Aber was soll bewahrt werden, wenn die Politik vorerst noch die verrücktesten Rösselsprünge unternimmt? Metternich schließt nun Dutzende von Friedensverträgen mit jenen Reichsfürsten, die gerade erst von Napoleon abgefallen sind und nun in eilfertiger, weil notwendiger Kehrtwendung alles verraten, worauf sie noch vor kurzem eingeschworen waren. Die Truppen der Verbündeten wiederum marschieren kreuz und quer durch Frankreich und erreichen vorerst nicht viel mehr, als daß sie manchmal eine Niederlage erleben und manchmal den Franzosen eine solche beibringen dürfen. Die Spannungen zwischen den verbündeten Monarchen nehmen zu. »Der eroberungshungrige Zar Alexander fuhr fort, allnächtlich Unmengen von Tee zu trinken, in endlosen Gesprächen zu zweit mit Metternich, während der Winterwind über die sanfte französische Hügellandschaft in fast russischer Weise heulte.

Sie wurden abwechselnd Gegner und Genossen, sie stritten und verbündeten sich wieder, und der Zar nannte Metternich bald seinen schlimmsten Widersacher, bald seinen einzigen Freund. Kaiser Franz schüttelte den Kopf.« Und was in solcher Beschreibung des Metternich-Biographen Walther Tritsch beinahe als literarische Erfindung wirkt, wird durch den Inhalt eines Briefes unterstrichen, den Metternich an den Grafen Stadion schreibt. Denn da heißt es unter anderem: »Sie haben keine Idee davon, was man uns hier im großen Hauptquartier leiden läßt. Ich kann nicht mehr, und der Kaiser Franz ist bereits krank. Sie sind alle verrückt und gehören ins Narrenhaus. Wir werden immer hingestellt, als wollten wir die Monarchie verkaufen. Ich glaube aber, daß wir allein nicht verrückt sind . . .«

Der Standort dieses großen Hauptquartiers ist naturgemäß ein stets wechselnder und bald nicht mehr genau auszumachen. Metternich hält sich zum Beispiel einmal zehn Tage lang in der Stadt Dijon auf, gemeinsam mit Lord Castlereagh, mit dem er sich im intensiven und freundschaftlichen Meinungsaustausch übt, was später, wenn der Wiener Kongreß erst einmal angefangen haben wird, gute Früchte tragen soll. Kaiser Franz wiederum, grollend vom russischen Zaren und dem Preußenkönig geschieden, weilt irgendwo in Frankreich. Und wer schließlich doch noch alles in ein geordnetes Verhältnis und zu einem vergleichsweise sauberen Abschluß bringt, ist Frankreichs klügster oder eigentlich raffiniertester Minister, nämlich Talleyrand, der nun – und das ganz im Sinne Metternichs und Castlereaghs – die Weichen für das Finale stellt.

Talleyrand, der Napoleon leichten Herzens verraten kann, weil er schon zu jener Zeit, da Metternich noch als Botschafter Österreichs in Paris weilte, gemeinsam mit Fouché dem Imperator und dessen überbordenden Plänen Widerstand geleistet hat, so daß der Vorwurf, der ihm – und auch Fouché – gemacht wird, seine Loyalität stets nur nach der Gunst des Augenblicks zu richten, nur teilweise gerechtfertigt sein kann, er also, Talleyrand, ist es, der nun dem russischen Zaren die Stirn bietet und es dessen politischer Unvernunft verwehrt, sich hemmungslos zu entfalten. Alexander wünscht sich zunächst eine Regentschaft Marie Louises, zu deren Gunsten Napoleon abzudanken hätte. Dann bringt er Bernadotte als Nachfolger des Imperators ins Spiel, jenen ehemals französischen General, der in Schweden zuerst als Kronprinz und dann als König Karriere macht. Auch an die Möglichkeit einer Volksbefragung denkt Alexander, was Talleyrand ebenso zu verhindern weiß wie einige andere Merkwürdigkeiten.

Als dann Mitte April Metternich endlich gemeinsam mit dem englischen Außenminister in Paris erscheint, sind die Würfel, die Talleyrand so geschickt ins Rollen gebracht hatte, bereits gefallen. Napoleon, der abdanken muß, geht nach Elba, was Metternich den skeptischen Kommentar entlockt, daß diese Wahl keine sonderlich glückliche sei, denn »das nenne ich absichtlich einen neuen Krieg vorbereiten, und zwar binnen Kurzem«. Und auch Österreichs Kaiser, der noch etwas später als sein Minister in Paris eintrifft, ist über diese Entscheidung, die immerhin ein Gebiet betrifft, das zum habsburgischen Besitzstand gehört, nicht sonderlich erfreut. In einer Depesche an Metternich protestiert er gegen diesen Beschluß und willigt erst ein, als man ihm mitteilt, daß sein Schwiegersohn die Insel lediglich als eine Art Lehen zu Lebzeiten erhalte.

Was die Nachfolge Napoleons in Frankreich angeht, so hat Talleyrand – allerdings unterstützt durch Österreichs und Englands Außenminister, die bereits in Dijon einen legendär gewordenen Trinkspruch auf die Wiederkehr des Bourbonen Ludwig XVIII. zelebriert haben – unermüdlich agitiert und den russischen Zaren, der gänzlich andersgeartete Vorstellungen hegt, überlistet und gegen seinen Willen überzeugt. Der Bourbone trifft am 29. April in Compiègne ein. Anderntags wird ein erster Friedensvertrag unterzeichnet, in welchem Frankreich die Grenzen von 1792 und weniges mehr bestätigt werden. Und was es an offenen Fragen, an ungelösten Problemen, an politischem Zündstoff noch gibt, soll, so wird in Paris beschlossen, anläßlich eines in Wien stattfindenden Kongresses geklärt und gelöst werden.

Gibt es denn überhaupt Probleme, jetzt, da alles, was mit Napoleon zusammenhängt, einer Erledigung zugeführt ist? Der Imperator, der rasch noch einen halbherzigen Selbstmordversuch unternimmt, bevor er nach Elba geht, zählt nicht mehr. Sein Nachfolger, der im englischen Exil gewartet hat, wird vom Volk umjubelt, das nicht ahnt, daß dieser übellaunige, boshafte und eitle Greis keine besonders imponierende Erscheinung auf dem politischen Parkett sein wird. In Paris verbrüdern sich die Alliierten mit den besiegten Franzosen. »Und im übrigen muß ich dir mitteilen«, schreibt in diesen Sommertagen des Jahres 1814 ein französischer Offizier an einen Freund, »daß die Pariser in einem wahren Überfluß an Lebensmitteln schwimmen, keinen Soldaten beherbergen oder erhalten, keinerlei militärische Zahlungen zu leisten haben, kaum wissen, daß vor ihren Toren die Kanonen gedonnert haben, und es sehr unterhaltlich finden, mit unendlicher Höflichkeit so viele Angehörige fremder Nationen zu rupfen.«

Probleme, die dringend gelöst werden müßten? Der Zar sonnt sich vorerst noch in seinem jungen Pariser Ruhm, tauscht Bruderküsse mit ehemals napoleonischen Marschällen, Fürsten und Senatoren. Preußens unermüdlicher Minister Hardenberg entwirft Verträge, die Preußen in den Besitz von Sachsen und Westfalen bringen sollen. Talleyrand verhandelt mit Castlereagh über die Rückgabe der verlorenen französischen Kolonien. Eigentlich verhandelt jeder mit jedem, fordert jede Partei ihren vermeintlich gerechten Anteil an der Beute, die sich nun, da alles vorbei, da der napoleonische Spuk beendet ist, als merkwürdig diffus erweist. Sind das die Probleme, die man in Wien wird lösen müssen? Ist nicht alles wieder in jene schöne Ordnung gebracht, die durch Napoleon viele Jahre lang so empfindlich gestört wurde? Hat man in Österreich nicht allen Grund, sich behaglich zurückzulehnen in der Pose eines ebenso gutmütigen wie toleranten Siegers, der aller Welt hat beweisen dürfen, daß er doch nicht so ohnmächtig, verzagt, schwächlich und unentwegt kompromißbereit sei, wie die Welt es von ihm angenommen hatte?

Und Metternich? Er »durchschritt jetzt im zweiundvierzigsten Jahr seines Lebens den Scheitelpunkt seiner erstaunlichen Schicksalsbahn. Er stand auf dem Gipfel, angefeindet da und dort, gefürchtet, viel beneidet, viel bewundert, wie ein Halbgott umschwärmt, verehrt als ein Orakel. Alle Augen waren auf ihn gerichtet wie auf die Verkörperung tiefster und teuflischer Staats- und Weltweisheit.« (W. Tritsch)

Ihm würde es angenehm in den Ohren klingen, bekäme er solche Elogen, geschrieben viele Generationen später, zu hören. Jetzt, 1814 in Paris – einen kurzen Abstecher gemeinsam mit Alexander nach London unternimmt er politischer Geschäfte wegen, die aber nicht von nachwirkender Bedeutung sind –, jetzt, da alle Welt jubelt, darf, ja muß er noch einmal tief Atem holen. Der für Wien angesetzte Kongreß, der im Herbst beginnen soll, wird alles zu klären haben, was noch ungenau ist, die Ansprüche der Sieger, Mitläufer, Geschlagenen, und auch das, was als latente Spannung zwischen Rußland und Österreich existiert, was den Frieden, der jetzt ausgebrochen ist, so unsicher und bedrohlich sein läßt. Paris bringt keine wirkliche Entscheidung und damit auch keine Lösung der Probleme, von denen es – Metternich weiß das nur zu genau – einige alte und zahlreiche neue gibt.

Aber nicht nur Lob wird Metternich zuteil. »Die alte, ihm feindliche Clique in der aristokratischen Gesellschaft«, schreibt Srbik, »die Partei der Chotek, Hatzfeld und Dalberg, der Stadion, Schönborn und Starhemberg, der Colloredo, Wrbna, Wallis und Ugarte, rechnete es ihm nicht an, daß er durch die Elastizität seines Geistes Österreich aus dem tiefsten Fall zu größerer Ausdehnung und Geltung erhoben hatte, als es jemals besessen, und daß er erst dem Kaisertitel von 1804 den realen Inhalt gegeben hatte. Ihnen sagte die Tatsache eines Wiener Kongresses nicht genug, bei dem der Habsburger den Gastgeber Europas abgab, und der symbolisch anzeigte, was aus dem elenden Österreich von 1809 wieder geworden war.« Diese erbitterten und hartnäckigen Gegner Metternichs, denen das Alltägliche in der Politik zu trivial erscheint und die alle sich daraus ergebenden Konspirationen und Intrigen als unwürdig ablehnen, »konnten ihm den Sturz Philipp Stadions, die Heirat Marie Louises, die lange Stützung Napoleons nicht vergessen, sie warfen ihm vor, daß er die polnische Frage nicht vor dem Kongreß geordnet und daß er Franz nicht zur Wiederannahme der römischen Kaiserkrone bewogen habe, sie verargten ihm die geplante Preisgabe Sachsens an Preußen ... Militärs wie Schwarzenberg schlossen sich diesen Vorwürfen an.«

So ist die andere Seite der Medaille beschaffen, die in Wien im Herbst 1814 so glänzend erstrahlen soll, als der große Kongreß, den man in Paris aus der Verlegenheit heraus beschlossen hat, bei weitem nicht alle Fragen, die sich aus der Niederwerfung Napoleons und der sich abzeichnenden Neuordnung Europas ergeben, auch nur ansatzweise lösen kann. Man ist sich in allen Lagern lediglich darin einig, daß dieser Kongreß von Wien »dem neuen Europa sein künftiges, dauerndes, festes Gleichgewicht bringen« muß, wie Europas Diplomaten das ein wenig euphorisch formulieren, als sie sich nach Wien aufmachen, wo man vorerst eher etwas ratlos ist, weil es eigentlich keine Vorbereitungen gibt für das Ereignis, das am 1. Oktober eröffnet werden soll.

Heutzutage würde man die Konfusion, die zu Beginn

des Kongresses herrscht, als organisatorische Unzulänglichkeit beschreiben, was den Sachverhalt allerdings nur am Rande trifft. Die Schwierigkeit liegt vielmehr darin, daß zwar alle Regierungen, die am Befreiungskrieg gegen Napoleon in irgendeiner Weise beteiligt waren, vom österreichischen Kaiser gleichrangig und gleichwertig nach Wien eingeladen werden, daß es aber dann, als der Kongreß beginnt, mit der Gleichrangigkeit und Gleichwertigkeit nicht weit her ist. Rangunterschiede sind wichtig. Der Bedeutung jener Fürsten, Diplomaten, Monarchen, die nach Wien kommen, muß auf unterschiedliche Weise Rechnung getragen werden. Und die Eitelkeit jener, die sich und ihre Position für wichtiger erachten als das, worüber in Wien verhandelt und entschieden werden soll, darf niemals verletzt werden. »Um eine solche Fülle von Majestäten, Hoheiten, Eminenzen und Exzellenzen, die sich ausnahmslos sehr wichtig fühlten, tunlichst von den Beratungszimmern fernzuhalten, sie immer wieder abzulenken und ihrem Range gemäß zu beschäftigen, mußte vor allem ein äußerst glänzendes, umfangreiches und ermüdendes Vergnügungsprogramm aufgestellt und dann auch pausenlos durchgeführt werden, den ganzen Winter 1814/15 hindurch: sonst hätten die wirklich maßgebenden Staatsmänner überhaupt nicht arbeiten können.« (W. Tritsch)

Wer sind die »wirklich maßgebenden Staatsmänner«? Zunächst einmal natürlich die Monarchen selbst – Zar Alexander vor allem, der mit großem Gefolge eintrifft, in welchem sich neben den Ministern Nesselrode, Razumovski und Stackelberg auch der Freiherr vom Stein als Ratgeber für die sogenannten deutschen Angelegenheiten befindet. Preußens König Friedrich Wilhelm III. stützt sich in der Hauptsache auf Hardenberg und Humboldt. Englands Außenminister Castlereagh bringt seinen Halbbruder Lord Stewart mit, der alsbald als Lord Pumpernickel eine gewisse Popularität gewinnt. Später wird auch noch der Herzog von Wellington dazustoßen, was englische Historiker nicht davon abhalten kann, die zu geringe Zahl der englischen Vertreter beim Kongreß zu beklagen, wozu noch kommt, daß Castlereagh den Fehler begeht, Ehefrau und Schwägerin, die durch eher komische Extravaganzen auffallen, in seiner Begleitung zu dulden. Talleyrand tritt in respektabler Begleitung auf. Neapel ist zweifach vertreten, nämlich durch die Abgesandten des Königs Murat und durch die Repräsentanten der nunmehr für das Königreich Neapel zuständigen Bourbonen. Ein Kardinal mit beträchtlichem Gefolge vertritt den Papst, ein halbes Dutzend prachtvoll gekleideter und luxuriös herausgeputzter Paschas den Sultan. Vertreten sind selbstverständlich Deutschlands Fürsten- und Herzogtümer bis herab zu den winzigsten Grafschaften, zweiunddreißig an der Zahl, ferner die Spanier, die Juden, die Protestanten und die Katholiken, die mit jeweils stattlichen Abordnungen in Wien erscheinen, ebenso italienische Fürsten und Minister und alle jene Beobachter der Szene, deren Nationalität manchmal nicht genau feststellbar, deren Legitimation nicht eruierbar und deren Auftrag geheimnisvoll ist.

An bedeutenden Persönlichkeiten oder an solchen, die sich dafür halten, ohne jemals den Beweis für ihre Wichtigkeit erbringen zu können, ist also kein Mangel. Selbst der Malteserorden entsendet eine Delegation, ebenso die deutschen Verleger, die durch Herrn Cotta vertreten sind. So muß man den zeitgenössischen Quellen wohl glauben, die nicht bloß die Anwesenheit jener »450 offiziellen Persönlichkeiten von Gewicht« erwähnen, die mittelbar oder unmittelbar auf den Gang der Ereignisse einwirken, sondern die auch von jenen »im ganzen über zehntausend Personen« sprechen, die der Kongreß nach Wien lockt und die jetzt untergebracht, ernährt, beschäftigt, unterhalten und überwacht werden müssen, was zwangsläufig für manche Konfusion, für einige Tragödien und für viel Anlaß zu Sarkasmus und Kopfschütteln sorgt.

Inmitten dieses Tumults, dessen Verursacher er in einem übergeordneten Sinne ist, bewegt sich Clemens Metternich. Der französische Comte de la Garde-Chambonas, Mitglied der französischen Delegation, beschreibt ihn so: »Herr von Metternich sah immer noch wie ein junger Mann aus. Seine Züge waren schön und ganz regelmäßig, sein Lächeln voller Liebenswürdigkeit; das Gesicht drückte zugleich Klugheit und Wohlwollen aus. Er war mittelgroß, ebenmäßig gewachsen, sein Gang verriet Adel und Eleganz. Beim ersten Anblick entdeckte man in ihm mit Vergnügen einen der Menschen, auf die das Glück alle seine verführerischen Gaben gehäuft und die es scheinbar nur für die frivolsten Erfolge in der Gesellschaft geschaffen hat. Betrachtete man aber aufmerksam seine Physiognomie, in der sich Gewandtheit und Festigkeit zugleich spiegelten, entdeckte man dann die Tiefe seines Blicks, wurde sogleich auch die ungewöhnliche politische Begabung sichtbar. Man sah dann in ihm nur noch den Staatsmann, der daran gewöhnt war, Menschen zu regieren und große Angelegenheiten zu leiten.«

Und über die zahlreichen Bankette und Festlichkeiten, die Metternich gibt oder anordnet oder arrangieren läßt, um die Masse der Delegierten und auch die Mehrzahl der Fürsten nicht bloß zu unterhalten, sondern auch abzulenken, fernzuhalten von den eigentlichen politischen Geschäften, urteilt De la Garde, daß sie einen besonderen und mit der Person Metternichs ganz übereinstimmenden Charakter hätten. »Mit einem wohlverwandten Luxus, mit der auserlesensten Feinheit der Details verband sich eine Großartigkeit, bei welcher man nicht die mindeste Unordnung wahrnahm.« Und mehr als hundert Jahre später schreibt Heinrich von Srbik mit unverhohlenem Entzücken, daß Metternich im bunten Getriebe des Gesellschaftslebens »der höchsten Sphären« ganz in seinem Element gewesen sei. Dann die vorsichtige Kritik: »Nach den aufreibenden vielen Monaten der fortwährenden diplomatischen

Kämpfe während des Krieges trat bei ihm der Hang zum leichten Genuß, die Neigung zur Nachlässigkeit und Leichtfertigkeit wieder stark in Geltung.« Zuletzt noch der leichte Tadel: »Und die Weibergeschichten nahmen Zeit und Geist ganz maßlos in Anspruch.«

Aber ganz so erheiternd, leutselig, überschäumend, üppig und dekorativ oder auch frivol bis lasziv, wie es zuerst die zeitgenössischen Chronisten und dann in immer neuen Variationen Historiker und Schriftsteller gesehen und beschrieben haben – wobei oft genug einer vom anderen abschreibt und jede Übertreibung noch einmal vergrößert, jeden Luxus, jeden Skandal und jede pikante Fußnote noch einmal mit etwas dickerer Tinte nachzeichnet und ausschmückt –, ganz so genußreich, nachlässig und schillernd geht dieser Kongreß – der erst am 3. November und nicht, wie offiziell vereinbart, am 1. Oktober eröffnet werden kann – nicht vonstatten; oder nur an der Oberfläche, nur dort, wo man dem Unterhaltungsbedürfnis und der Vergnügungssucht sowohl der Gäste als auch der Wiener eilfertig nachkommt, weil das ein gutes Ablenkungsmanöver, eine vortreffliche Garantie ist für ungestörtes Arbeiten, für konspirative Zusammenkünfte, für wichtige Arbeitsgespräche und vor allem auch für die Kaschierung dessen, was an persönlicher Gegnerschaft, an unverhohlener Feindseligkeit und an offenem Haß aufbricht. In der Hauptsache sind es wieder einmal Metternich und der russische Zar, die einander bald unversöhnlich gegenüberstehen. »Die ärgsten Taktlosigkeiten und groben Beleidigungen, die Metternich veranlaßten, wochenlang jeden persönlichen Verkehr mit dem Zaren zu verweigern, wechselten mit Intrigen gegen den Fürsten . . . mit zweifellos böswilligen Erfindungen, um den Verhaßten aus dem Weg zu räumen.« (Srbik)

Einige Zitate mögen das Zerwürfnis charakterisieren, das zwischen Metternich und dem russischen Zaren herrscht und das erst in jenem Augenblick zumindest notdürftig bereinigt wird, als Metternich am 6. März

1815 frühmorgens um sechs Uhr vom österreichischen Generalkonsul in Genua die Nachricht erhält, daß Napoleon die Insel Elba verlassen habe. Metternich eilt unmittelbar danach zum österreichischen Kaiser, erstattet Bericht, wird von diesem zum Zaren gesandt, der nach kurzer Beratung dann gesagt haben soll: »Wir haben noch einen persönlichen Zwist auszutragen. Wir sind beide Christen, und unser heiliges Gesetz befiehlt uns, Beleidigungen zu vergeben. Umarmen wir uns, und alles sei vergessen.« Diese schöne Szene, deren Rührseligkeit zweifellos dem widerspruchsvollen Charakter Alexanders entspricht, wird von Metternich selbst mitgeteilt. Und sie mag durchaus der historischen Wahrheit entsprechen, denn tatsächlich verbessern sich ab diesem Zeitpunkt die Beziehungen zwischen den beiden Staatsmännern, ohne daß Metternich von seiner grundsätzlichen Meinung über Alexander zurücktritt. Und die Meinung ist ebenso eindeutig wie vernichtend. Für den Österreicher ist der Charakter des Russen »eine sonderbare Mischung von männlichen Vorzügen und weiblichen Schwächen«. Einmal heißt es in den *Denkwürdigkeiten*: »Mit Unrecht haben viele Zeitgenossen in Alexander einen heftigen Ehrgeiz zu erkennen geglaubt. In seinem Charakter fand sich weder genug Stärke für wahren Ehrgeiz noch genug Schwäche für bloße Eitelkeit. Er handelte gewöhnlich aus Überzeugung, und wenn er hie und da sich anspruchsvoll zeigte, so bezog sich dies weit mehr auf die kleinen Siege des Weltmannes als auf die Erfolge des Beherrschers eines großen Reiches.« Geringschätziger kann man einen Monarchen, mit dem man Schwierigkeiten hat, nicht beurteilen, und vernichtender kann ein solches Urteil nicht ausfallen.

Jetzt freilich, da der Kongreß zum nach außen hin glänzenden und in Wahrheit billigen Jahrmarkt des Feilschens wird, da es zwischen Metternich und dem Zaren zu heftigen Szenen kommt, wobei Alexander, wie Talleyrand berichtet, »mit einem solchen Dünkel und in einer so heftigen Sprache« sich gebärdet, »daß sie sogar seinen Dienern gegenüber ungewöhnlich erschienen wären«, jetzt ist Metternich gezwungen, Kaiser Franz Mitteilung vom sonderbaren Verhalten Alexanders zu machen. Dies geschieht in Form eines jener tödlichen Nadelstiche, für die der österreichische Minister berüchtigt und gefürchtet ist: »Ich habe gestern eine mehr als zweistündige Unterredung mit dem russischen Kaiser gehabt. Es wäre kaum möglich, die Summe des Unsinns zu beschreiben, welche er in dieser Konferenz vorbrachte, und sie erinnerte mich sowohl in Form als auch im Ausdruck an die vielen früheren, welche ich mit Kaiser Napoleon hatte.«

Franz, der seinen Außenminister nur zu gut kennt und weiß, daß Metternich nicht aus purer Laune oder gar aus Hochmut dem Zaren immer wieder Gelegenheit gibt, sich zu echauffieren und dabei völlig aus der Fassung zu geraten, Franz schreibt zu dieser Meldung eine lakonische Notiz: »Dient zur Wissenschaft, und da wir nur den einen Zweck, nämlich das Wohl meiner Monarchie, im Auge haben, so wird uns Alexander, wenn auch voneinander entfernt, dennoch gleichlautend finden.« Das heißt im Klartext, daß der österreichische Kaiser das Vorgehen und Verhalten seines Ministers durchaus billigt. Getrennt marschieren und vereint zuschlagen bedeutet in der österreichischen Lesart, daß Monarchen einander brüderlich umarmen und sich über ihre Minister dennoch die feindseligsten Attacken antun können.

Das Zerwürfnis eskaliert. Alexander drängt auf Abberufung Metternichs. Franz lehnt leutselig ab. Alexander liefert dem österreichischen Kaiser Briefe Metternichs aus, die dessen Verrat an der Heiligen Allianz beweisen sollen. Franz, der Metternichs diplomatische Finten und Fallen kennt, lächelt höflich und hält an seinem Minister fest. Alexanders Verhalten den Österreichern gegenüber steigert sich zu offener Feindseligkeit. Franz läßt bei offiziöser Gelegenheit gleichsam nebenbei die Bemerkung fallen, daß Alexander, wenn er einen Krieg wünsche, diesen ohne weiteres haben könne. Castlereagh tritt als Vermittler in Erscheinung. Und die Preußen mischen sich auf spektakuläre Weise in diese Auseinandersetzung ein. Es kommt zu Wutausbrüchen und häßlichen Szenen. Der Zar boykottiert Metternich, spricht monatelang kein Wort mit ihm, läßt durch seine Agenten die häßlichsten Gerüchte über ihn verbreiten und verliert täglich mehr an Boden, was seine politischen Absichten betrifft.

Die Umständlichkeit, mit welcher in Wien die Verhandlungen geführt werden, ist bemerkenswert. Täglich treffen sich die sogenannten fünf Großen – die Vertreter Rußlands, Preußens, Englands, Frankreichs und Österreichs – bei Metternich in der Staatskanzlei am Ballhausplatz, in der Regel vormittags, während die Monarchen am Nachmittag in der Hofburg ihre Zusammenkünfte haben. »Man konnte sich wohl auf Kaiser Franz und auch auf den Preußenkönig verlassen, denn die waren gewohnt, immerhin am Nachmittag noch zu respektieren, was ihre Minister am Vormittag vereinbart hatten. Nicht so auch Alexander. Für den freiheitsliebenden Zaren, Glücksbringer und Befreier der Menschheit, waren seine Minister eben doch nur Lakaien, Werkzeuge ohne Bedeutung, er allein war sein einziger Bevollmächtigter, er allein konnte bestimmen, was gut oder böse ist – was in seiner Linie war –, und es wurde erst dadurch gut oder böse und erst dadurch wahr, daß er selbst es so bestimmte.« (W. Tritsch)

Der Zar wollte vor allem bewundert werden, urteilt Friedrich von Gentz, der anläßlich des Kongresses als diplomatischer Repräsentant des Hospodars der Walachei auftritt und der aufgrund seiner Intelligenz und seiner intimen Kenntnis dessen, was hinter den Kulissen geschieht, ein ebenso aufmerksamer wie objektiver und vor allem gut unterrichteter Augenzeuge der Ereignisse ist. Gentz bringt in seinem Bericht an den walachischen Hospodar, datiert vom 12. Februar 1815 und selbstverständlich von Metternich abgesegnet – welcher von Gentz Einblick erhält, bevor der Bericht dem Kurier übergeben wird –, die bisherigen Ergebnisse auf den Punkt. Der Zar, der sich als Schiedsrichter Europas verstehe, wünsche vor allem anderen, daß Österreich nicht zu sehr die gegebene Situation für sich ausnütze. Dazu müsse Preußen vergrößert werden. Was Metternich angehe, so habe sich Alexander bereits überlegt, ihn zum Duell herauszufordern. England verabscheue er, wobei besonders Lord Castlereagh ein Quell ständigen Verdrusses sei. Ebenso lehne er Talleyrand ab. Die Könige von Bayern und Dänemark seien ihm widerwärtig, und von allen anderen anwesenden Monarchen, Fürsten und Diplomaten könne ihm nur Friedrich Wilhelm III., der ihm blind ergebene Preußenkönig, sympathisch sein. Das erkläre wohl auch Alexanders hartnäckige, unbegreifliche Vorliebe für Preußens Wiederaufbau, für seine Vergrößerung, wobei Sachsen die Opferrolle spielen solle. Eher nebenbei sei es in diesem Zusammenhang dem Zaren gelungen, das umstrittene Herzogtum Warschau einzustreifen, was für Rußland immerhin einen Zuwachs von mehr als drei Millionen Untertanen bedeute.

Tatsächlich konzentriert sich jetzt, im Winter 1814/15, alles auf die preußische Frage. Am 10. Dezember richtet Metternich an Hardenberg ein Schreiben, darin es unter anderem heißt: »Österreich hegt keine Eifersucht gegen Preußen. Es sieht im Gegenteil in dieser Macht eines der nützlichsten Gewichte im Gleichgewicht Europas. Wenn wir uns aber der Einverleibung Sachsens in Preußen widersetzen, dann nicht, weil wir einer Vergrößerung dieses letzteren Staates entgegenstehen, sondern weil sie ein Hindernis unserer Einigkeit und eine unüberwindliche Barriere für die Gründung des Deutschen Bundes bildet. Die Einverleibung Sachsens bildet deshalb ein Hindernis, weil sie den Grundsätzen des Kaisers von Österreich, den engsten Familienbanden und allen unseren nachbarlichen und grenzpolitischen Erwägungen widerspricht.«

Castlereagh unterstützt Metternich. Auch Talleyrand, der in erster Linie an der Sicherheit Frankreichs interessiert sein muß, von welchem Gentz in seinem Geheimbericht notiert, daß dieses Land nichts so sehr fürchtet wie einen neuerlichen Krieg, den es nicht durchhalten könne, Talleyrand wie auch der Bayernkönig und einige unbedeutende Potentaten zeigen sich als Verbündete Metternichs und damit Österreichs.

Die Preußen sind jedoch empört und unterstellen Metternich, den Österreichern und deren Partnern feindselige Absichten. Anläßlich einer Sitzung am 20. Dezember erklärt der Zar Talleyrand gegenüber: »Ich habe dem König von Preußen in dem Augenblick, als wir uns wiedertrafen, Sachsen versprochen. Der König von Preußen wird König von Preußen und von Sachsen sein, wie ich Kaiser von Rußland und König von Polen sein werde. Ich habe 200 000 Mann im Herzogtum Warschau stehen. Man soll versuchen, mich hier hinauszuwerfen!«

Metternich wiederum spielt für eine Weile mit einem Gedanken, den vor ihm schon Thugut, einer seiner Vorgänger, gehegt hat, nämlich die ohnedies verlorenen Niederlande gegen Bayern einzutauschen, das heißt, den Wittelsbachern als begehrenswertes Tauschobjekt die italienischen Besitzungen der Habsburger anzubieten. Das wiederum würde bedeuten, daß Österreich, wenn erst einmal die Einverleibung Bayerns in die Monarchie Wirklichkeit wäre, seinen politischen Schwerpunkt eindeutig innerhalb des deutschen Raumes hätte. Und die Wittelsbacher, die Metternich für diesen kühnen, aber nicht undurchführbaren Plan verhältnismäßig rasch interessieren kann, besäßen mit der Lombardei, mit Venetien, mit einigen zur Verfügung stehenden oder verfügbar gemachten italienischen Herzogtümern ein recht ansehnliches Revier, das einem wohlbestallten Königshaus alle Ehre machte.

Letztlich wird freilich aus dieser Utopie wie aus mancher anderen nichts. Metternich selbst rückt von der Idee wieder ab. Immerhin darf sein Monarch auch so zufrieden sein, wird Österreich auf eine Weise Genugtuung gewährt, welche diesem Land noch einmal eine sogenannte »goldene Zeit« ermöglicht. Illyriens Provinzen werden wieder österreichisch, dazu Galizien, selbstverständlich die reiche Lombardei und das schöne Venetien; praktisch ganz Oberitalien kehrt unter die Fittiche des österreichischen Doppeladlers zurück. Verloren bleiben lediglich die habsburgischen Vorlande, der Breisgau, Belgien und Luxemburg. Und natürlich Schlesien, dessen endgültiger Verlust allerdings schmerzlich ist. An der Stelle der symbolträchtigen römisch-deutschen Kaiserkrone will Metternich jetzt ein System des permanenten politischen Gleichgewichts errichten, »wodurch all die vielen souverän gewordenen deutschen und italienischen Könige, Herzöge, Fürsten endlich so abhängig vom Willen des Kaisers werden sollten wie vormals der Kaiser von ihren Abstimmungen«. (Srbik)

Aber dieser Kaiser, Franz I., ist nicht von jener charakterlichen Disposition, die es braucht, um Metternichs weitreichende Pläne zuverlässig verwirklichen zu können. Für den Augenblick ist der Kaiser vor allem Herr und Gastgeber des Wiener Kongresses. Und er erweist sich dabei als von ebenso nobler wie schlichter Gesinnung. Er will, was freilich nicht immer begriffen wird, nichts anderes sein als der erste Österreicher unter Österreichern, »nicht nur absoluter Herr dieses strahlenden Länderkranzes, sondern auch dessen Sinnbild, dessen menschlichster Ausdruck« (W. Tritsch).

Und Wien? Der Kongreß? Das Bild, das man sich allenthalben in Europa davon macht? Ein französischer Diplomat fällt sein Urteil: »Wien ist das Europäischeste in seinen Salons und zugleich das Hinterwäldlerischste in seiner Natur. Man trifft hier noch wahre Frömmigkeit in den Kirchen und echten Frohsinn außerhalb.

Und überall Tanz. Aber der Hochadel hier ist die exklusivste Gesellschaft, die es geben kann, kein Verdienst, keine Leistung, keine Verführung und kein Genie vermag hier jemals die Schranken zu durchbrechen. Bis die zwanglose Lebensfreude eines üppigen Festes die Menschen dann doch zusammenführt, um sie hernach wieder ebenso zwanglos zu trennen. Wenn Paris die Stadt der Einbildungen, der schillernden Eitelkeiten, der unechten Edelleute und falschen Perlen ist, die Stadt der gut gespielten Begeisterungen von der Dauer eines Tages ... so ist Wien die Stätte des alten Kaiserhofes, wo noch echter Adel regiert, wo aber Zurückhaltung nie in Dünkel ausartet, denn dazu ist hier die Lebensfreude zu groß. Auch das Bürgertum lebt hier in Luxus und feinschmeckerischer Üppigkeit und versteht sich gut auf die Kunst des gefälligen Lebens. Und das einfache Volk ist hier so lustig und ernsthaft, so neugierig und scheu, so sinnlich und fromm wie nirgends sonst auf der Welt.«

Fast erstaunt es, daß angesichts eines solchen phäakenhaften Zustandes, wie er hier ansatzweise geschildert wird, der Kongreß – von dessen Treibhausatmosphäre der Herzog von Wellington einmal sagt, daß sie ihn umbringe – doch einiges zustande bringt. So einigt man sich beispielsweise darauf, künftig regelmäßige Botschafterkonferenzen der Großmächte abzuhalten. Ein erstes Minderheitenrecht wird ausgearbeitet, das den katholischen Wallonen gegenüber den protestantischen Flamen zugute kommt. Und erstmals werden internationale Wirtschaftssanktionen gegen alle Produkte beschlossen, die durch die Arbeit von Sklaven hergestellt werden.

Was die Pläne Alexanders angeht, sein betontes Eintreten zugunsten Preußens und seine Ansprüche auf das Herzogtum Warschau, also auf Polen, so sind sich Castlereagh, Talleyrand und Metternich längst darin einig, daß man dem Zaren und mehr noch seinem ergebenen Verbündeten, dem preußischen König Friedrich

Wilhelm, nicht in allem nachgeben und nur in gewissen Fragen Konzessionen machen dürfe. Die Hälfte von Sachsen könne Preußen erhalten. Und was an polnischem Gebiet Alexander entrissen werden kann, erhält als sogenanntes Kongreßpolen eine relativ – manche sagen: allzu bescheidene – Unabhängigkeit. Aber man muß, wenn man Erfolg haben will, Kompromisse schließen. Und man muß imstande sein, sich seine Partner im politischen Geschäft so auszuwählen, daß man mit ihnen die jeweilige Situation zu beherrschen imstande ist. Talleyrand, ein glänzender Vertreter dieser Art von Politik, ist auch hierin gemeinsam mit Castlereagh ein geschickter und wertvoller Verbündeter Metternichs. Am 3. Jänner 1815 einigen sich England, Frankreich und Österreich in einem Geheimabkommen auf gemeinsames Vorgehen zumindest in den diffizilsten Fragen, ein Abkommen, das unmißverständlich gegen den Zaren gerichtet ist und natürlich auch gegen die maßlosen preußischen Ansprüche, die Sachsen betreffen. Sachsen soll geteilt werden, Preußen erhält dafür alle Festungen entlang der Elbe, allerdings auch linksrheinisches Gebiet, das Herzogtum Westfalen und das bisher schwedische Pommern.

Andere Fragen sind nicht so einfach durch sorgfältig ausgehandelte Kompromisse zu erledigen. Vieles bleibt Stückwerk, ist Anlaß zu neuen Auseinandersetzungen, die gefährlich werden können. Wem wird man letztlich das Königreich Neapel zusprechen? Auf welche Kriegsentschädigungen hat Bayern Anspruch? Wie verhält es sich mit der neuen, noch auszuarbeitenden Verfassung Deutschlands? Friedrich von Gentz, der dem Kongreß von Anfang an eher skeptisch gegenüberstand, schreibt: »Dieser Kongreß, der nichts als eine Quelle von Verwirrung und Bitterkeit für alle Welt, besonders aber für Österreich war und dessen Ergebnisse kaum dazu dienen, den dauernden Frieden in Europa zu fördern, nähert sich nun wenigstens seinem Abschluß. Die Souverane von Rußland und Preußen könnten jetzt bereits aufbrechen, scheinen sich aber an den Aufenthalt in Wien gewöhnt zu haben und von den Annehmlichkeiten eben dieses Aufenthaltes so angetan zu sein, daß es den Anschein hat, sie wollten sie bis zur Neige auskosten. Castlereagh war der aktivste und einflußreichste Minister von allen. Was Metternich anbelangt, so hat er sich bis zum letzten Moment mit der ganzen Klugheit und dem Anstand benommen, die in seinem Charakter liegen, und mit aller Zurückhaltung, die seiner Person und seinen Manieren eigentümlich sind.«

Talleyrand ist da gänzlich anderer Meinung. In einem Geheimbericht an seinen König Ludwig XVIII. berichtet er mit bissigem Zungenschlag, daß derjenige – also Metternich –, »der in Österreich an der Spitze der Dinge steht und sich anmaßt, auch die Dinge Europas zu regeln«, eher recht leichtfertig handle, was ebenso lächerlich sei wie zu einem großen Unglück für alle werden könne.

Es ist merkwürdig, daß ein so versierter Menschenkenner und erfahrener Diplomat wie Talleyrand Metternichs Strategie nicht durchschaut, daß er ihm Eitelkeit, Genußsucht, Oberflächlichkeit vorwirft, wo es um das zukünftige Schicksal Europas gehe. Natürlich ist Metternich eitel, genußsüchtig, manchmal auch, zumindest dem Anschein nach, oberflächlich. Aber er setzt diese Eigenschaften sehr bewußt ein. Das, was ihm Vergnügen bereitet, ist ihm zugleich Kapital für seine politische Arbeit. Die Wiener erzählen sich die unglaublichsten Geschichten über Metternichs Fähigkeit, aus Kenntnis der eigenen Genußsucht die der Diplomaten zu fördern, die es zu kompromittieren, zu beeinflussen, zu gewinnen gilt. Wer eitel ist, neigt zu Indiskretionen. Wem Luxus etwas bedeutet, der ist durch Luxus zu ködern. Politik ist ein weites Feld, auf dem man alle Instrumente beherrschen muß, auch jene, bei denen der menschliche Charakter eine Rolle spielt.

Und im übrigen . . . hat Metternich nicht erreicht, was er will? Napoleon ist besiegt. Das von ihm beherrschte, gedemütigte Europa besinnt sich auf eine neue Existenz. Österreich befindet sich dabei in führender Position. Was soll noch passieren?

Die Chronologie der laufenden Ereignisse in jenen Märztagen des Jahres 1815 – da der Wiener Kongreß eigentlich beendet ist, ohne daß vorerst eine wirklich zufriedenstellende Einigung zwischen den Parteien erreicht werden kann – beginnt, zumindest in Wien, in der Nacht vom 6. zum 7. März. In Metternichs Arbeitszimmer auf dem Ballhausplatz brennen bis in den frühen Morgen hinein die Kerzen. Es kommt, wie oft in diesen Tagen, da man schon etwas erschöpft vom zähen Verhandeln und wohl auch zermürbt von den vielen festlichen Anlässen ist, an denen teilzunehmen man vom österreichischen Charme und der eigenen Genußsucht verführt wird, es kommt wieder einmal zu heftigen Diskussionen über die leidige sächsisch-preußisch polnische Frage, von deren Lösbarkeit man zwar ganz allgemein überzeugt ist, die aber bisher eine dauerhafte Lösung nicht gefunden hat.

Man geht auch in dieser Nacht auseinander, ohne daß man sich – obgleich einig in allen wesentlichen Punkten – tatsächlich geeinigt hat. Man weiß nur, daß die Forderungen des russischen Zaren unannehmbar sind und daß man, um endlich zu einer verbindlichen Vereinbarung zu kommen, den kleinsten gemeinsamen Nenner wird finden müssen. Theoretisch weiß man, was zu tun ist, aber man weiß noch nicht, wie man diese Theorie in die politische Praxis umsetzen soll.

Es ist fast drei Uhr früh, als man sich trennt. Bald wird der Morgen des 7. März heraufdämmern. Metternich, todmüde, findet lange keinen Schlaf. Seinem Personal ist der Befehl erteilt, ihn unter keinen Umständen zu stören. Er braucht eine Atempause, Ruhe, Abgeschiedenheit. Als er endlich einschläft, fällt schon fahles Morgenlicht durch die hohen Fenster herein. Dann, gegen sechs Uhr, legt ihm ein Diener behutsam eine Depesche auf den Nachttisch. Metternich, durch die Störung kurz erwacht, reagiert unwillig. Aber noch läßt er das Schreiben ungeöffnet. Es kommt aus Genua, vom dortigen österreichischen Generalkonsulat. Metternich wirft einen gleichgültigen Blick darauf und versucht wieder einzuschlafen; und öffnet schließlich doch die Depesche, die nur einige Zeilen enthält. »Der englische Kommissar Campbell hat soeben hier angefragt, ob jemand in Genua Napoleon gesehen habe, nach seinem Verschwinden aus Elba. Auf die verneinende Antwort hin stach die englische Fregatte sofort wieder in See.«

Metternich liest einmal, zweimal, schüttelt ungläubig den Kopf, läutet nach dem Kammerdiener, kleidet sich hastig an, wirft sich in die stets bereitstehende Kutsche, eilt zum Kaiser, übergibt ihm wortlos die Depesche. Dieser reagiert mit erstaunlicher Gelassenheit. Metternich selbst erzählt später, daß Franz I. gesagt haben soll: »Napoleon scheint ein Abenteuer spielen zu wollen. Das ist seine Sache. Die unsrige ist es, die Ruhe dieser jahrelang gestörten Welt zu sichern. Gehen Sie ohne Verzug zum Kaiser von Rußland und zum König von Preußen und sagen Sie ihnen, daß ich warte, um meiner Armee die sofortige Rückkehr nach Frankreich zu befehlen. Ich zweifle nicht, daß die beiden Monarchen mit mir einverstanden sein werden.«

So berichtet es Metternich, und man hat keine Ursache, an dieser Darstellung zu zweifeln. Österreichs Kaiser, den manche für einen Dummkopf und andere für einen Schwächling halten, hat bereits des öfteren seine erstaunliche Selbstbeherrschung und zudem die Fähigkeit bewiesen, gerade im Augenblick einer Katastrophe weder die Ruhe noch die Übersicht zu verlieren. Jetzt begreift Franz sofort, daß man alles tun muß, um dieses neuerliche Abenteuer Napoleons im Keim zu ersticken, bevor daraus größeres, nicht wiedergutzumachendes Unheil wird.

Metternich gehorcht dem Befehl seines Monarchen, sucht zuerst Alexander auf, wo es zu jener schon erwähnten Versöhnungsgeste des Zaren kommt, benachrichtigt dann Friedrich Wilhelm, der die Nachricht ohne jede erkennbare Regung aufnimmt. Selbstverständlich werde auch er seinen Truppen unverzüglich den Befehl erteilen, nach Frankreich zu marschieren. Das ist alles, was der Preußenkönig zur Nachricht von Napoleons Aufbruch von Elba sagt.

Unmittelbar darauf beruft Metternich den österreichischen Generalstab ein, an der Spitze der Militärs Schwarzenberg und Radetzky. Man einigt sich rasch. Man glaubt zwar nicht, daß unmittelbar Gefahr drohe, aber was die Einsatzbefehle an die Truppen angeht, so gibt es darüber keine Diskussion. Nach Frankreich – so lautet die Order.

Dann kommt Talleyrand. Er liest die Depesche, erkundigt sich bei Metternich, ob dieser bereits in Erfahrung gebracht habe, wohin sich Napoleon wenden werde, und sagt, als Metternich verneint, daß für den gestürzten Imperator kein anderes Ziel in Betracht komme als Paris. Er werde geradenwegs nach Paris marschieren, niemand werde ihn aufhalten können, so Talleyrand, der wenig später an seinen König – dem er nun auf ähnliche Weise dient wie zuvor Napoleon, das heißt, daß er ihn verachtet und nichts unterläßt, um ihn lächerlich zu machen – eine Eilbotschaft entsendet, darin er Napoleon als Straßenräuber bezeichnet und alle Pläne des Korsen die eines Banditen nennt.

Bei Metternich herrscht in diesen Stunden ein ständiges Kommen und Gehen. Ganz Wien, so hat es den Anschein, befindet sich plötzlich in ratloser Aufregung. Aber ungeachtet aller Nervosität sind sich die Verbündeten darin einig, daß man unverzüglich gemeinsame Sache gegen Napoleon machen müsse. Es dauert nur wenige Stunden, bis die alten Vereinbarungen, vor dem letzten entscheidenden Feldzug gegen den französischen Imperator getroffen, wieder Gültigkeit besitzen, die militärischen Bündnisse wieder in Kraft gesetzt werden. Und man versucht noch mehr. Nur einen Tag nach Erhalt der Nachricht vom Aufbruch Napoleons in

Richtung Frankreich eilen Metternich, Talleyrand und Wellington nach Preßburg, wo sich der König von Sachsen aufhält, um ihn zur Annahme jener mühsam genug vereinbarten Konstruktion, sein Reich und dessen Teilung zugunsten Preußens betreffend, zu bewegen. Metternich spekuliert wie Talleyrand und Wellington auf das Bedeutsame der jetzt eingetretenen außerordentlichen Situation, darauf, daß nun, da alles andere in den Hintergrund zu treten habe, gerade diese scheinbare Nebensächlichkeit befriedigend zu lösen sei. Irgendein Kompromiß, der dem Zaren schmeckt und den Preußenkönig befriedigt, muß gefunden werden. Die Teilung Sachsens ist ein solcher Kompromiß. Aber der König schüttelt bloß den Kopf. Er, der stets auf Napoleon gesetzt und mit spekulativem Eifer die französische Karte gespielt hat, hofft auch jetzt wieder auf die Zauberkraft Napoleons. Und er riskiert es lächelnd, daß man das Sachsen betreffende, zwischen den Großmächten vereinbarte Arrangement in Wien auch ohne seine Einwilligung ratifizieren wird.

Was die Hoffnungen vieler auf die Wiederkehr Napoleons angeht, so gibt es dazu eine Anmerkung Talleyrands vom April 1815. Dort heißt es unter anderem: »Alle Bittschriften zeigen das erwartete Bild. Alle Namen, die noch vor acht Tagen unter den Eingaben an den König standen, finden sich heute unter Adressen, die an Napoleon gerichtet sind. Welch armselige Geschöpfe sind doch die Menschen! Gehirn und Herz, auf die sie so stolz sind, taugen nicht einmal so viel wie die Gefühle anhänglicher Pferde. Ich spreche von Leuten, die 26 Jahre Revolutionszeit mitgemacht haben und entsprechend verkümmert sind ...«

Napoleons Wiedererscheinen in Frankreich, sein triumphaler Marsch nach Paris – was ihm durch das ebenso kopflose wie wenig würdevolle Verhalten des Bourbonenkönigs Ludwig, der überstürzt die Flucht ergreift, erheblich erleichtert wird – bringt alle erstarrten, während des Wiener Kongresses gleichsam verkrusteten diplomatischen und politischen Mechanismen wieder in Bewegung. Was gerade noch ein Anlaß für Disharmonien gewesen ist, löst sich nun fast in Wohlgefallen auf. Schon am 8. Juni – also nicht einmal zwei Wochen vor Wellingtons entscheidendem Sieg bei Waterloo – wird in Wien die Gründungsakte des Deutschen Bundes unterzeichnet. Die neue Gemeinschaft, Nachfolgerin des Kaiserreiches, wird von fünfunddreißig Fürstentümern und vier freien Städten gebildet. Jeder Einzelstaat behält seine volle Souveränität. Ein Bundestag in Frankfurt unter dem ständigen Vorsitz Österreichs soll die gemeinsamen Interessen wahrnehmen und mögliche Konflikte bereinigen.

Einen Tag später, nach einer glanzvollen Galaveranstaltung bei Hofe, bei welcher Gelegenheit sich der österreichische Kaiser einmal mehr als umsichtiger und geschickter Gastgeber erweist, werden die Ergebnisse des Kongresses paraphrasiert, die später dann von allen europäischen Staaten mit Ausnahme der Türkei und des Kirchenstaates vollinhaltlich unterzeichnet werden. Napoleons spektakuläres Wiederauftauchen hat also möglich gemacht, was zuvor an zahllosen Widerständen und Eifersüchteleien beinahe gescheitert wäre.

Die nun fixierten Ergebnisse des Kongresses sind für Europa von weitreichender Bedeutung. Sie erfassen auch Bereiche, die nur am Rande von der Eroberungspolitik Napoleons betroffen waren, deren Schicksale, betrachtet unter österreichischem Aspekt, minder interessant sind. Es wird nun zum Beispiel Norwegen, das bisher ein Teil Dänemarks war, mit Schweden in einer Personalunion vereinigt, das dafür Finnland an Rußland abtritt. Holland und Belgien werden zu einem Königreich der sogenannten Niederlande verschmolzen. England wiederum erhält das Protektorat über die Inseln im Ionischen Meer, die sich bisher jeder türkischen Okkupation zu entziehen vermocht und lediglich ein kurzes französisches Intermezzo zu ertragen gehabt hatten. Das Königreich Sardinien darf sich das reiche

Genua einverleiben. Marie Louise, des Imperators unglückliche Gemahlin, erhält das Herzogtum Parma zugesprochen. Modena und die Toskana werden österreichischen Erzherzögen übermacht, wie jetzt Österreich überhaupt als Beherrscher Italiens auftreten kann. Die ganze Poebene, Venedig, Mailand, dazu selbstverständlich Julisch-Venetien gehören zu Österreich, dessen südliche Grenze im Mündungsgebiet des Po an das Territorium des Kirchenstaates stößt. Und die immerwährende Neutralität der Schweiz, die noch während der napoleonischen Kriege von allen kriegführenden Parteien mißachtet wurde, wird jetzt von den europäischen Großmächten endgültig anerkannt. Preußen schließlich darf sich als hauptsächlicher Nutznießer neben Österreich und dem Zarenreich fühlen, denn es muß zwar seine polnischen Gebiete an Rußland abtreten, erhält als Ausgleich dafür jedoch halb Norddeutschland und Niedersachsen und darf seine westliche Grenze bis über den Rhein hinaus ausdehnen.

Inzwischen macht halb Europa Jagd auf Napoleon. Dieser begeht nach einigen raschen Anfangserfolgen, die sich vor allem in Paris fast zum Triumph steigern, den Fehler, sich den vereinigten preußisch-englischen Truppen unter Wellington bei Waterloo in einer Schlacht zu stellen, die er auf die spektakulärste Weise verliert. Das geschieht am 18. Juni. Vier Tage später unterschreibt er seine zweite Abdankungserklärung und verläßt Paris am 29. Juni unter englischer Bewachung in Richtung Ärmelkanal, wo er noch kurze Zeit auf seine Einschiffung nach St. Helena warten muß. Der Spuk der sogenannten Hundert Tage ist endgültig vorüber.

Ludwig XVIII., der seinem Volk kein sonderlich nachahmenswertes Beispiel geboten und sich, als Napoleon von Süden her nach Paris marschiert war, wie ein Feigling benommen hat, kehrt am 8. Juli nach Paris zurück. Wenige Tage danach schreibt Metternich, der sich zu diesem Zeitpunkt schon in der französischen Hauptstadt aufhält, in einem Brief: »Die Stadt bietet einen ganz ungewöhnlichen Anblick. Alle Welt ruft, es lebe der König, ohne daß dabei mit ganz wenigen Ausnahmen irgend jemand weiß, wie der Monarch es anstellen soll, über Leute zu herrschen, die keine Ordnung wollen. Der König war gestern zum ersten Mal in der Oper ... und ist wie jeder Souverän, der auf dem Thron Frankreichs sitzt, empfangen worden. Wenn ich mich morgen darauf setzte, würde ich Furore machen.«

Sorgen bereiten Metternich und den anderen Verbündeten im Augenblick wieder einmal die Preußen, die sich, wie selbst Hardenberg zugeben muß, wie »eine Prätorianergarde« aufführen, was heißt, daß die Soldaten Blüchers im besetzten Frankreich zu Gewalt und Plünderung neigen. Außerdem sind die Forderungen, die General Blücher im Namen Friedrich Wilhelms nun stellt, ganz ungewöhnlich. Eine Milliarde Goldfrancs Kriegsentschädigung, dazu Ausweitung der Grenze bis in die Vogesen und Ardennen, dazu noch Savoyen, was selbst dem eher phlegmatischen Herzog von Wellington einige Zornausbrüche entlockt, bis sich Metternich ein weiteres Mal als Vermittler bewährt und auch hier einen Kompromiß zustande bringt, der zwar keiner der beteiligten Parteien völliges Glück, aber auch keiner eine tatsächliche Enttäuschung bereitet.

Am 20. November 1815 wird schließlich der zweite Pariser Friedensvertrag unterzeichnet. Er bekräftigt das System des europäischen Gleichgewichtes, wobei letzten Endes fraglich bleiben muß, was jeder Souverän darunter versteht. Am gleichen Tag wird in Wien, und zwar im Palais der englischen Botschaft, die sogenannte Heilige Allianz der vier Großmächte England, Österreich, Preußen und Rußland unterzeichnet, die einander, wie es im Protokoll heißt, feierlich versichern, »ständig miteinander in Verbindung zu bleiben, um die Dauer der durch die letzten Protokolle errichteten Ordnung in Europa zu garantieren und um über diplomatische und militärische Interventionen zu entscheiden, die von den Verhältnissen gefordert werden könnten«.

Protokolle also und Kongresse, auf denen man solche Protokolle, welche die Ordnung in Europa garantieren sollen, erarbeiten kann. Wien ist zweifellos ein Wendepunkt für die internationale Diplomatie. Manche werden später meinen, es sei bloß ein Zwischenspiel zwischen zwei Tragödien gewesen. Anderen wird Wien nur eine unangenehme Erinnerung sein. Für Metternich ist es ein vollkommener Höhepunkt seiner Karriere. »Metternich hatte für die Vormacht Österreichs im neuen deutschen Staatenbund gekämpft«, schreibt Srbik, »und hatte zugleich eine deutsche Verfassung verfochten, die ihm als die einzige der Natur und Geschichte des deutschen Volkes angemessene erschien. Er opferte in diesem Kampf sogar die historisch begründeten, politischen Ansprüche seines eigenen Hauses und seiner Standesgenossen.«

Das werden ihm viele niemals verzeihen, daß er für das Haus Habsburg den römisch-deutschen Kaisertitel nicht zurückgeholt, dem österreichischen Kaiser Franz nicht auch die deutsche Kaiserwürde vermittelt hat, was ein leichtes gewesen wäre angesichts der politischen Konstellation und der starken Position, die Österreich damals einnahm. Franz selbst sei zu diesem Schritt geneigt gewesen, meinen viele Historiker. Die österreichische Hocharistokratie drängte ihn förmlich dazu, vertiefte ihre mißtrauische, feindselige Haltung gegenüber Metternich, als dessen Politik immer deutlicher in die entgegengesetzte Richtung ging. »Die deutsche Politik Metternichs war reiflich durchdacht, sie konnte sich auf kräftige Gründe stützen und war doch letzten Endes nicht staatsmännisch im höchsten Sinn«, schreibt Srbik dazu mit leisem Tadel.

Bälle, Empfänge, Redouten, Banketts, sogenannte lebende Bilder, Galavorstellungen, Jagd- und Schlittenpartien mit Fackelbeleuchtung und Feste aller, auch der ausgefallensten Art folgten einander ohne Unterbrechung. Das ist dem Gedächtnis der Zeitgenossen präsent geblieben und prägt auch das Bild, das sich die

Nachwelt vom Wiener Kongreß macht. Der französische Autor Henry Vallotton schreibt: »Auswärtige und Wiener, jung und alt, reich und arm, alle tanzten bis zum Umfallen – auf einem Vulkan! –, und binnen weniger Wochen hatte der Zar, wie er sich rühmte, 40 Nächte durchwalzt. Wien, die liebenswürdigste Stadt Europas, glitzerte mit tausend Lüstern, Kerzen, mit all seinem Glanz. Seine Höflichkeit, seine Gastlichkeit wetteiferten mit seiner Eleganz. Und wenn man sich standhaft bei den steifen Empfängen der Fürstin Metternich gelangweilt hatte, beschloß man den Abend und die Nacht in einem der vielen Etablissements oder in den Ballsälen. Man bewunderte die Fürstin Bagration, die ihrem Spitznamen ›schöner nackter Engel‹ Ehre machte, und lachte verstohlen über Lady Castlereagh, die mit dem Strumpfband ihres Gemahls den in Unordnung geratenen Haaraufbau zusammenhielt.«

Talleyrand berichtete nach Paris: »Der Kaiser von Rußland liebt für alle, der König von Dänemark trinkt für alle, der König von Württemberg ißt für alle, der König von Preußen denkt für alle, der König von Bayern redet für alle und der Kaiser von Österreich zahlt für alle.« Lord Byron, der unstete, leidenschaftliche Poet aus England, der sich der griechischen Sache verschreiben und dann zugunsten einer großen Illusion in einer sumpfigen Hafenstadt Mittelgriechenlands tragisch enden wird, empfindet den ganzen Wiener Kongreß als ein übles Schauspiel, das Ekel in ihm erzeugt. Der alternde Fürst Ligne, einst ein bedeutender Bonvivant auf den Bühnen der europäischen Eitelkeit, vergleicht den Kongreß mit *Figaros Hochzeit* von Beaumarchais. Und selbst die entthronte Kaiserin Marie Louise, vorübergehend heimgekehrt nach Wien, bevor sie ihr bescheidenes Herzogtum Parma übernehmen wird, amüsiert sich ungeachtet ihrer zwiespältigen Position köstlich, vergießt keine einzige Träne um Napoleon und findet nichts dabei, ein Glas Wein auf die Gesundheit des preußischen Königs zu leeren.

Dazu die vielen kleinen und großen Skandale, die Liebschaften und Affären, die Umtriebe der Agenten und Konfidenten, und Byron mag schon recht gehabt haben mit seiner bitteren Bemerkung, daß dies alles nichts anderes sei als eine monumentale Komödie auf der Szene Europas ... Aber war das wirklich alles?

Später, wenn der Kongreß schon Vergangenheit und damit Geschichte sein wird, wenn Napoleons bedrükkender Schatten über Europa nicht einmal mehr eine Chimäre und der durch und gegen ihn entfachte Freiheitsdurst der Menschen nur noch eine vage Erinnerung zu sein vermögen, wird Metternich seine Ansichten »regeln« und, wie er wörtlich schreibt, »in zwei Richtungen« ordnen. Nämlich »zuerst in der moralisch allgemeinen, dann in der speziellen, in ihrer Beziehung auf den Staatshaushalt materiellen«. Diese etwas rätselhaft Katalogisierung erfährt noch eine besondere Betonung, wenn man in seinen persönlichen Aufzeichnungen einige Seiten weiter nachliest: »Die Zeit rückt unter Stürmen vorwärts. Ihren Ungestüm aufhalten zu wollen, würde vergebliches Bemühen sein. Festigkeit, Mäßigung und endlich Vereinigung in wohlberechneten Kräften: Dies allein bleibt der Macht der Beschützer und den Freunden der Ordnung übrig. Hierin allein besteht gegenwärtig die Pflicht aller Souveräne und wohldenkenden Staatsmänner, und nur der wird diesen Titel am Tag der Gefahr verdient haben, welcher ... sich von dem edlen Ziel seiner Anstrengungen weder durch ohnmächtige Wünsche noch durch Erschlaffung wird haben abwendig machen lassen.«

Dieser Stoßseufzer, einige Jahre nach dem Wiener Kongreß notiert, kontrastiert deutlich mit den Erfolgen Metternichs nach der endgültigen Verbannung Napoleons nach St. Helena. Immerhin sind die großen Ziele, die er sich selbst auferlegt hat, zum überwiegenden Teil erreicht worden. »Weder Deutschland noch Italien bildeten Einheitsstaaten«, schreibt Henry Vallotton, »sie bleiben zerstückelt. Und auf der anderen Seite hatte Rußland Polen nicht völlig aufgesogen und Preußen nicht ganz Sachsen erhalten. Wenn auch England Herrin der Meere blieb, so gab es doch keinen Herrn der Länder.«

In seiner Autobiographie beendet Metternich das Kapitel über den Wiener Kongreß mit dem Satz: »Die Grundlagen für einen dauernden Frieden waren hiermit für Europa, soweit dies möglich war, gesichert.« Castlereagh, etwas skeptischer oder auch bloß vorsichtiger, ist der Meinung, daß die Ergebnisse von Wien den Frieden zumindest für die kommenden sieben Jahre sichern werden. Später werden einige enthusiastische Historiker feststellen, daß die Beschlüsse des Kongresses den Frieden für Europa annähernd hundert Jahre lang gesichert haben.

Eine andere Meinung lautet dahingehend, daß wohl der Friede selbst für den Augenblick gesichert, nicht jedoch die ihn bedrohende Gefahr eines übertriebenen Liberalismus bereinigt sei. Dazu noch einmal Vallotton: »Dagegen räumen die Verträge von 1815 nicht mit der Revolution auf, deren liberale Ideen keineswegs erstickt sind, sondern unter der Asche weiterglimmen. Vom soziologischen Standpunkt aus handelt es sich nicht um einen Friedensschluß, sondern um einen Waffenstillstand. 1815 ist das Jahr, in dem Österreich auf seinem Höhepunkt steht, aber auch das Geburtsjahr jenes Preußen, der Österreichs Hegemonie brechen und Deutschland an seine Stelle setzen wird: nämlich Bismarcks.«

Das ist allerdings – ungeachtet der historischen Richtigkeit – eine etwas kühne Interpretation dessen, was Metternich bewirkt und erreicht und wofür ihm jetzt reicher Lohn zuteil wird. Es häufen sich Titel, Ehrungen, Dotationen, die ihn schmücken und auszeichnen. Er wird Fürst von Portella, Herzog des Königreichs Neapel, spanischer Grande, österreichischer Reichskanzler, vielfacher Ordensträger; und, was gewiß am meisten zählt, mächtigster Staatsmann des Kontinents, allgemein geachtet, auch viel gefürchtet und von einigen seiner Feinde unversöhnlich gehaßt. Herzog Karl August, Freund und Gönner Goethes, schreibt nach Weimar, daß Metternich seiner Meinung nach ein Mensch von bloß mittelmäßigem Geist sei, groß nur in der Kunst des Intrigierens. Und die vernünftigen Österreicher, vor allem die Erzherzöge, seien fest davon überzeugt, »daß die Leichtfertigkeit, Winkelzügigkeit, Kurzsichtigkeit und Kenntnislosigkeit ihres famosen Fürsten Metternich alles gänzlich zugrunde richten« werden. Nur der Kaiser setze noch Vertrauen in diesen Mann, der in Wahrheit ein Schurke sei und »sein ganzes Dasein in der Lüge herumwälze und in Vorsichtsmaßregeln, um die Klippen zu vermeiden, die ihm seine Stelle kosten könnten«.

»Daß er so viele und ergrimmte Feinde besaß, will doch bedenklich erscheinen«, schreibt Viktor Bibl in seiner ungemein kritischen Biographie Metternichs. »Auch fällt es auf, daß eigentlich alle genau dasselbe zu rügen wissen. Selbst der ihm wohlgesinnte Engländer Castlereagh findet wiederholt über den Mangel an Offenheit seiner Politik in den kritischesten Momenten zu klagen. Und auch alle die, welche den Vielgeschmähten gegen die ärgsten Vorwürfe in Schutz zu nehmen suchen, brechen über ihn als Staatsmann den Stab.«

Selbst Heinrich von Srbik, dessen monumentale Metternich-Biographie letztlich doch ein betont freundliches, in vielen Phasen sogar schmeichelhaftes Porträt des Politikers darstellt, urteilt in seiner abschließenden Zusammenfassung über den Wiener Kongreß eher differenziert. »Auch Metternich, der erfolgreiche Führer des Universalismus der Staatengesellschaft, der zum Fall des großen Genius des Machtuniversalismus [also Napoleons] so viel beigetragen hatte und nun sein Erbe im Geist des vergangenen Jahrhunderts ordnete, entbehrte in seiner Politik des prometheischen Funkens wahrhaft schöpferischer Kraft. Das erwies der Abschluß der ersten, bedeutenderen Hälfte seines politischen Lebens für alle Zeiten. Er sah es wohl, daß neue Kräfte im Völkerleben sich losgelöst und emporgerungen hatten, die Mächte der Tiefe, wie Ranke sie nannte; aber er hatte aus der großen Revolution, deren politischer Besieger er nicht zuletzt war, nur die Lehre des Verneinens, nicht auch die des Bejahens gezogen. Und in diesem Sinn konnte man von ihm sagen, er rechne, aber ohne Tiefe, er sei ein guter Buchhalter, aber kein großer Mathematiker. Das wahrhaft geschichtlich Bedeutende der Ordnung, die Metternich Europa zugedacht hatte und nur zum Teil verwirklichen konnte, lag in der Idee, Mitteleuropa neu zu organisieren zum Schutz des Alten. Der Spottname ›Comte de balance‹, der ihm beigelegt wurde, könnte zur ernsten Bezeichnung dieser ersten großen Periode seines Wirkens erhoben werden.«

Wer zeitgenössische Berichte studiert und sich in den Büchern der Historiker und Literaten auf eine Spurensuche macht, die den Charakter Metternichs, seine Fähigkeiten und seine zweifellos auch vorhandenen Schwächen objektiv verdeutlichen soll, gelangt zu einem recht diffusen und widerspruchsvollen Bild. Da ist von Metternichs diplomatischer Technik die Rede, welche als »die virtuoseste Steigerung der Diplomatenkunst des 18. Jahrhunderts« gelobt wird.

»Seiner persönlichen Art entsprach es, eher durch liebenswürdige Zusicherung unbequeme Förderer hinzuhalten und Zeit für die Erreichung seiner Absichten zu gewinnen, als brüsk im Augenblick ja oder nein zu sagen« (Srbik). Zugleich aber wird vom »lackierten Staube Metternichs« gesprochen, werden ihm Eitelkeit, Unbeständigkeit, Doppelzüngigkeit nachgesagt, geradeso, als ob solche Charaktereigenschaften die eigentliche Begabung eines Politikers schmälerten. Wilhelm von Humboldt etwa, einer der wesentlichen Protagonisten der geistigen Erneuerung Deutschlands, meint einmal mit unübersehbarem Seitenblick auf Metternich, daß es

»dieser Zeit an einem großen Menschen zur Schaffung einer neuen Weltordnung« fehle. Und das ist noch nobel im Vergleich zu dem, was österreichische Erzherzöge, Aristokraten und Politiker über Metternich zu urteilen haben.

Eine der Ursachen, daß Metternichs Diplomatie teils hinter vorgehaltener Hand, teils ganz offen geschmäht wird, hat mit den Ergebnissen des Wiener Kongresses und mit der sogenannten Akte der Heiligen Allianz zu tun. »Man erkannte in ihr kein Mittel zur Förderung der Brüderlichkeit zwischen den Nationen, sondern ein Werkzeug des Absolutismus und der Bedrückung.« (H. Vallotton) In Frankreich etwa, wo man mit der Regierung des Bourbonen Ludwig XVIII. weitgehend unzufrieden ist, gewinnen die Anhänger Napoleons deutlich an Boden. In England herrscht ein ultrakonservatives Regime, das sich außerstande sieht – oder auch gar nicht willens ist –, die sich abzeichnenden Probleme zu lösen. In Italien bekämpfen fanatische Geheimbünde das von der Allianz eingerichtete Polizeiregime. Im Kirchenstaat und in Polen müssen Aufstände gewaltsam unterdrückt werden. Auch in Spanien wächst die allgemeine Unzufriedenheit. Und in Deutschland versammeln sich im Oktober 1817 achthundert Studenten und etwa dreißig Professoren auf der Wartburg und verbrennen die Dokumente des Wiener Kongresses. Metternich stellt lakonisch fest: »Der Herd des deutschen Jakobinertums befindet sich in Preußen und vornehmlich in Berlin.«

Ein Jahr später, im Oktober 1818, treffen sich drei Monarchen, nämlich Franz, Alexander und Friedrich Wilhelm zu einem neuerlichen Kongreß in Aachen. Sehr rasch kommt das spöttische Wort in Umlauf, daß der Wiener Kongreß kein Ende habe finden können, weil es zu viele Vergnügungen gegeben habe; dafür könne der Aachener Kongreß kaum sehr lange andauern, weil man sich zu sehr langweile.

In Aachen erreicht die versammelten Politiker eine

Nachricht von jenem Mann, welcher der eigentliche Urheber aller Kongresse, Vereinbarungen, Allianzen und diplomatischen Aktivitäten ist, die in der unterschiedlichsten Form seit dem Wiener Kongreß – sozusagen einander kategorisch fordernd, einander erzeugend auf nicht immer leicht durchschaubare Weise – das politische Leben Europas bestimmen. Der Autor und Übermittler dieser Nachricht ist ein gewisser Comte de Las Cases, ein französischer Edelmann und treuer Parteigänger Napoleons, der als dessen Vertrauter auf St. Helena gelten darf, wo der Verbannte unter unzumutbaren Verhältnissen existieren muß. Das behauptet zumindest Las Cases in seinem Schreiben an die in Aachen versammelten Diplomaten, wobei nicht eindeutig geklärt werden kann, ob der Comte im Auftrag Napoleons oder aus eigenem Antrieb handelt. Jedenfalls ist das Schreiben in einem dringenden, bedrängenden Tonfall gehalten. Vom nahen Tod Napoleons ist darin die Rede und davon, daß der entthronte Imperator dem ungesunden Klima erliegen werde, was selbst sein Arzt, ein Engländer, nachdrücklich bestätige. Es ist ein verzweifelter und zugleich ungemein berührender Brief, den Las Cases entworfen hat; und bezeichnend ist seine Klage, daß man es ihm nicht gestatte, selbst in Aachen zu erscheinen, um für die Sache – für das Leben! – Napoleons einzutreten.

Das Schreiben ist dem Kongreß am 15. September 1818 zur Kenntnis gebracht worden. Jetzt, man schreibt den 13. November, unterzeichnen die Bevollmächtigten – an ihrer Spitze Metternich, dann auch Castlereagh, Wellington, Hardenberg und einige andere Diplomaten – das Protokoll Nummer 42, dessen Inhalt eine einzige schneidende Ablehnung aller Wünsche Napoleons oder seiner Anhänger ist. Bereits in Artikel 1 dieses Protokolls heißt es wörtlich: »Napoleon Bonaparte ist durch seine eigenen Taten aller Rechte verlustig gegangen außer denen, welche die Menschlichkeit zu seinen Gunsten fordert ...«

Man verzeiht dem Gestürzten noch immer nicht, daß er einst eine Gefahr für das gewesen ist, was man das freie Europa zu nennen beliebt, und daß er nach wie vor Anlaß ist für aufkeimende Unruhe und für Befürchtungen, die man durch neue rigorose Maßnahmen bekämpft. In Artikel 6 des Protokolls Nummer 42 heißt es: »Jede Korrespondenz mit dem Gefangenen, jede Geldsendung oder wie auch immer geartete Kommunikation, die nicht durch die Inspektion der britischen Regierung oder ihrer Kommissare gegangen ist, wird als Anschlag auf die öffentliche Sicherheit gesehen werden, und wer sich eines solchen Vergehens schuldig macht, wird angezeigt und vom Gesetz verfolgt werden.«

Das ist der Tonfall, den man sich jetzt einem Napoleon gegenüber erlauben darf. Er mag auf der fernen Insel im südlichen Atlantik verkommen und verrotten. Entscheidend ist, daß er die Politik, die nun gemacht wird, nicht mehr stört. Politik kennt keine Gefühle, darf sich keine erlauben. Jede Sentimentalität gegenüber dem todkranken Imperator könnte unabsehbare Folgen haben. Davon ist man in Aachen fest überzeugt.

Ürigens unterzeichnen die Bevollmächtigten der Allianz – also jene Politiker und Diplomaten, welche auch das Protokoll Nummer 42 durch ihre Unterschrift beglaubigen – an jenem Tag, da ihnen die Bitte des Comte de Las Cases übermittelt wird, in Aachen eine Erklärung, welche das vom Wiener Kongreß begonnene Friedenswerk abrunden und zudem als Ergänzung betrachtet werden soll, welche das politische System untermauert, das die Dauer des Friedens garantieren wird. So heißt es zumindest im ersten Absatz dieses Papiers. Und weiter heißt es in dieser feierlichen Erklärung: »Die enge Union zwischen den Monarchen, die sich diesem System aus Grundsatz und im Interesse ihrer Völker verpflichtet haben, bietet Europa die heiligste Gewähr seiner ruhigen Zukunft.«

Allen, die an diesem Akt beteiligt sind, mögen diese Worte aus tiefster Seele gesprochen erscheinen. Wirklich allen? Metternich – seine Tagebuchaufzeichnungen bezeugen es – wittert Unheil. Da steht zum Beispiel unter dem Datum des 1. August 1819 der Satz: »Die beinahe ans Unbegreifliche grenzende Schiefheit des Ganges der meisten deutschen Regierungen – die preußische steht in dieser Beziehung obenan – hat dem Geist der Revolution in Deutschland einen solchen Schwung gegeben, daß vielleicht die letzte Periode eingetreten ist, in welcher noch Hilfe möglich ist.«

Es ist, als ob der Schatten Napoleons immer noch unbegreiflich schwer auf allem laste, was der Österreicher in ebenso mühevoller wie zäher diplomatischer Tätigkeit bewirkt und scheinbar vollendet hat. Jene Stimmen, die aus Deutschland kommen, aus Preußen vor allem, und den Österreichern Verrat am Deutschtum vorwerfen – stets meinen sie natürlich den Staatskanzler, meinen sie Metternich –, verschmelzen mit den neid- und haßerfüllten Bemerkungen in den Wiener Salons, wo sich eine hocharistokratische Schickeria darin gefällt, Metternich nach wie vor als Verursacher allen Unheils zu brandmarken und seinen gleichbleibenden Einfluß auf den Kaiser zu beklagen. Gleichzeitig aber beginnen nun auch in Österreich jene, »die sich in ihrem bürgerlichen Auftrieb zurückgesetzt glaubten« (W. Tritsch), ihr Vorbild nicht mehr in der eigenen Staatsform, in den eigenen politischen Verhältnissen, sondern in jenen des vermeintlich freieren, liberaleren Preußen zu suchen.

Und an allem ist Napoleon schuld, alles hat er verursacht durch seinen rabiaten Versuch, Europa auf seine Weise zu einigen, was diesen Kontinent politisch zuletzt in eine Bewegung gebracht, in ein Chaos gestürzt hat, das jetzt durch noch so viele und feierliche Kongresse, Beschlüsse, Protokolle und Allianzen nicht mehr ohne weiteres in jene konservative Ordnung gebracht werden kann, welche einem Charakter wie Metternich die einzig wahre Ordnung ist. »Die durch Wort und Schrift fanatisierten, von ihrer neuen Bedeutung be rauschten Bürger und Studenten – hauptsächlich in Deutschland –, die mit so viel Begeisterung in den Freiheitskrieg gezogen waren ... nie wieder wollten sie unter das alte Joch. Neue Industrien waren gegründet worden, neue Erzeugungsmethoden erheischten andere Wirkungsräume als bisher, sogar die Landwirtschaft war durch die Zuckerrübe revolutioniert: sollten etwa die neuen Lebensbedingungen gewaltsam durch die alte Routine wieder zunichte gemacht werden? So viele Versprechungen waren gemacht worden, und nun sollten die freien Bürger wieder nichts weiter sein als gehorsame unmündige Steuerzahler?« (W. Tritsch)

Das ist das eine Dilemma, das Metternich als den möglichen Anfang des Endes der von ihm gestalteten Ordnung erkennt, als gefährlichstes und widersinnigstes Ergebnis dieses mühsam genug konstruierten Friedens, der ungeachtet aller Beteuerungen auf dünnem Eis ruht, das jederzeit einbrechen kann. In seinen Aufzeichnungen von 1819 schreibt er erbittert vom »bis zum Wahnsinn gesteigerten Unfug der Presse vor allem im südlichen Deutschland«, wo es in Bayern, Württemberg und Baden zu, wie er es ausdrückt, demagogischen Verfassungen kommt. Und dann: »Um das Werk zu vervollständigen, bedarf es heute nur mehr der Einführung einer demokratischen Verfassung in Preußen. Daß dieses Maß bereits noch nicht gefüllt ist, beruht auf der persönlichen Scheu des Königs und auf der planmäßigen Bemühung, welche ich mir seit Jahren zur Pflicht gemacht hatte, den König von jedem Schritte abzuschrecken, welcher den definitiven Umsturz aller bestehenden Institutionen zur unausweichlichen Folge haben müßte.«

Das ist das eine, was Metternichs Arbeit jetzt belasten wird: das drohende Auseinanderbrechen der alten Ordnung, das Aufkommen einer neuen Art von Politik, die nicht mehr berechenbar ist, der man weder durch Pragmatik noch durch Intuition und erst recht nicht durch die feine Kunst der Intrige beikommen kann.

»Diese Deutschen wollen nicht sehen«, murrt er, »daß sie durch solche Haltung gerade das zerstören, was ihre europäische Sendung hätte sein können.«

Weniger zählt da schon die Eifersucht jener, die ihn in Österreich selbst bekämpfen oder es zumindest versuchen. Gegen Intrigen weiß er sich zu wehren. Der Polizeiapparat, den er sich hält, das zwar nicht perfekte, aber doch weitgehend intakte Spitzelwesen, das spätestens seit dem Wiener Kongreß eine eigenartige Nuance der österreichischen Innenpolitik bildet, und schließlich sogar die dünnen Wände in den Salons der aristokratischen und bürgerlichen Gesellschaft nützen ihm bei der Abwehr dessen, was man im weitesten Sinne des Wortes subversiv nennen könnte. Und über die regelmäßig wiederkehrenden Zornausbrüche einiger unzufriedener Erzherzöge zuckt Metternich ohnedies nur lächelnd die Schultern. Er weißt sich vom Kaiser gestützt. Das allein zählt. Alles andere ist unmaßgeblich. Und daß dieser Kaiser nichts tun wird, was gegen seine, Metternichs, Interessen gerichtet sein könnte, beweisen letztlich auch die sogenannten Karlsbader Beschlüsse, mit denen die deutschen Staaten unter dem Vorsitz Österreichs – und selbstverständlich nach dem Willen Metternichs – im September 1819 dem überall ausbrechenden Liberalismus entschieden den Kampf ansagen.

Anlaß zu den Beschlüssen ist die Ermordung des in russischen Diensten stehenden Stückeschreibers und reaktionären Agitators Kotzebue durch einen deutschen Burschenschafter namens Sand. Metternich erkennt sogleich die Möglichkeiten, die sich aus diesem Attentat ergeben – »Glücklicherweise gibt es keine ungeschickteren Verschwörer als Professoren«, soll er in diesem Zusammenhang gesagt haben –, und handelt dementsprechend. Deutschlands Könige, Großherzöge und Ministerpräsidenten werden unter dem Vorwand eines kulturell angehauchten Kuraufenthaltes – man feiert den 70. Geburtstag Goethes – nach Karlsbad geladen, wo man innerhalb kurzer Zeit ein Dokument erarbeitet, das gänzlich den Wünschen Metternichs entspricht. Drakonische Beschneidung der akademischen Freiheit, Beschneidung des Liberalismus, Beschneidung dessen, was man unter einer nationalen Revolution verstehen könnte und was sich in Ansätzen da und dort rührt. »Metternichs Maßnahmen wurden überall in ganz Deutschland durchgeführt, und ihr Erfolg war überall unbestritten. Alle Regierungen folgten jetzt seinem Wink, richteten sich nach ihm, blickten nach Wien, dem Urquell aller Regierungsweisheit. Wenn man nicht durch eine Revolution hinweggefegt werden wollte, mußte man handeln wie der weise Kaiser von Österreich und sein allmächtiger Minister.« (W. Tritsch)

Metternich ist tatsächlich auf dem Gipfelpunkt angelangt. Nur der Friede, für den er sich verantwortlich fühlt, ängstigt ihn manchmal.

Liebesgeschichten und Heiratssachen

Kann jemand, dem seine zahlreichen Feinde nur Übles auch in physischer Hinsicht nachsagen, dennoch ein begehrter Liebhaber sein, einer, dessen Herz warm bleibt in allen Dingen, die nicht der Politik gelten, wie es einer von Metternichs Biographen einmal diskret ausgedrückt hat?

Wilhelm von Humboldt, Metternich nicht gerade gewogen, findet 1818 den immerhin schon fünfundvierzigjährigen Staatskanzler »alt geworden«, entdeckt, daß dessen Körper abgemagert sei und die Spuren eines Augenleidens, von welchem Metternich sich seit einigen Jahren nicht mehr erholen kann, nur allzu deutlich sichtbar seien. Ein anderer politischer Gegner Metternichs, der Engländer John Russel, schildert ihn ein paar Jahre später, 1822, als ziemlich mager und von mittlerer Statur. »Sein Gesicht ist blaß; seine große, breite Stirn ist eher mit dem Ausdruck der Verschlagenheit als mit den

Furchen des ernsten Nachdenkens bezeichnet; das Lächeln scheint ihm so sehr zur Gewohnheit geworden zu sein, daß es kaum etwas Bedeutendes hat, ausgenommen dann, wenn es satirisch wird.« Und der russische Botschaftsrat Peter von Meyendorff, im Sommer 1827 erstmals von Metternich empfangen, ist überrascht »von seinem distinguierten Äußeren, aber auch von einer Art steifer Gnade, die durch seine Höflichkeit durchbrach, und von dem ironischen Ausdruck eines Antlitzes, das den Stempel der Ruhe und Würde trug. Das harmonische Gesamtbild der ergrauenden, gewellten Haare, der Adlernase, des wohlgeformten Mundes, der gewölbten Stirn und der sehr hohen Augenbrauen schien durch die Unbeweglichkeit des einen der blaßblauen Augen etwas gestört. Seltsam die Veränderung, die mit diesem ruhigen und dem forschenden Blick für gewöhnlich verschlossenen Antlitz vor sich geht, wenn es lacht. Es belebt sich und verzerrt sich zugleich, der Mund öffnet sich groß im Kreis, die Augenbrauen erheben sich ungleichmäßig gegen die Stirn und trennen sich. Es liegt etwas Mephistophelisches in dieser Grimasse. Und die Stimme wird kreischend und schreit noch im Scherz.«

Ein solcher Mann, dessen Charakter hinlänglich bekannt und, wenn man alle Auskünfte über ihn zusammenzählt, nicht gerade einer der lautersten und vornehmsten ist, vermag Frauen zu begeistern? Und nicht bloß zu begeistern, sondern dazu zu bringen, daß sie, willenlos durch ihn, bereit sind, alles aufzugeben, was sie sich erliebt, erheiratet, erworben haben auf die Weise, der eine Frau des 19. Jahrhunderts zu entsprechen hat, wenn sie sich auf standesgemäße Art behaupten und zudem in ihrem Bereich Karriere machen will? Metternich gegenüber, im Banne seiner Persönlichkeit – oder wie immer das zu nennen sein mag, was auf Frauen so ungemein und so nachhaltig wirkt – versagen, so scheint es, tatsächlich alle Vorsichtsmaßnahmen, alle weiblichen Strategien, alle moralischen und gesellschaftlichen Bedenken. Wilhelmine von Sagan, die freilich den kleinen Triumph für sich in Anspruch nehmen darf, ihn zumindest gesprächsweise zu veranlassen, über die Auflösung seiner Ehe mit Eleonore nachzudenken, ist einst nach Paris und dann nach London geeilt und »dem Triumphwagen Metternichs nachgefolgt«, wie es Walther Tritsch recht delikat umschreibt, der freilich auch nicht die Frage beantworten kann: »Warum schätzte er bloß ihren Geist, ihren Körper, ihr ganzes Wesen, und nahm nicht auch ihr Schicksal in seine Hand? Bekannte sich nicht öffentlich zu der einzigen Frau, die ihm innerlich und äußerlich ebenbürtig war?«

Aber ist sie das wirklich gewesen? Und dadurch den Einsatz wert, den er eingehen müßte, um offiziell zu machen, was inoffiziell alle Welt weiß? So viele Frauen gibt es, die verführbar sind, denen dieser allmählich alternde, auch schon etwas kränkelnde Bonvivant alles bedeutet, was sie sich ein unerfülltes Leben lang erträumt, was sie sich gewünscht, aber niemals wirklich zu fordern gewagt haben. Die Verlockungen des Ruhmes spielen natürlich eine Rolle. Dazu kommt die unendlich geschmeidige, weltläufige Art dieses Mannes, dessen Ruf als Verführer und Beherrscher der Frauen schon den halben Erfolg ausmacht, den er wie selbstverständlich hat und um den ihn auf einer anderen Ebene seine politischen Partner und Gegner so glühend beneiden. Selbst Alexander, Rußlands exaltierter Zar, ist in dieses Geflecht aus Eifersucht, Anteilnahme, Konkurrenz und Bewunderung miteinbezogen, brüskiert einmal eine seiner Freundinnen mit dem Wutausbruch, daß Metternich alle betrüge, ihn, die Frauen, die Politik, sofern nicht alles nach seinen Launen und Einfällen verlaufe . . . Immer wieder von neuem kommt es zu diesen Situationen, die zuerst den zeitgenössischen Beobachtern und später Historikern und Biographen vielfältige Gelegenheit zur Beschreibung und Analyse geben, ohne daß man das Geheimnis um den Zauber, den dieser Mann auf Frauen ausübt, wirklich erklären könnte.

Da gibt es zum Beispiel die Komtesse Julie, Gemahlin eines Grafen Zichy, eine junge Frau, die dem, was man den Ehrenkodex der Gesellschaft nennt, welcher sie angehört, vortrefflich entspricht, fromm, brav und bieder, erfüllt von religiösen Vorstellungen und dementsprechend auch von jener sittlichen Standhaftigkeit, die man nicht gering einschätzen darf bei solchen Charakteren, die ihrem Gemahl ein gutes Weib, den Kindern, so sie gottgewollt kommen, eine tüchtige Mutter und der Welt stets ein Vorbild zu sein versuchen. Aber in solchen Naturen sammeln sich mit ungestillten Wünschen zuweilen auch andere, gefährlichere Neigungen an. Solche Frauen unterdrücken alles, was ein Gefühl sein könnte, bis zu dem einen entscheidenden Augenblick, da sie den Mut zur radikalen Rücksichtslosigkeit gegen sich selbst aufbringen und dann das tun, was allen Grundsätzen widerspricht. Eine Julie Festetits gibt, wenn sie sich auf solche Weise hingibt, mehr als bloß sich selbst. Sie opfert Leib, Geist, Willen, Moral, Gewohnheit. Und jener, der es annimmt, was ihm solcherart wie ein Opfer dargeboten wird, denkt sich nichts dabei, weil er diese Art von Opfer gewohnt ist. Er empfindet, jetzt auch schon zweiundvierzigjährig und wahrscheinlich geschmeichelt durch das jugendliche Alter der ihn Anbetenden, daß etwas passiert, was nicht der geläufigen Norm entspricht, empfindet vielleicht auch – freilich nur vorübergehend – ein tieferes Gefühl, ein versonnenes Erstaunen darüber, daß solche Liebe möglich sein kann, bei welcher jene, die tatsächlich liebt, letztlich alles verliert. Die Gräfin Zichy wird später einmal, wenn alles vorbei, wenn aus glühenden Briefen nur noch ein Häufchen Asche geworden und von des Lebens sinnlicher Fülle bloß ein leiser Abgang geblieben ist, ihrem Ehemann ein Geständnis aufschreiben. Auch das kann Buße sein, indem man ihn, den man am meisten verletzt, nun auch noch demütigt. Metternich, in seinen Liebesaffären nie ein sonderlich diskreter Mensch, wird von dergleichen – sofern er es überhaupt erfährt – nicht sonderlich beeindruckt sein.

Immerhin berichtet er, schwatzhaft wie alle erfolgreichen Liebhaber, einige Jahre später einer neuen Geliebten von dieser rührenden Träumerin und Schwärmerin Julie, die er in Wahrheit doch längst vergessen hat. Denn in Aachen, wo sich Fürsten und Diplomaten so schrecklich langweilen, lernt er im Oktober 1818 die Gattin des russischen Botschafters kennen, eine Dorothee von Lieven, jetzt noch Gräfin, später einmal Fürstin, zweiunddreißigjährig, aus Riga gebürtig, eine Geborene von Benckendorf, also aus alteingesessenem Adel, was möglicherweise auf Metternich weniger Eindruck macht als der Umstand, daß diese Frau einen gewissen Ruhm oder Ruf besitzt, den er genießerisch respektiert. »Seit 1812 spinnt sie nun schon ihre Netze in London und stachelt dort ihren Gatten, den russischen Botschafter, vergeblich zu großen Taten an. Sie hat den ganzen englischen Hof tyrannisiert, man erzählt sich schreckliche Geschichten. Sie sammelt einflußreiche Menschen in ihrem Salon, wie man später Briefmarken oder Autographen sammelt, Männer der sichtbaren Gegenwart oder der geheimnisvoll noch unsichtbaren Zukunft – aber wer das Unglück hat, an Bedeutung zu verlieren, den kennt sie von heute auf morgen nicht mehr.« (W. Tritsch)

Metternich empfindet, als er Dorothee Lieven erstmals sieht, die Frau »als zu mager und aufdringlich«. Sie empfindet ihn als wenig angenehm und kalt. Anderthalb Wochen später trifft man sich wieder. Aachen hat so gut wie gar nichts an amüsanter Zerstreuung zu bieten. Die politischen Geschäfte, längst zur Routine erstarrt, schleppen sich irgendwie dahin. Unterhaltung, wenn überhaupt, findet man in den wenigen Salons von Bedeutung. In jenem einer Gräfin Nesselrode beginnt das Abenteuer zwischen der Lieven und Metternich. Sie ist plötzlich hingerissen von ihm; er verfällt ihr innerhalb von Augenblicken. »Jetzt würdigt Metternich den hohen Wuchs, die schwarzen Augen, den Geist, die edlen und schönen Manieren, die ganze Kultur der Gräfin, die vier Sprachen spricht. Er besucht sie. Bei einem Ausflug wechselt man das Gefährt, um zusammen zu sein.« (H. Vallotton) Und anderntags kommt sie völlig überraschend, erhitzt nicht nur vom Eifer, ihm gefällig zu sein, in seine Wohnung, fällt ihm fiebernd in die Arme. »So wurde sie, einer gemeinsamen ganz plötzlichen Eingebung folgend, seine Geliebte. Raserei, Lebenshunger, Leidenschaft auf den ersten Blick.« (W. Tritsch)

Dorothee Lieven ist nicht sonderlich beliebt. Ihre bald offenkundig werdende Beziehung zu Metternich vertieft die Abneigung einzelner Diplomaten. Gréville, französischer Sekretär des sogenannten Geheimen Rates beim Aachener Kongreß, urteilt unbarmherzig: »Sie ist die denkbar blasierteste Person überhaupt und wird von Langeweile verzehrt, selbst im Kreis ihrer besten Freunde, von denen sie übrigens nur wenige hat. Denn sie benimmt sich so kalt, gelangweilt und fade, daß sie selbst dann, wenn sie sich einmal anstrengt, liebenswürdig und nett zu sein, den Eisblock kaum zum Schmelzen bringt, in den sie offenbar eingefroren ist.« Aber was der wenig galante Gréville hier mißvergnügt tadelt, ist für Metternich der Stoff, aus dem er die »erste politische Agentin und Intrigantin des Kontinents« zu formen hofft. So wenigstens empfinden es manche Autoren, die diesem Gegenstand seiner Leidenschaft eine besondere Aufmerksamkeit widmen.

Diese Dorothee Lieven fordert den Mann und Liebhaber Metternich aufs unanständigste und damit prachtvollste. Sie soll nur ein Bündel Gelenke, Sehnen und Nerven, nur »ein Bündel stets einschlagbereiter Blitze in der Hand eines Wettergottes« gewesen sein, wie das anderthalb Jahrhunderte später noch Literaten bewundernd formulieren, die sich angestrengt ein Bild zu machen versuchen von dieser merkwürdigen Verbindung, in die beide hineintaumeln wie unerfahrene Jugendliche, die voll süßer Aufgeregtheit Liebe mit Lust, Leidenschaft mit anmutiger Laszivität verwechseln. »Kein Lot Seßhaftigkeit, keine weiche Linie, kein Übergang«, beschreibt sie Tritsch. »Sie scheint so zerbrechlich, daß man zunächst fürchtet, sie zu berühren.« Srbik urteilt etwas realistischer: »Sie war nicht schön, sie war nicht gebildet, diese Dorothee Lieven, und war des Deutschen kaum mächtig; aber sie hatte einen durchdringenden Verstand, Anmut und Esprit, Takt und die vollendeten Gaben der verfeinerten Gesellschaft.«

Aber was ist es wirklich, das Metternich an dieser Frau so anziehend findet und was ihn, wenn man seine private Biographie durchforscht, überdies zum scheinbar wahllos Liebenden macht? Wobei diese letztere Bemerkung nicht ganz zutrifft, wenn man sich seines sonderbaren Verhältnisses zur berühmt-berüchtigten Madame Staël im Jahre 1804 entsinnt; sie, die ihn mit viel Geschick und freilich auch mit indiskreter Zudringlichkeit für sich zu gewinnen versucht, er, der sie unmißverständlich verschmäht, weil ihn, wie er einmal sagt, »ihr Esprit krank machte, ihre Gesten ihn beängstigten, das Mannweib ihn tötete, dessen Salon einem Forum, deren Fauteuil einer Tribüne glich und die nur gefesselte Sklaven sich zu Füßen sehen wollte«. Und auch von seinem berühmten Verhältnis zur Herzogin von Sagan, über das halb Europa stets genau unterrichtet ist und das seinen Freund Gentz immer wieder zu skeptischen Tagebuchnotizen animiert – »Diese Frau liebt, wie man diniert« –, auch von diesem Verhältnis ließe sich sagen, meint Srbik, meinen auch andere ernst zu nehmende Autoren, es sei »nicht lediglich auf sinnlichem Trieb aufgebaut«, sondern sei auch ein psychologisches Problem, »um dessen Lösung er sich mühte, bis ihm nur noch eine peinliche Erinnerung wie an eine Geschmacksverirrung übrig blieb und bis er sich klar zu sein meinte, daß er die unvernünftig Liebende niemals geliebt habe«.

Was versteht Metternich unter Liebe? Das rasche erotische Abenteuer, die delikaten Fähigkeiten einer reifen Frau, deren Begabung für alles Sinnliche, deren ausgeprägte Instinkte und deren Bereitschaft zur raffiniert arrangierten Hingabe man nicht nur bedenkenlos, sondern auch fast schrankenlos genießen kann? Dieser Meinung steht die Beziehung zu Julie Zichy gegenüber, in welcher das Zarte und Romantische überwiegen. Und auch mit seiner nunmehrigen Geliebten, mit Dorothee von Lieven, vereinigt ihn durchaus nicht nur das sozusagen Technische, das Lustvoll-Lüsterne einer Beziehung, die ausschließlich auf erotischer Basis existieren kann. »Leidenschaft und innige Zartheit, schmerzvolle Sehnsucht und Glücksverlangen, jugendlicher Gefühlsüberschwang und räsonierende Reflexion des nahenden Alters« (Srbik) machen zum Beispiel die Inhalte jener Briefe aus, die er der gelegentlich entfernten Geliebten schreibt. Da heißt es einmal: »Du wirst all das werden, was ich wollen werde, denn du bist das, was ich will. Dein Geist ist der meine, ganz wie mein Gedanke der deine, meine Zuneigung die deine ist, denn unser Gemüt ist dasselbe.«

So empfindet, so schreibt freilich einer, der auch in der Liebe nicht über seinen Schatten zu springen vermag. Er will die Frau, die er als sein Eigentum oder eigentlich als das von ihm erst zu formende Geschöpf betrachtet, gleichsam nach seinen Vorstellungen in die Welt entlassen. Und er will, daß sie ihm nützlich zu sein vermag. Als eine Art Leitmotiv Metternichscher Gefühlsseligkeit kann man diesen einen Satz begreifen, der sich in einem seiner Briefe an Dorothee von Lieven findet: »Die Frau, die ich liebe, muß ganz in mir aufgehen!« Und vergessen sollte man nicht die Meinung seines Leibarztes Jäger, der einmal dem Sinn nach gesagt hat, daß Metternich von allen Egoisten, die er kenne, der am meisten logisch denkende und handelnde sei. Genauer und schärfer kann man den Charakter eines leidenschaftlichen Egomanen nicht mehr darstellen.

Nüchterner kann ein Egoist nicht charakterisiert werden.

Die große Liebe Metternichs, wie manchmal behauptet wurde von jenen, die aus dieser Affäre mehr machen wollten und wollen als eine von etlichen starken Emotionen bewegte Episode, die große Liebe Metternichs ist Frau von Lieven wohl kaum. Gibt es die überhaupt? Ist Metternich jemals fähig, aus dem enggeschnürten Korsett seiner Eitelkeit, seines nicht bloß gesunden, sondern immer wieder maßlosen Egoismus hervorzutreten und sich zu verschenken auf eine Weise, die an liebevolle Selbstentäußerung gemahnt?

Es gibt sie, diese Liebe oder dieses Gefühl, das wie unverbrüchliche Zuneigung sein könnte, es gibt sie ansatzweise, gelegentlich, unterbrochen von den Atempausen, die der eitle Egoist macht, um überleben zu können; man darf sie sich einbilden, wenn man Beständigkeit als erlaubten Maßstab nimmt. Wahrscheinlich kann man hier Liebe nicht als das nehmen, was Überschwang des Gefühls und auch erotische Exaltation bedeutet; aber immerhin hat Eleonore, die blasse, ständig kränkelnde, ständig die ihr von Metternich angetanen privaten Demütigungen verheimlichende Tochter des legendären Kaunitz, Gemahlin eines erotischen Irrwisches und Abenteurers, diesem sieben Kinder geschenkt. Immerhin haben wir Metternichs durchaus ernstgemeinten Ausspruch im Ohr, daß es nichts gebe auf der Welt, was er für seine Frau nicht tun könne. Immerhin erzählt er unter anderem auch seiner Geliebten, der Frau von Lieven, daß seine Eleonore eine ausgezeichnete Gattin, hervorragende Mutter und beispielhafte Hüterin seiner privaten Häuslichkeit sei. Und ist das nicht auch eine Art von Liebe, von großem Gefühl, von selbstvergessener Beständigkeit, wenn einer wie Metternich aus jeder fremden Umarmung doch immer wieder heimkehrt? Und das in des Wortes doppelter Bedeutung! Sieben Kinder entstehen nicht durch die glatte Höflichkeit, wie sie zwischen Ehegatten üblich wird, die einander gar nichts mehr zu sagen haben.

Es gibt freilich Gerüchte, die etwas davon wissen wollen, daß sich die vielfach betrogene Eleonore gelegentlich gerächt habe. Der einzige Sohn neben all den reizenden Töchtern, der ihm geblieben, der nicht wie dessen zwei Brüder im zartesten Kindesalter hinweggestorben ist, Viktor, den Metternich liebt und protegiert und zum Attaché der kaiserlichen Botschaft macht, und der doch nach langwieriger Erkrankung 1829 in Neapel stirbt, Viktor also soll das Ergebnis einer solchen Rache Eleonores sein. Anderes, das man hinter vorgehaltener Hand erzählt, soll in dieser Hinsicht zuvor schon geschehen sein. Liebesschwüre Eleonores, die nicht Clemens Metternich gelten. Lange Trennungen der Ehegatten, deren Ursachen nicht immer des Ministers aufreibender Beruf sind. Hat er also recht, wenn er einmal notiert, daß man »Glück nicht in der Ehe erwarten dürfe«? Und daß er manchen Grund zur fast zynisch anmutenden Annahme habe, »das völlige Verstehen, das gänzliche Aufgehen der Frau im Mann« sei in der Ehe im allgemeinen und in der seinen im speziellen nicht erreichbar? Und daß er es als »ein Menschenrecht«, wie er es ausdrückt, ansieht, sich das Glück, das er in der Ehe nicht zu finden meint, außerhalb der Ehe zu suchen?

Dennoch ist es erlaubt, Eleonore als seine beständigste Liebe zu beschreiben und, soweit in Umrissen eine Ahnung davon besteht, wie diese Menschen sich in ihren seelischen Verhältnissen einrichten, auch als das, was banal als die große Liebe bezeichnet wird. Wenigstens in Ansätzen gilt dies und zumindest für einen Teil seiner Biographie, vor allem dann, wenn Liebe auch als Pflichterfüllung begriffen wird, als ein Aufruf an die Disziplin, sich wenigstens fallweise des ärgerlichen Egoismus zu entledigen, mit welchem man für gewöhnlich die Menschen um sich herum peinigt.

Was Dorothee von Lieven angeht, so gerät Metternich nur noch zweimal in die schöne Versuchung, dieser Frau neuerlich zu erliegen: einmal, im Herbst 1821, in Hannover und übers Jahr dann anläßlich eines Kongresses in Verona. Der Briefwechsel, der beider Liebe oder Leidenschaft überdauert, zieht sich noch bis ins Jahr 1826 hin. Aber da ist, zumindest von ihrer Seite, alles schon im Erkalten begriffen, was einst so feurig und ungestüm gewesen ist. Es mag die Politik eine Ursache dafür sein – Metternichs eindeutig gegen Rußland gerichtete Orientpolitik irritiert Frau von Lieven maßlos –; es können aber auch tiefgreifende private Veränderungen im Leben Metternichs der Anlaß sein, daß sie jetzt über ihn sagen und schreiben wird, daß man ein Verbrecher oder ein Narr sein müsse, um vor Clemens Metternich Hochachtung zu empfinden, und daß sie ihn nicht nur als den größten Halunken seiner Zeit, sondern auch als politischen Harlekin denunziert.

Die privaten Veränderungen im Hause Metternich sind in der Tat gravierend. Am 19. März 1825 stirbt nach langer und schwerer Krankheit Eleonore Metternich in Paris. Rund zweieinhalb Jahre später wird Metternich sich mit Antoinette Leykam verehelichen, die sanftmütig, ruhig, bescheiden und dreiunddreißig Jahre jünger als der Fürst und Staatskanzler ist.

Einer, der seiner erfolgreich betriebenen Geschäfte oder einer ruhmreichen Laufbahn wegen groß genannt werden darf, muß in seinem Privatleben einer ähnlichen Größe nicht unbedingt fähig sein. Auf Metternich trifft das mit Maßen zu. Eleonore ist langsam gestorben, sozusagen schrittweise, auf erschreckende Weise abmagernd, ständig fiebernd und hustend; und alles, was die Ärzte dagegen unternommen haben, war eine Farce. Sie empfahlen der lungenkranken Frau einen Aufenthalt in milder Luft, was bedeutete, daß Eleonore nach Paris ging, um dort ihr erbarmungswürdiges Ende zu finden, während Metternich getrennt von seiner Familie in Wien zurückblieb. Die Staatsgeschäfte erlaubten keine innige Anteilnahme für die Siechende, Sterbende. Die Betreuung seines Haushaltes hat indessen eine Gräfin Flore Wrbna-Kagenegg übernommen, eine Nichte seiner Mutter und außerdem eine ungemein dekorative Person – und jung. Und liebreizend, was die von ihr erhaltenen Porträts bestätigen. Hat sie, als Hausdame des mächtigsten Politikers seiner Zeit engagiert, sich Hoffnungen irgendwelcher Art gemacht? Die Geschichte wird jedenfalls unleidlich enden. Die liebreizende Flore wird nicht ohne Anzeichen von eifersüchtiger Empörung das Metternichsche Haus verlassen, wenn erst einmal alles entschieden sein wird, also der Tod Eleonores und die sich ganz sittsam anbahnende Affäre mit einer ungarischen Komtesse Melanie, die romantische, schwärmerische Briefe an den verehrten Staatskanzler schreibt. Das mutet dadurch besonders pikant an, als Metternich der hoffnungslos verschuldeten – und hoffnungslos verschwenderisch lebenden – Magnatenfamilie dieser Melanie Zichy-Ferraris materielle Erleichterung gewährt, was wiederum verständlich wird, wenn man bedenkt, daß Melanies Mutter, Gräfin Molly, noch zu Zeiten des Wiener Kongresses Metternich mehrfach behilflich, seine und des Zaren Vertraute gewesen war.

Alles entscheidet sich von allein oder zumindest doch so, daß die junge, hübsche und gar nicht sanfte Flore Wrbna-Kagenegg blitzenden Aug's Metternich seinem Schicksal überläßt. Er selbst, immer wieder bedrängt von Staatsgeschäften, eilt zuletzt doch noch nach Paris, um der sterbenden Eleonore eine Art Beistand zu gewähren, mag dieser nun einem echten Herzensbedürfnis oder der Sorge um die sogenannte öffentliche Meinung entspringen. Angeblich versichert sie ihm in ihren letzten Augenblicken noch, daß er sie »stets glücklich und froh gemacht« habe.

Melanie Zichy-Ferraris ist von einem Zeitgenossen so charakterisiert worden, daß »in der Farbe der Haare und des Teints, im feurigen Auge, in der ganzen blendenden Erscheinung die ungarische Abstammung, der mehr südliche Typus« sich verrate, was auf Metternich – auch weil die Familie ungeachtet ihrer hoffnungslosen Verschuldung gesellschaftlich wie politisch sehr viel Einfluß besitzt – einen starken Eindruck gemacht haben muß, ohne daß es ihn davon abgehalten hätte, seine Gefühle betreffend, vorerst einmal in eine gänzlich andere Richtung zu gehen, in die Richtung eines anbetungswürdigen Kindes, wie er es selbst empfand. Und dieses Kind ist ein Fräulein von Leykam, ist, wie ein gewisser Grunwald, der das Fräulein ebenfalls verehrt, es liebevoll porträtiert, »schön wie ein Engel, und engelhaft durch alle ihre sittlichen und körperlichen Vorzüge: bezaubernde Silhouette, ein reines Oval, winziger Mund, blonde Löckchen, ein sanfter und melancholischer Blick, wacher Geist, künstlerischer Geschmack und eine Anmut ganz und gar wie von Lamartine erdacht«.

Vor so vielen Vorzügen müssen mögliche Einwände in den Hintergrund treten. Des Fräuleins Mutter, eine geborene Antonia Predella aus Palermo, ist zwar eine ausgezeichnete Sängerin, die mit ihrer Stimme viel Ehre einlegen kann; aber ihr Ruf soll nicht der allerbeste sein. Antoinettes ältere Schwester läßt sich gar aushalten, während es von beider Schwestern Vorfahren heißt, sie seien Postbeamte gewesen. Und ihr Vater, ein rechtschaffen dilettierender Musiker und Maler, dem der Brotberuf, nämlich der diplomatische Dienst, nicht sonderlich zu behagen scheint, gibt überhaupt nur eine schattenhafte Figur ab. Den Adel hat man durch einen Großvater der schönen Antoinette, der einst Sekretär bei Kaunitz gewesen ist, in die Familie eingebracht. Sehr vornehm ist das alles nicht. Und schlimm ist, schlimm bleibt, daß die Mama, die gewesene Sängerin und Schauspielerin, in Wien einen Salon wie ein Geschäft, wie ein Institut für honorige Anbahnung an die besseren Kreise betreibt – anders läßt sich dieser rührende Versuch, Anschluß an die Wiener Gesellschaft zu finden, kaum nennen –, wo ausschließlich Männer verkehren. Wahrscheinlich ist diese gewesene Predella ihren Zeit- und Schicksalsgenossinnen, was Intelligenz und Selbstachtung angeht, um einiges voraus. Aber noch viele Jahrzehnte später wird naserümpfend von ihr festgestellt werden: »Eine Frau, über die man sich in der Wiener Gesellschaft Geschichten erzählen durfte.« (W. Tritsch)

Metternich kümmert das alles wenig bis gar nicht. Er hat sich entschieden. Er hat sich verliebt. Oder hat sich erlaubt, einem heftigen Gefühl zu gehorchen. Er, vierundfünfzigjährig, und Antoinette ist gerade erst neunzehn. Auch das stört ihn nicht. Er vermeint, vielleicht sogar mit Recht, ein Zipfelchen jenes absoluten Glücks in Händen zu halten, das auch den Staatsmann, Abkömmling uralten Adels, Egomanen und notorischen Frauenverführer, in andere, bessere sittliche Umstände bringt. Metternich will in diesem entscheidenden Augenblick seines Lebens, da er um ein Mädchen, das die Spielgefährtin seiner Töchter sein könnte, bangt und wirbt, gleichsam einen neuen Anfang machen und etwas von jener Größe empfinden, der er im privaten Bereich nicht häufig fähig erscheint. »Die Zeit des Suchens und Irrens sollte vorüber sein, den Jahren der Konvention und bloßen Sympathie in der Ehe«, schreibt sein Biograph Srbik, »der petites femmes und der großen außerehelichen Lieben sollten Jahre der stillen Gattenliebe folgen, Jahre der bürgerlichen Liebe, in der Freundin und Gattin eine Person in einem trauten Heim sein sollten.«

Und sie, Antoinette Leykam? Sie sei, versichern alle, die das Werden dieser sonderbaren Verbindung aus der Nähe verfolgen dürfen, ihm liebevoll zugetan und betrachte ihn »als ihren ältesten und treuesten Freund«, was immer auch das heißen mag. Unbestreitbar ist, daß sie und mit ihr ihre wenig angesehene Familie durch eine solche Heirat nur gewinnen können. Unbestreitbar ist, daß eine Neunzehnjährige auch in jenem prüden 19. Jahrhundert, dessen Moral eine ebenso sonderbare wie doppelbödige gewesen ist, einem Vierundfünfzigjährigen eine tüchtige Genossin sein kann; und das in jeder Hinsicht. Unbestreitbar ist, daß die Familie – vor allem die Mutter – auf Antoinette nach Kräften eingewirkt haben mag. Der Aufstieg von einer mehr umschwärmten als verehrten Sängerin in Neapel zur fragwürdigen Randerscheinung der Wiener Gesellschaft und dann zur Schwiegermama des Staatskanzlers von Österreich, dieser Aufstieg ist so unglaublich, daß man dafür gewiß zu jeder mütterlichen Nachhilfe fähig wird.

Wer genauer nachliest in den Papieren, Dokumenten und Berichten, die von dieser Verbindung Nachricht geben, wird gelegentlich auf eine sonderbare Bemerkung stoßen. Antoinette habe einen melancholischen Zug um die Augen gehabt. Ihr Antlitz sei jung und strahlend, nur ihre Augen seien seltsam verhangen gewesen. Ein Schatten oder eigentlich bloß die Andeutung eines solchen habe das Strahlen, mit dem sie die Welt verzauberte, ein wenig abgeschwächt. Etwas zu nachdenklich für ihr jugendliches Alter sei sie gewesen. Hat sie womöglich geahnt, was auf sie zukommen würde an Prüfung und Schicksal?

Was soll's! Kaiser Franz I. verleiht Metternichs Erwählter, der engelgleichen Kindfrau, der billigen Baronesse, wie manche Neider sofort höhnen, den Titel Gräfin Beilstein, was insofern nicht ohne Pikanterie ist, als Beilstein ohnedies zu den Metternichschen Besitzungen gehört. Am 5. November 1827 ist Hochzeit, und zwar in der bescheidenen Kirche des damaligen Dorfes Hetzendorf, wo nur der allerengste Kreis an Familienangehörigen anwesend sein darf und, wie die Gazetten anderntags melden, sogar die Kirchentore fest verschlossen bleiben. Unmittelbar danach überbringt ein Eilkurier aus Triest die Nachricht von der Vernichtung einer ägyptisch-türkischen Flotte im Hafen von Navarino an der Westküste des Peloponnes durch ein Geschwader der westlichen Alliierten, was den frischgebackenen Bräutigam zwingt, die geplante Hochzeitsreise abzusagen, und der jungen Ehefrau wahrscheinlich erstmals demonstriert, auf welches Abenteuer sie sich eingelassen hat.

Am 7. Jänner 1829 bringt Antoinette Metternich einen Sohn zur Welt, der auf den Namen Richard getauft wird und später einmal eine behagliche, allerdings auch wenig auffällige Rolle als Diplomat spielen darf. Im Dezember davor, am 15. des Monats, ist Metternichs Mutter gestorben, vierundsiebzigjährig und rüstig, geistig wachsam bis zuletzt. Und zehn Tage nach der Geburt Richards stirbt auch Antoinette, noch im Kindbett und erlöschend wie eine mühsam flackernde Kerze. Es stirbt in diesen Tagen und Wochen des beginnenden Jahres 1829 aber auch Metternichs Sohn Viktor, es stirbt eine Tochter Metternichs und schließlich, gleichfalls im Kindbett, jene Clementine, die Metternich einst 1802 in Dresden mit Catherine Bagration gezeugt hat.

Das sind Schläge, die auch einen stolzen Nacken beugen können. »Ich stürze mich in die Staatsgeschäfte wie der Mörder in den Urwald«, findet Metternich einen etwas skurrilen Vergleich für seine Situation. Er ist über Nacht gealtert. Und er kränkelt, ohne daß sich genau nachweisen ließe, was die Ursache seiner ständigen physischen Unpäßlichkeiten sein könnte. Einer wie er, der ein Leben lang bedenkenlos genommen hat, was an passablem und gelegentlich auch fragwürdigem Angebot vorhanden ist, hat Mühe, sich in der Niederlage zurechtzufinden. Und wenn Metternich jetzt notiert, daß sein Dasein beendet sei, so darf man davon überzeugt sein, daß er selbst – in diesem Augenblick, da er diese larmoyante Bemerkung niederschreibt – vollkommen von der Aufrichtigkeit seiner tiefen Depression überzeugt ist.

»Aber Wunden des Herzens bluteten Metternich nie allzulange«, schreibt Heinrich Srbik; und mit dieser nüchternen Feststellung trifft der Historiker zielsicher ins Schwarze. Denn gerade so viel an unumgänglicher

Schicklichkeit, wie es seine Position und der öffentliche Anstand gebieten, erlaubt sich Metternich, um dann sogleich eine neue Verbindung einzugehen, ein neues Herzensabenteuer zu riskieren, das auch diesmal folgerichtig mit einer Ehe endet. Fast auf den Tag zwei Jahre nach dem armseligen Tod Antoinettes heiratet der achtundfünfzigjährige Staatskanzler eine siebenundzwanzigjährige Gräfin, die seinetwegen ein bereits eingegangenes Verlöbnis aufhebt, welches allerdings nichts anderes war als eine hitzige Reaktion auf die damalige Entscheidung Metternichs, Antoinette Leykam zu ehelichen. Denn die jetzt Auserwählte heißt Melanie, ist jene ungarische Adelige Zichy-Ferraris, die sich schon einmal gewisse Hoffnungen hat machen dürfen auf eine Verbindung mit dem Staatskanzler und die nun endgültig für sich gewinnt, worauf sie aus mancherlei Gründen erheblichen Anspruch zu haben glaubt.

Es ist die alte Geschichte. Clemens Metternich verliebt sich. Und die Auserkorene gibt sogleich alles auf, was dieser Liebe lästig sein könnte. Der Verlobte von Melanie Zichy-Ferraris, der aus heiterem Himmel den Laufpaß bekommt, erkrankt auf den Tod, unternimmt dann, um sich von seinem Elend abzulenken, eine Weltreise und bleibt schließlich ein ergebener, treuer Anhänger des Hauses Metternich. Gegen den Zauber, den selbst ein alternder und kränkelnder Clemens Metternich auf Menschen ausübt, sind nur wenige gefeit.

Was seine neue Braut, seine dritte Ehefrau angeht, die er am 30. Jänner 1831 heiratet, so beschreibt Saint-Aulaire, Frankreichs Botschafter in Wien, daß »Stolz und Hochmut sich auf ihrem schönen Gesicht malen, und dieser Ausdruck steht ihm vielleicht besser als das Lächeln. Sie belebt sich beim Sprechen, läßt sich aber von einem Ungestüm hinreißen, das sie offensichtlich nicht beherrscht; und wenig aufgelegt, selbst zu gefallen, findet sie Gefallen am Streit.«

Später, wenn die Magyarin Metternichs Eheweib und

damit auch Fürstin ist, wird sie immer wieder Beweise ihres Temperaments oder, wo sich Taktlosigkeit nicht durch Temperament entschuldigen läßt, ihres sträflichen Hochmuts liefern. Peinliche Zwischenfälle werden alltäglich sein. Anläßlich eines Ballvergnügens, welches die österreichische Hocharistokratie sich erlaubt, fordert Melanie allen Ernstes, daß der Tanzsaal durch Seile unterteilt werde, damit die »vornehmen Gäste von den gewöhnlich Sterblichen unterschieden werden können«. Und als Franz Liszt für sie ein Konzert gibt, stellt sie anschließend fest: »Sie müssen doch viel Geld machen, mein Herr!« Liszt antwortet darauf kühl: »Nein, Madame, ich mache Musik.« Solche und andere Auftritte erstrecken sich bis in den Bereich der hohen Politik, was Metternich einmal zu der Bemerkung veranlaßt, daß leider nicht er seine Frau erzogen habe.

Melanie, der man lebhaften Geist und reiches Gemüt nachsagt – was ihre temperamentvollen Auftritte höflich umschreiben soll –, deren Charakterbildung aber als vernachlässigt und deren Bildung als mangelhaft beschrieben wird, Melanie wird sehr rasch auch in der Politik die Gefährtin ihres Mannes sein wollen. Nur vierzehn Tage nach der Hochzeit notiert sie in ihr Tagebuch: »Er sprach viel von Geschäften, weihte mich in seine Ansichten und Pläne ein, und ich war über meine allzu große Unwissenheit betroffen. Ich möchte es dahinbringen, daß ich ihn beim ersten Wort verstehe, daß ich ihm in allem und jedem behilflich sein, seinen Erörterungen folgen, mich selbst mit ihm in solche einsetzen kann, kurz, ich möchte mehr sein als eine liebende Frau.« Und genau das ist es, was diese Ehe so eigenartig, aber wohlgelungen sein läßt. Melanie ist ihrem Staatskanzler tatsächlich mehr »als eine liebende Frau, was fürwahr ein zu leichtes Handwerk« wäre, wie sie es selbst ausdrückt.

Grillparzer, allerdings ein erklärter Gegner Metternichs, schreibt über Melanie nicht ohne Bosheit: »Da er nicht alle Wünsche der robusten Ungarin erfüllen kann, muß sich der Kanzler auf Gebiete beschränken, wo er sich ihr ohne allzu große Schwierigkeiten angenehm machen kann. Die Geschenke? Ihr als Geburtstagsgeschenk die Zulassung der Jesuiten zu bieten, oder, zum Neuen Jahr, das Verbot der Mischehen ...« Melanie mag robust sein, wie es Franz Grillparzer ausdrückt; Metternich ist es, was den sexuellen Bereich seiner Ehe angeht, gleichfalls. In nur fünf Jahren macht er ihr, um es so direkt auszudrücken, fünf Kinder. Und er ist auch sonst nicht geneigt, dort, wo es um lustvolle Zärtlichkeit zwischen den Ehegatten geht, so enthaltsam zu sein, wie es sein Leibarzt Jäger dringend anrät. Dieser wird sogar auf die allerdiskreteste Art bei der Gattin vorstellig, um ihr mit vielen Umschreibungen, aber letztlich doch unumwunden mitzuteilen, daß sie »die Lebensdauer des Gatten durch zu große physische Anforderungen« erheblich verkürze. Melanie reagiert auf solche Ermahnung mit offenem Haß gegen den Arzt und denkt nicht daran, sich dem Staatskanzler aus Gründen der Schonung gelegentlich zu entziehen. Und Metternich wiederum genießt, was ihm auf durchaus legale Art an Verführerischem angeboten wird. Dabei ist Melanie von zumindest äußerlicher Frömmigkeit, was sich später bis ins Peinliche und Absurde noch steigern wird, und ist außerdem, soweit es die gesellschaftlichen Umgangsformen ihrer Klasse erfordern, von nahezu perfekter Prüderie. Das wiederum hindert sie nicht im mindesten daran, ihre hervorragende gesellschaftliche Position für zweifelhafte Geschäfte auszunützen, die so gewinnbringend sind, daß sie, die wie ihre Eltern mit Geld nicht umgehen kann, ihr Haushaltsgeld dadurch aufbessert.

Aber diese »robuste Ungarin« bewirkt auch, daß Metternich sich nun allmählich verändert. Mögen es ihre erotischen Kunststücke sein, ihre Temperamentsausbrüche, die sich mitunter sogar gegen Metternich selbst wenden, mag es ihre Manie sein, sich ihm nicht nur als Liebhaberin und Mutter seiner Kinder, sondern auch als Vertraute seiner politischen Arbeit unentbehrlich zu machen – vom Leibarzt Metternichs wissen wir, daß sie, hinter einem Vorhang verborgen und ein Notizbuch in der Hand, dem Auftritt der Gesandten heimlich beiwohnt, die beim Staatskanzler vorstellig werden –, mögen es also alle diese kleinen und großen Kanonaden sein, mit denen Melanie Fürstin Metternich ihren Gemahl fast pausenlos eindeckt, oder ist es einfach sein gesteigertes Ruhebedürfnis, eine Art von resignierender Nachgiebigkeit, eine Erschöpfung, die nicht bloß durch das Alter Metternichs bedingt ist . . . er verändert sich.

»Die an sich geringe Schwungkraft seines reichen Geistes erfuhr durch die dritte Lebensgefährtin eine noch verstärkte Lähmung«, befindet der Historiker Srbik. Feinsinniger, poetischer, auch ausführlicher in der Begründung ist Walther Tritsch: »Mit dieser dritten Fürstin Metternich tritt etwas in das Leben des Kanzlers ein, was für die Augen der Nachwelt sein Bild vollkommen verwandelt hat. Der Mann, der sich zeitlebens niemals von Frauen auch nur leise beeinflussen ließ und der auch jetzt nur mit sanfter Hand spielend das Porzellan immer wieder heil zaubert, das sie immer wieder zerschlägt: Dieser Mann verändert in der ihm nun gebotenen Lebensluft sein ganzes bisheriges Leben von Grund auf. Anlagen brechen aus ihm auf, die bisher in ihm überdeckt waren. Und andere sterben ab, die man doch gut an ihm kannte.«

Es wird der bisher so Biegsame, mit vielen Reflexen Ausgestattete, der auf jede Situation beliebig oft und beliebig originell reagieren kann, jetzt allmählich starr, unbeweglich, eigensinnig, fast schwerfällig. Seine eitle Selbstgefälligkeit, die doch niemals wirklich verletzen konnte, weil ihr stets auch ein liebenswerter Zug eignete, verändert sich nun zur unangenehmen Gewohnheit, sich rechthaberisch in Szene zu setzen, und das um jeden Preis, auch um den der Lächerlichkeit. »Melanies Hang zur Frömmigkeit«, schreibt Tritsch, »und des Kaisers ewige Revolutionsfurcht und Schwarzseherei machen aus dem einstigen Verehrer des Geistes und Verächter der Masse einen mißtrauischen Reaktionär ...«

Es ist ein hartes Urteil, das über eine Frau gefällt wird, die vollkommen ahnungslos von dem ist, was sie verursacht, und die ihren Mann anbetet. Daß sie durch ihr Temperament und mehr noch durch ihren Hochmut – und beide Eigenschaften entbehren völlig der intellektuellen Disziplin – Schaden anrichtet, wird ihr nicht bewußt. Daß sie ihren Mann auf unheilvolle Weise beeinflußt, begreift sie nicht. Und daß beide unversehens in Rollen hineinschlüpfen, Posen einnehmen, die weder zeitgemäß noch sonderlich glücklich sind, sieht sie nicht. Melanie fühlt sich auf der Höhe der Zeit und weiß nichts von dem neuen Zeitalter, das langsam heraufdämmert und das sie schuldig sprechen wird.

Wie sollte sie auch? Nicht einmal Metternich ahnt, was auf ihn zukommt. »Die Zeit ist gegen ihn, und er merkt es nicht. Die Lenker der anderen Großmächte sind gegen ihn, und er hält sie in Schach. Die Völker und ihre Rufer sind gegen ihn, und er verachtet sie.« (W. Tritsch)

Der große Staatskanzler

Österreich zählt nun zu den führenden Nationen Europas; die noch unter Napoleon so schwer gedemütigte Monarchie ist in ihrem alten Glanz und mit ihrer einstigen Macht wiedererstanden. Und jener Mann, der den wesentlichsten Anteil an diesem Erfolg hat, heißt Metternich. Seine Position ist gefestigter denn je zuvor. Und wo Gefahr drohen könnte, weiß er sich ungemein geschickt zu schützen. Der Polizeiapparat funktioniert. Das Spitzel- und Denunziantenwesen blüht. Vor allem aber ist Metternichs Verhältnis zum Kaiser unbelastet und ungefährdet. Alles andere, was ihn gefährden, vielleicht sogar stürzen könnte, was aus den sozialen und politischen Verhältnissen sich gegen ihn entwickelt, nimmt er entweder nicht wahr oder unterschätzt es als verachtenswert und daher bedeutungslos. Sein triumphaler Erfolg, so scheint es, nimmt jedem Angriff gegen ihn die Spitze.

Das eigentliche Geheimnis des Metternichschen Erfolges ist dennoch nur schwer zu erklären. Metternich ist, was man einen soliden Arbeiter nennen könnte, ohne daß er dabei zu Übertreibungen neigt. Im Durchschnitt ist die Quantität dessen, was er an effektiver Arbeit leistet, nicht überwältigend. Sein täglicher Stundenplan ließe sich beinahe als ein Musterbeispiel bürgerlicher Behaglichkeit bezeichnen. In der Regel steht er zwischen acht und neun Uhr morgens auf, frühstückt und befaßt sich mit der Familie bis in den Vormittag hinein und ist dann an die drei Stunden – kaum einmal länger – mit der Erledigung seiner täglichen Geschäfte befaßt. Dann ein Ausritt bei gutem bis passablem Wetter, anschließend etwas Arbeit, wie etwa die Erledigung wichtiger Korrespondenz oder kurze Gespräche mit den ihm unmittelbar unterstellten Beamten seiner Kanzlei. Täglich gegen sieben Uhr abends sucht er den Kaiser auf. Diese eine bis anderthalb Stunden, welche diese zur starren Gewohnheit gewordene Zusammenkunft andauert, kann man als die eigentliche Regierungstätigkeit Metternichs bezeichnen. An die Audienz beim Kaiser schließt dann noch die kurze Durchsicht von Akten an, nimmt der Kanzler Nachrichten von Kurieren entgegen, die aus allen Teilen des Reiches kommen, plant er neue Entwürfe, empfängt er befreundete Diplomaten, bis er sich gegen Mitternacht zurückzieht.

Und wann fallen die wesentlichen Entscheidungen, wann reifen die Ideen heran, die Metternichs Politik voranbringen und absichern? Er selbst erklärt einmal gegenüber einer ihm mäßig befreundeten deutschen Intellektuellen, der jüdischen Literatin Rahel Varnhagen, daß ihm die Erledigung schwieriger Probleme so zusagen nebenbei gelinge, während er dem Anschein nach mit ganz anderen Dingen beschäftigt sei. »Die nötigen Ergebnisse reifen dann schnell unter allen scheinbaren Zerstreuungen«, beschreibt Metternich (nach Varnhagen) diesen Zustand. »Beim Essen, im gewöhnlichen Gespräch, im Reisen bieten sich mir die klarsten Aufschlüsse, die wichtigsten Einfälle und, sobald der Gegenstand in mir ganz klar und reif geworden, mein Sinn und Geist davon saturiert ist, dann schreibe ich frisch darauf los, um die Anordnung und Folgestellung unbekümmert, die ergeben sich dann von selbst.«

So jedenfalls stellt es sich in der Erinnerung Rahel Varnhagens dar, die sich darauf berufen darf, von Metternich selbst über das Geheimnis seiner Arbeitsleistung informiert worden zu sein. Aber auch andere Zeugen bestätigen diese erstaunliche Leichtigkeit im Bewältigen selbst der schwierigsten Probleme. Jäger, Metternichs Leibarzt, berichtet folgende Anekdote, die diesen Eindruck verstärkt. Ein Kurier kommt mit einer wichtigen Depesche und wartet auf Antwort, aber Metternich weiß die Antwort noch nicht. »Lassen Sie mich diesen Roman, mit dem ich befaßt bin, erst zu Ende lesen«, erklärt er, »vielleicht fällt mir die Antwort dann ein.«

Ist er also ein Genie, dessen Begabung so umfassend ist, daß er selbst schwerwiegendste politische Entscheidungen gleichsam aus dem Handgelenk schütteln zu können glaubt? Bewundernswert bleibt die Art und Weise, wie er mit seinem Handwerk umgeht, in jedem Fall. Er selbst gesteht einmal offenherzig ein, daß er durchaus fähig sei, mitten in den schwierigsten Staatsgeschäften an eine Geliebte zu denken. Aber derlei Abirrungen »ziehen mich nicht von meiner Pflicht ab, sie verstärken im Gegenteil das Pflichtbewußtsein, sie erweichen nicht das Handeln, sondern kräftigen es«. Verbürgt ist auch der Fall, daß er während einer langwierigen Konferenz einen leidenschaftlichen Brief an eine Freundin zu schreiben imstande ist, ohne daß ihn diese schöne Beschäftigung vom Inhalt der gerade laufenden Verhandlung sonderlich abzulenken vermag; oder umgekehrt. Der Freundin notiert er die hübschesten Artigkeiten; dem politischen Geschäft widmet er seine scheinbar ungeteilte Aufmerksamkeit.

Als eine weitere Voraussetzung für seine Erfolge auf diplomatischem, politischem Gebiet wird man möglicherweise seine berühmte Gastfreundschaft begreifen dürfen. Vor allem zu Beginn seiner Laufbahn, als Metternichs Interessen nahezu ausschließlich mit der Person Napoleons befaßt waren, trat er als berühmter Gastgeber in Erscheinung, wobei man ruhig davon ausgehen kann, daß hier bereits der Zweck die Mittel heiligte. An jedem Sonntag und an jedem Donnerstag gab es zu Lebzeiten Eleonores, seiner ersten Gemahlin, einen großen Empfang. Diplomaten, Politiker, Freunde und Fremde, Feinde und Parteigänger waren geladen, waren willkommen als eine Art Auskunftspersonen, die Metternich unentbehrlich waren durch ihre zufälligen oder gezielten Indiskretionen, die aber in seinem Auftrag auch Zuträgerdienste leisteten und hinter den Kulissen der offziellen politischen Bühne für jene beständige Unruhe sorgten, derer sich Metternich so glänzend zu bedienen verstand. Dabei erklärte er 1818 einmal, daß sein »Salon mit seiner ganzen Welt« ihn töte, empfand er oft Langeweile gegenüber den Auftritten seiner Gäste, die er zwar fast nach Belieben für seine politischen Intrigen benützte, wahrscheinlich aber insgeheim verachtete.

Jetzt, in seiner dritten Ehe mit der frommen Melanie, da er selbst, allerdings inspiriert durch seine Gattin, ausgerechnet den Apostel Paulus als wahren Helden und vor allem als sein Vorbild verstehen will und sogar davon spricht, daß sein eigenes Leben so etwas wie ein Apostolat geworden sei, jetzt verändern sich allmählich Stil, Gäste und Bedeutung seiner gesellschaftlichen Empfänge. Rahel Varnhagen findet seinen Salon zwar »österreichisch-vornehm, das heißt lässig, zwanglos, vertraulich, koketteriehaft und dreist«, aber dieses Urteil einer Zeugin, welche die Zeit davor nicht gekannt hat, bleibt fragwürdig. Im Gegensatz dazu schreibt nämlich Srbik: »Sein Haus unterschied sich während der dritten Ehe gleich dem einiger anderer Aristokraten Wiens vorteilhaft von den sittlichen Zuständen eines Großteils der gesellschaftlichen Crème, aber wuchtige Persönlichkeiten, Männer von gediegener Schwere vertrug diese Atmosphäre nicht. Und das Bürgertum blieb Metternich eigentlich immer unbekannt und mit ihm blieben ihm die sozialen Neigungen der Zeit in ihrer innersten Begründung verschlossen.«

Metternichs perfekte Wandlung vom bedenkenlosen Glücksritter – als welcher er allerdings nur im Umgang mit Frauen bezeichnet werden darf, da der Politiker Metternich als schlau, vorausblickend, vorsichtig, mißtrauisch charakterisiert werden muß –, seine Wandlung also zum frommen, vielleicht sogar bigotten und einer scheinbar unabänderlichen sittlichen Haltung fähigen Menschen ist erstaunlich, mag mit dem Einfluß Melanies zusammenhängen, mag wohl auch ein ganz natürliches Ergebnis seines Alterns sein ... bemerkenswert ist diese Veränderung doch. Denn an seinem politischen Stil ändert sich im Grunde kaum etwas, und auch die Art und Weise, wie er sein Geschäft betreibt, bleibt die nämliche. »Immer aber blieb seine Arbeit etwas sprunghaft«, notiert der Historiker Srbik, »er gewöhnte sich schwer an feste Zeiteinteilung und konnte den Hang zur freien Betätigung seiner individuellen Genußtriebe nie ganz unterdrücken. Höchstens bei der Behandlung untergeordneter zwischenstaatlicher Fragen aber durfte auf der Höhe des Lebens noch gelegentlich der Vorwurf der Leichtfertigkeit gegen ihn erhoben werden.«

Der preußische Diplomat Gustav von Usedom, der dem alternden Metternich mehrfach begegnet und der sich allein schon aus Gründen der politischen Disziplin kaum als Anhänger des österreichischen Staatskanzlers verstehen kann, erweist Metternich in seiner Darstellung noch alle Ehre, die ein preußischer Politiker einem österreichischen überhaupt zugestehen kann: »Ich muß bekennen, daß mir in unserer Zeit kein Politiker bekannt ist, der ein immer haltloser werdendes System mit so vollendeter Form staatsmännischen Wesens verteidigt hätte als er.«

Jener Metternich also, dem wir nun im Kreise seiner dritten und rasch wieder anwachsenden Familie begegnen und der nun allmählich ein ganz anderes physiologisches und charakterliches Aussehen gewinnt als das uns bisher vertraute, ist nicht wirklich ein anderer geworden. Er bleibt immer noch, wie er es selbst einmal etwas selbstgefällig ausdrückt, »Herr meiner Waffen im stärksten Kampfgewirr, weil ich ruhig bleibe; meine Gegner zerstreuen sich, während ich unbeweglich bleibe; sie laufen über das Schlachtfeld und ich rühre mich nicht; sie sind außer Atem und ich habe noch nicht gekeucht«.

Nein, keuchend ist dieser gebürtige Rheinländer – der sich längst schon und immer behaglicher, immer selbstverständlicher als Österreicher begreift – nie durchs Leben geeilt. Das ist auch nicht seine Begabung. Das überläßt er anderen, vitaleren, leidenschaftlicheren Naturen, obgleich oder vielleicht gerade weil er genau weiß, daß er sie alle, die vor ihm einhereilen und sich heftig umtun auf den verschiedenen Schlachtfeldern der Politik, doch einholt. »Metternich hat keinen gewaltigen Machtinstinkt, er war seiner ganzen Natur nach kein Tatmensch, er scheute die entschiedene Opposition und scheute den Kampf großen Stils. Schon zur Zeit der großen europäischen Kämpfe hatte ihm die Anlage zur sofortigen, entschiedenen und kühn wagenden Tat gefehlt; immer mehr hat sich dann dieser Hang seines ursprünglich zarten und zwiespältigen Wesens zur Passivität, zum Umgehen der Schwierigkeiten und zum vorsichtigen, zögernden, oft überfein angelegten Handeln verstärkt. Er war ein Meister der Auswege;

denn das graziöse Weichempfängliche seines Wesens überwog den männlichen Wagemut von Anbeginn an.« (Srbik)

Aber Metternich, der Spieler, der jeden Umweg riskiert, um dennoch wieder mit Sicherheit ans Ziel zu gelangen – der Tatmensch Napoleon hat das am schmerzlichsten zu spüren bekommen –, Metternich braucht einen Partner, auf dessen Solidität er sich verlassen, dessen Beharrungsvermögen seiner Unruhe widerstehen kann. Er, der Sprunghafte, muß den neben sich wissen, der alle Umwege und Ausflüchte sanktioniert und letztlich die Verantwortung für das übernimmt, was manchmal wie pure Koketterie, manchmal wie Lust am frivolen Spiel und manchmal überhaupt unbegreiflich anmutet. Franz, Österreichs Kaiser, ist dieser Charakter, der Metternich ergänzt; und natürlich auch umgekehrt. »Der Himmel hat mich neben einen Mann gestellt«, schreibt der Staatskanzler einmal, »der wie für mich geschaffen ist. Der Kaiser Franz verliert keine Worte, er weiß, was er will, und sein Wille ist immer genau das, was zu wollen meine Pflicht ist. Nebenregungen beiseite lassend geht er immer gerade auf sein Ziel los . . .«

»Sein Wille ist immer genau das, was zu wollen meine Pflicht ist.« Metternich untertreibt hier die Bedeutung seiner eigenen Rolle schamlos. Er stellt alle Eitelkeit, die ihn bis an sein Lebensende nie verlassen wird, endlich einmal hintenan und schlüpft devot in eine Rolle, von der er selbst zwar nicht glaubt, daß sie ihm auch nur im entferntesten angemessen sei, die er aber in Wahrheit doch häufiger, als er zu glauben vermag, einnehmen muß. Er ist ein Diener – nicht des Staates oder der Gesellschaft, die er beide in ihren ursprünglichen Formen und Funktionen erhalten will, sondern des Kaisers –, der erste, wichtigste, einflußreichste und mächtigste Diener, aber eben doch ein Diener. Und wie ein solcher muß er sich auch benehmen, wenn er Erfolg haben will, nämlich listig, durchtrieben, der Herrschaft stets um ein paar Gedankensprünge voraus, diese Herrschaft mit sanfter Verführungskunst leitend, ihr zwar zu Diensten, aber das auf eine Weise, die den eigenen Interessen häufiger nützt als denen der Herrschaft. Metternich schreibt: ». . . was zu wollen meine Pflicht ist.« Doch wie er agiert und was er betreibt und in welcher Art er seine Pläne realisiert . . . nein, das ist nicht die Handschrift eines servilen Charakters, hat nichts mit jener Mentalität, mit jener Denkart gemein, die sich dukken muß, um besser voranzukommen.

Vertrauen in den Kaiser, das ja. Und dazu des Souveräns eher engbegrenzte Moralvorstellungen ausnützend, damit spekulierend, daß Franz sich unbehaglich fühlt und ängstlich wird, wenn Metternich ihn zu früh mit wagemutigen und nicht immer ganz korrekten Spekulationen behelligt. Er muß bloß erreichen, daß der Kaiser als seine Politik beglaubigt und bekräftigt, was Metternich zuvor angezettelt hat. Er muß ihm soviel an Bewegungsfreiheit und auch an falschen Alternativen einräumen, daß der Kaiser, als wäre es seine eigene Erfindung, die Politik seines Staatskanzlers nur noch gutheißen kann.

Der Wille des Kaisers ist etwas, auf das Metternich sich verlassen und an das er seine eigenen Absichten knüpfen kann. Wenn dieses Spiel erst einmal zur selbstverständlichen Routine wird, kann er beruhigt notieren: ». . . und sein Wille ist immer das, was zu wollen meine Pflicht ist.« Und der Kaiser wird in einer Art Dankadresse an Metternich feststellen: »Ihr größter Ruhm wird gewiß sein, mich dahin gebracht zu haben, daß die Sachen so stehen, wie sie jetzt sind.«

Und die Sachen stehen günstig, so günstig, um die Wahrheit zu sagen, wie seit Jahrzehnten schon nicht mehr. Freilich auch wiederum nicht so günstig, daß ein anderer als Metternich das unheimliche Rumoren in der Tiefe, das Knistern im Gebälk hätte überhören können oder dürfen. Auch er überhört es nicht. Aber er deutet es falsch, mißt ihm eine geringere Bedeutung bei, als ihm zukommt. Denn gerade jetzt, da die Monarchie einen scheinbar vollkommenen Erfolg erreicht hat und Österreich ein Maximum an Macht und Einfluß demonstrieren kann, trifft tatsächlich zu, was Srbik über Metternich gesagt hat: »Eine Fülle von Gaben konnten wir erkennen, die den Staatsmann weit über den Durchschnitt erhoben; und doch hat Metternich nicht zu den ganz Großen gehört, die ihre persönliche Eigenart, die Individualität ihres Lebens neu gestaltend einem Zeitalter aufgeprägt haben. Sein Wesen war nicht eigenkräftig genug, um ihn über die zeitliche Gebundenheit zu erhöhen.«

Stets sollte man in diesem Zusammenhang auch Metternichs Selbstdarstellung, abgegeben in seinem sogenannten politischen Testament, im Ohr haben; daß er nämlich »nicht im Ringen der Gesellschaft nach Fortschritten, sondern im Fortschreiten nach der Richtung der wahren Güter« die Pflicht einer jeden Regierung und »das wahre Heil für die Regierten« begreife. Wobei er zu den »wahren Gütern« vor allem Ordnung und »moralische und materielle Ruhe« zählt.

Der Staatsmann, der einen solchen politischen Eid leistet, sich auf ein solches politisches Credo fixiert, hat in einem Monarchen, dessen liebenswürdiges Phlegma nicht darüber hinwegtäuscht, daß er nur in der Befolgung restaurativer Politik die einzig mögliche Spielart politischen Handelns erkennt, einen willigen Gefährten und Bundesgenossen. Wobei man einige Unterschiede, ein paar Gegensätze allerdings nicht übersehen darf. Franz I. ist von einer moralischen Korrektheit, die fast schon spießig anmutet. Metternich denkt und handelt, was das Moralische auch in der Politik angeht, wesentlich großzügiger. Der Kaiser verabscheut die Lüge und lehnt Intrigen ab. Metternich kommt ohne beides nicht aus. Franz ist seinem innersten Wesen nach ein Zauderer, fast ein Feigling. Metternich alles andere als das. Der Kaiser hat eine übertriebene Neigung für alles Bürokratische, ist ein Pedant und zutiefst abhängig vom

Umgang mit Akten und Faszikeln. Metternich, der die Nützlichkeit solcher Vorgänge nicht leugnet, verachtet im Grunde die ausufernde Bürokratie österreichischer Machart. Aber solche Gegensätze verhindern nicht die Abhängigkeit des österreichischen Kaisers von seinem Staatskanzler, zumal dieser so viele Finten schlägt, so viele Intrigen inszeniert und so viele Umwege geht, daß Franz immer wieder vor vollendete Tatsachen gestellt wird, die er freilich als solche nicht begreift – oder als solche nicht verstehen will – und erst durch sein Einverständnis, durch seine Unterschrift zu Fakten macht. Die Politik, die dieses sonderbare Gespann betreibt, ist eigentlich eine gegen alle Regeln der menschlichen Vernunft gerichtete. Aber sie funktioniert, und sie bringt Österreich oder dem Hause Habsburg Erfolge, die jedoch schon deshalb nicht von Dauer sein können, weil diese Politik einige der fundamentalsten Interessen der Menschen mißachtet.

Der Kaiser begreift das nicht. Metternich, dessen Instinkt wesentlich schärfer, auch differenzierter ist, hat mehr als nur eine Ahnung von dem, was an Veränderung und Aufruhr für die Zukunft zu erwarten sein könnte, mißachtet aber weniger aus Gründen des Hochmutes als aus unendlich stark ausgeprägtem Selbstbewußtsein alle alarmierenden Anzeichen. Im Gegensatz zu Franz weiß Metternich, daß der Boden, auf welchem er das Haus Habsburg in neuer Schönheit und dem Anschein nach unzerstörbar situiert hat, ein reichlich unsicherer ist. Aber da ihn die Überzeugung bewegt, jeder möglichen Gefahr gewachsen zu sein, schätzt er diese eine Gefahr – die noch dazu in nebelhafter Zukunft liegt – gering ein.

Jene unschätzbare Gabe der politischen Voraussicht, welche Historiker wie Biographen an Metternich konstatieren – und die beispielsweise dem Kaiser fast völlig fehlt –, wird aber durch ein übertriebenes Selbstbewußtsein gemindert. Metternich selbst bezeugt mehrfach die hohe Einschatzung, die er von seinen Talenten hegt. Inspiration, Instinkt, »eine Fähigkeit des sicheren Voraussagens« nennt er in diesem Zusammenhang. Was er verschweigt, ist die eitle Annahme, niemals irren zu können, jedem Ereignis gewachsen zu sein und die Dinge nach Belieben gestalten zu können. Was er verschweigt, ist der simple Tatbestand gelegentlicher Selbstüberschätzung und daß auch er, der wie ein Prophet in die Zukunft zu blicken vermeint, mitunter nur eines getrübten Blickes fähig ist.

Er ist, könnte man auch sagen, ein Prophet, der nur das vorhersieht, was seinen Neigungen entspricht. Er liebe alles, schreibt er einmal, was der Zeit Trotz biete. Daß sich die Zeit selbst gegen ihn wenden könne, vermag er nicht einzusehen.

Am 2. März 1835 stirbt Franz I., welcher vierzehn Jahre lang, in den Jahren zwischen 1792 und 1806, als Franz II. auch Kaiser des Heiligen Römischen Reiches Deutscher Nation gewesen ist. Metternichs Frau, Fürstin Melanie, notiert in ihrem Tagebuch: »Um dreiviertel ein Uhr verschied Kaiser Franz, unser aller Vater. Der Kaiser starb, wie er gelebt, wie ein Heiliger. Er entschlief ohne Todeskampf, ohne Qualen.«

Der auf so friedliche Weise Verstorbene, dem es nicht zuletzt durch Metternichs Hilfe möglich gewesen ist, zweiundvierzig Jahre lang über Österreich zu herrschen, hinterläßt seinem Sohn und Nachfolger Ferdinand ein verpflichtendes Schreiben, darin es heißt: »Übertrage auf den Fürsten Metternich, meinen treuesten Diener und Freund, das Vertrauen, welches ich ihm während einer so langen Reihe von Jahren gewidmet habe. Fasse über öffentliche Angelegenheiten wie über Personen keine Entschlüsse, ohne ihn darüber gehört zu haben. Dagegen mache ich es ihm zur Pflicht, gegen dich mit derselben Aufrichtigkeit und treuen Anhänglichkeit vorzugehen, die er mir stets bewiesen hat.«

Der Nachfolger, Ferdinand, den man bald den Gutmütigen nennen wird, was eine liebevolle Umschreibung dessen darstellt, was an diesem Mann merkwürdig bis schrullig anmutet, ist kleingewachsen und ausgesprochen häßlich, aber tatsächlich ungemein gutmütig und auch großzügig, wobei die Grenze zwischen seiner Gutmütigkeit und dem ihm angeborenen Schwachsinn nur schwer zu ziehen ist. Sein Vater Franz, der gelegentlich als ein Don Quixote der Legitimität und als der letzte Ritter eines untergehenden Zeitalters bezeichnet wurde – Feststellungen, die allerdings weit eher auf Metternich zutreffen, der das alles war oder zu sein versuchte, was dem Kaiser impliziert wurde –, er also, Franz, war keineswegs der biedere Dummkopf, als welchen ihn einst Napoleon apostrophiert hat (was übrigens Österreichs Kaiser, als ihm die Charakterisierung hinterbracht wurde, zur Bemerkung animierte, Napoleon habe etwas von einem Schneider an sich). Franz war weder so bieder noch so tölpelhaft, wie ihn manche Zeitgenossen zu sehen wünschten, wobei die Charakterisierungen einander aufs heftigste und unglaublichste widersprachen. Er sei ein Mensch mit etwas Verstand, nur wenig Herz und überhaupt keiner Gerechtigkeit, urteilte ein Lord Holland. Ein Diplomat namens Ferrero sprach davon, daß der Kaiser intelligent, vorsichtig, schüchtern, beschränkt und jeder Art von Abenteuern abgeneigt sei. Ein französischer Politiker bezeichnete ihn als einfach, fleißig, vernünftig, beständig in seiner Zuneigung, sehr bescheiden, sehr wohlwollend, aber eng, mittelmäßig und gänzlich unwissend. Und Bertier de Sauvigny schilderte ihn: »Groß, mager, langes und strenges Gesicht mit dem matten Ausdruck eines toten Fisches, im übrigen langsam, eigensinnig und schlau.«

Schlau genug war er jedenfalls, um die enge Verbindung mit Metternich zur Freundschaft werden zu lassen, was immerhin bedeutete, daß der Fuchs niemals irgendwelche Trauben als zu sauer bezeichnete und immer wieder sprang und tätig war, um dem kaiserlichen

Freund und Mentor gefällig zu sein. Es war freilich ein doppeltes Spiel, was die beiden Herren miteinander trieben. Der Kanzler lenkte den Kaiser und durfte glauben, daß dieser nichts davon wußte. Und der Kaiser durfte so tun, als ob ihm dieses Spiel unbekannt wäre. Das Ergebnis solcher Unterhaltung war für Österreich prachtvoll. Wo Franz seinem notorischen Pessimismus gehorchen wollte, überzeugte ihn Metternich mit der Kraft seiner Visionen, die allerdings oft nicht wirklich visionär, sondern bloß das Produkt einer Eingebung des Staatskanzlers, ja manchmal sogar frivole Launen waren. Da aber beiden die Erhaltung und Absicherung des Überkommenen und die Fortsetzung einer streng restaurativen Politik völlig selbstverständlich war, begriffen und achteten sie einander wegen der Unterschiedlichkeit ihrer Temperamente als lebensnotwendige Ergänzung. Daraus kann gelegentlich Freundschaft werden. Hier ist tatsächlich die innigste Freundschaft entstanden, die zwischen zwei Politikern oder zwischen der Herrschaft und dem bevorzugten Diener überhaupt möglich ist.

Und nun Ferdinand! Dieser Thronfolger, dieses nie erwachsen gewordene Kind, das man bei Hofe nur Nandl nennt und von dem der Vater noch kurz vor seinem Tod resignierend geseufzt hat: »Der arme Nandl, viel mehr als unterschreiben kann er ja doch nicht.«

Frankreichs Botschafter in Wien, Saint-Aulaire, schreibt anläßlich der Thronbesteigung Ferdinands: »Man kann sich nur schwer vorstellen, daß der alte Kaiser, dessen Weisheit und Erfahrung bekannt ist, durch einen an Leib und Geist schwächlichen Nachfolger ersetzt werden könnte, ohne daß dieser Übergang das Signal zu einer großen Bewegung im Lande Österreich geben sollte. Zwanzig Völker – unterschiedlich in Sitten, Sprache, politischer und sozialer Verfassung, einander widerstrebend durch nationale Antipathien und historische Erinnerungen – waren unter einem gemeinsamen Joch gehalten worden, durch Anhänglichkeit, Respekt und Furcht, die ihnen der Kaiser Franz gleichermaßen einflößte. Nach seinem Tod ließen sich Wirren in den Provinzen und Autoritätskämpfe innerhalb der Regierung voraussehen. Aber es kam ganz anders. Ferdinand begegnete überall einem ebenso einfachen Gehorsam wie sein Vater.«

Ein französischer Diplomat mag sich über solche Ruhe, über diese Habtachtstellung Österreichs verwundern. Wirklich staunenswert ist sie nicht. Denn zum einen weiß das Volk nichts von den Meriten oder Marotten seines neuen Kaisers, weiß nichts oder doch nur Ungenaues davon, daß dieser zum Beispiel viele Stunden damit verbringt, »seine Spieluhren Musik machen zu lassen«, welcher Tätigkeit er mit intensiver Verzückung nachgeht, weiß auch nichts von seinen Spaziergängen durch den streng abgeschirmten Park von Schönbrunn, wo er, angetan mit der Uniform eines österreichischen Feldmarschalls, fröhlich lustwandelt, einen schweren, dicken Regenschirm unter dem Arm und ganz in sich oder in eine unbegreifliche Zauberwelt versunken, darin weder ein Staatskanzler noch die Probleme seiner Untertanen und ganz gewiß nicht die politische Lage in Europa vorkommen. Und zum anderen existiert ja immer noch dieser Metternich, dessen System, wie alle Welt meint (und heute noch meint), ein so vollkommenes, so sehr abgesichertes und über Österreich hinaus halb Europa beherrschendes oder doch beeinflussendes ist, daß eigentlich gar nicht passieren kann, was passieren müßte. Am 20. März 1835 schreibt Metternich an den preußischen Minister Friedrich Ancillon: »In Österreich gleicht die Gegenwart der Vergangenheit so vollkommen, daß sie mit ihr verwechselt werden könnte.« Dieser eine Satz beschreibt alles, entlarvt alles, erklärt alles. Es ist im Grunde gleichgültig, welcher Kaiser über Österreich herrscht, solange bloß das System funktioniert, in das der Staatskanzler Metternich das Land zwingt. Und unbedeutend sind die Anekdoten, die man sich über Ferdinand erzählt, solange Metternich die Zügel in Händen hält.

Dabei rührt sich rings um Österreich der Widerstand, sind Dinge in Bewegung geraten, die man fast nicht mehr unter Kontrolle bringen kann. Der soziale Körper sei in Aufruhr geraten und Europa einem fürchterlichen Wirrwarr ausgeliefert, schreibt Metternich noch wenige Monate vor dem Tod des Kaisers Franz an den österreichischen Botschafter in Rom. 1832 besetzte Österreich den Kirchenstaat, was Frankreich zu militärischen Gegenmaßnahmen herausforderte. In Paris kam es zu Arbeiteraufständen, die im Frühjahr 1834 halb Frankreich erfaßten. In Spanien ist einem halben Kind, der unmündigen Isabella, der Thron zugefallen. Sie will tolerant sein, will, daß das Volk sie liebt; und sie gehorcht liberalen Ideen. Das Ergebnis ist ein langer und blutiger Bürgerkrieg. Und Metternich verurteilt Isabella aufs schärfste, bezeichnet ihre Politik als wirr und versteigt sich dann sogar zur Feststellung: »Königin Isabella verkörpert die Revolution in ihrer gefährlichsten Form.« Und was er als Revolution begreift, hat er zuvor schon erläutert. »Das Übel, das die Welt bedrückt, läßt sich in einem Begriff zusammenfassen: die soziale Revolution.«

Es ist wahrscheinlich Metternichs entscheidendster Fehler – oder einfach die Bestimmung seines Schicksals –, daß er alles, was Veränderung bedeutet, kategorisch ablehnt. Die Erinnerung an Napoleon mag ihn beeinflussen. Das Trauma, das der französische Soldatenkaiser einst den Österreichern gewesen ist, mag dabei eine Rolle spielen. Und Metternichs eigene Biographie erklärt einiges.

Alles kann dadurch freilich auch nicht erklärt werden. Vor allem nicht das, was als Metternichs System durch die Biographien und historischen Untersuchungen geistert und von dem doch jeder Autor eine andere Meinung hat. Walther Tritsch schreibt zum Beispiel: »Es wurde nämlich immer wieder von einem ›System

Metternich‹ gesprochen, unter den Bewunderern des Staatskanzlers wie unter seinen Gegnern oder Verächtern, unter seinen Zeitgenossen wie unter seinen Nachfahren. Schließlich ist sogar ausdrücklich im Hinblick auf sein unerträgliches System eine Revolution gegen ihn ausgebrochen. Nur er selbst hat natürlich geleugnet, ein anderes System zu haben als das des einfachen, gesunden Menschenverstandes und der natürlichen Gerechtigkeit.«

Metternichs langjähriger intimer Freund Gentz spricht von der Anwendung des Naturrechts auf die Beziehungen der Völker zueinander und notiert unter dem Stichwort »Metternich-System«: »Tue anderen nie, was du nicht selbst von anderen erleiden willst.«

Einer völlig anderen Meinung sind einige der habsburgischen Erzherzöge, unter ihnen vor allem Carl und Johann, welche von Haus aus erklärte Gegner Metternichs und natürlich auch dessen Systems sind, von dem sie meinen, es hemme den bürgerlichen Fortschritt und die Entwicklung der Gesellschaft. Erzherzog Ludwig hingegen warnt vor Metternichs übertriebener Experimentierfreudigkeit, als der Staatskanzler den Bau von Eisenbahnen in Österreich fördert und fremdes Kapital ins Land zieht, was in den Augen Ludwigs den Untergang der Monarchie bedeuten könnte. Die ebenso ehrgeizige wie intrigante Erzherzogin Sophie wiederum verabscheut Metternich, da dieser es stets zu verhindern weiß, sie an politischen Entscheidungen teilhaben zu lassen.

Talleyrand, Metternich in vielem ebenbürtig und in einigen Bereichen der diplomatischen Ranküne und des politischen Scharfsinns sogar überlegen, begriff zeitlebens Metternichs System als das »Prinzip der Legitimität«, während Lord Castlereagh darunter »die selbstverständliche Praxis der Bewahrung eines anständigen haltbaren Gleichgewichts zwischen den Mächten« verstand. Beider Meinungen deckten sich im übrigen weitgehend mit jener des Zaren Alexander, dem dieses

System nichts anderes bedeutete als »die besterprobte Maschinerie zur Verhinderung von Revolutionen, ein Mittel für alle Fürsten zur Bewahrung ihrer eigenen Freiheit vor den Anmaßungen ihrer Untertanen«, eine Definition, der Metternich selbst wahrscheinlich noch am ehesten zugestimmt haben würde.

Dazu noch einmal Tritsch, der in seiner Biographie Metternichs schreibt: »Was diesem System an menschlicher Erfahrung zugrunde liegt, ist vielleicht noch am besten mit den Worten ausgedrückt, daß weder Volk noch Bürgertum noch Adel je als solche zum Regieren taugen, weil der Adel doch nur sich selbst und seinen Eigennutz, die Großbürger doch nur den Handelsinteressen, die Kleinbürger doch nur den Rattenfängern und Hetzern, die Völker doch nur den neuen Ausbeutern oder alten Privilegienbewahrern gehorchen . . . und in besonders glückhaften Zeiten alle zusammen vielleicht gar den manchmal nicht ganz unweisen Ausgleichsbemühungen von zufällig nicht ganz unfähigen Monarchen. Sie alle müssen daher stets überwacht werden . . .«

Und genau diesem Prinzip gehorcht Metternich auf besondere Weise. Der Spitzel-, Denunzianten- und Überwachungsstaat, den er zwar nicht etablieren muß, weil es ihn spätestens seit den Zeiten Maria Theresias und Kaiser Josephs II. schon gibt, weil Österreich nicht zuletzt durch die Mentalität seiner Menschen einen sozusagen fruchtbaren Boden für solche Umtriebe liefert, dieser Überwachungsstaat wird durch ihn aufs vollkommenste ausgebaut und abgesichert. Es ist kein Zufall, daß Metternichs fähiger, wenngleich berüchtigter Polizeipräsident Sedlnitzky das sogenannte System als etwas zu begreifen versucht, was mit vorbeugenden Maßnahmen, Verboten, Überwachungen, Zensurmaßnahmen und Spitzelwesen zu tun hat, und dementsprechend allen Anweisungen des Staatskanzlers auf eine Weise gehorcht, die aus einer Mücke den sattsam bekannten Elefanten macht; was wiederum Metternich in die verhältnismäßig angenehme Lage versetzt, über alles, was in Wien und Österreich – und sehr oft auch darüber hinaus – an Verdächtigem oder Unbotmäßigem passiert, aufs genaueste und vor allem frühzeitig unterrichtet zu sein. Das kann aber auch nicht verhindern, daß die Dämme der Ordnung und Legitimität, welche das Fundament dieses Systems bilden sollen, unter der anstürmenden Flut neuer Ideen zu wanken beginnen.

Unruhen also überall. Vor allem Frankreich und Italien liefern Beispiele dafür, daß es eine langanhaltende Solidität im Politischen, wie sie Metternich wünschenswert erscheint, nicht geben kann. Er wird noch in seinen Erinnerungen mit einem Anflug von sentimentaler Dankbarkeit jenes Briefes gedenken, den der sterbende Kaiser Franz seinem Sohn Ferdinand hinterlassen hat. Und Metternich wird dabei festhalten: »Mein Gewissen legt mir die Pflicht auf, die wichtigen Stellen dieser denkwürdigen Urkunde, die in wenigen Worten ein vollständiges Gesetzbuch enthält, wiederzugeben.« Das Zitat, das er dann auswählt, verrät alles: »Verrücke nichts an den Grundlagen des Staatsgebäudes, regiere und verändere nicht; stelle Dich fest und unerschütterlich auf die Grundsätze, mittels deren steter Beachtung ich die Monarchie nicht nur durch die Stürme harter Zeiten geführt, sondern derselben den ihr gebührenden hohen Standpunkt gesichert habe, den sie in der Welt einnimmt. Ehre die wohlerworbenen Rechte, dann kannst Du gleich fest auf die Ehrfurcht bestehen, die Deinen Regentenrechten gebührt.«

Daß Metternich einen solchen Text als Grundlage für ein »vollständiges Gesetzesbuch« begreift, begreifen muß, liegt in der Natur der Sache. Daß ihm Ferdinand, dieser eher beschränkte als tüchtige, eher hilflose als nützliche Monarch, keinen Kurswechsel abverlangen kann, versteht sich von allein. Daß er selbst, jetzt alternd auf sichtbare und spürbare Weise, in seiner dritten Ehe mit der überaus frommen und dennoch ebenso leidenschaftlichen wie ehrgeizigen und vor allem hochmütigen Melanie sich selbst keinen Kurswechsel zumutet, liegt auf der Hand. Äußerstenfalls ist er bereit, unerläßliche Reformen zu ermöglichen. »Reform ist das Gegenteil von Zerstörung, ja sogar in guter Logik gleichbedeutend mit Reparation«, pflegt er festzuhalten, wenn ihn die diffizilen Verhältnisse in Italien, in Ungarn zu leichten Veränderungen seines ansonst starren politischen Kurses zwingen.

Dafür ist er unerbittlich, was die sogenannte Revolution in Frankreich angeht, wo Gewaltanwendung und revolutionäre Inszenierungen fast schon zur Tagesordnung gehören. Als im Oktober 1836 der Prinz Louis Bonaparte, ein Neffe Napoleons, die Soldaten der Garnison Straßburg zur Meuterei anstiftet, schreibt Metternich erbittert: »Niemals, höchstens in einem Vorstadttheater, hat es etwas gegeben, mit dem sich diese Revolution vergleichen ließe, die mit den lächerlichsten Mitteln unternommen wurde.« Er nennt Louis Bonaparte einen Grünschnabel, bezeichnet dessen späteren Freispruch von der Anklage des Hochverrats als ein beklagenswertes Ereignis und äußert sich insgesamt ein Jahr später noch einmal aufs vernichtendste über ihn: »Dieser junge Mensch repräsentiert die moralische Zerrüttung in ihren gefährlichsten Schattierungen, ohne daß sich unter all den Elementen, aus denen sich seine Existenz zusammensetzt, auch nur eines findet, das den Wert einer Grundlage zur Bildung eines Ordnungsprinzips hätte.«

Ernsthaftere Sorgen bereitet ihm allerdings das, was in Deutschland vorgeht. »Unter den mancherlei Übeln, von denen Deutschland mit einem großen Übel des übrigen Europa jetzt heimgesucht wird«, schreibt er, »gehört die in den Gemütern vorwaltende unruhige Bewegung und ein damit zusammenhängender krankhafter Zustand der öffentlichen Meinung.«

Alles, was mit Veränderung zu tun hat, erscheint ihm als krankhaft. Metternich ist nunmehr endgültig außerstande zu begreifen, daß den Menschen die Vorzüge seiner Politik lästig werden könnten, daß sie seine Ordnung, sein System als bedrückend empfinden. Er unterschätzt nicht die explosive Kraft des überall erwachenden Nationalismus. Aber er ist unfähig oder auch bloß nicht willens, die Dynamik zu erkennen, die sich in der sogenannten sozialen Frage verbirgt. Daß Menschen den Hunger nach Brot auch mit Hunger nach mehr Freiheit verbinden könnten, interessiert ihn nicht. Er hält das für eine Frage minderer Ordnung. Und dabei hält er sich selbst, wie er einmal in einem Brief an die Erzherzogin Sophie erwähnt, für einen Sozialisten. Er meint das keinesfalls ironisch. Einem Clemens Metternich, mag er sich denken, ist alles vorstellbar und möglich.

Metternich ist gleichsam in sich selbst erstarrt. Die elegante Biegsamkeit, die ihm so viele Erfolge eingetragen hat, ist ihm längst abhanden gekommen und mit ihr wohl auch die Fähigkeit, auf neue Herausforderungen mit neuen Argumenten und Alternativen zu reagieren.

Veränderung kündigt sich an

Die Fakten sprechen für sich: zu Beginn der vierziger Jahre die fortschreitende revolutionäre Bewegung in Italien; in Preußen gewinnt der Liberalismus an Boden; Ausschreitungen in Ungarn, Böhmen, Kroatien; der unselige Nationalitätenstreit kommender Jahrzehnte, dieser ruhmlose Anfang vom Ende der österreichischen Monarchie, beginnt erste Spuren zu hinterlassen. Metternich reagiert darauf mit dem eher hochmütigen Satz: »Nicht eine einzige Affäre steht noch zur Sprache.«

Wesentlich heftiger reagiert er dann auf die bürgerkriegsähnlichen Unruhen in der Schweiz, wo sich, vereinfachend gesagt, Katholiken und Protestanten vorerst noch unversöhnlich gegenüberstehen, Klöster geschlossen werden, ein sogenannter Sonderbund der ka tholischen Kantone entsteht und es zu einer Reihe von verlustreichen Gefechten kommt. Metternich nimmt lebhaften Anteil an dieser Auseinandersetzung. Bereits 1826 hat er festgestellt: »Durch ihre Lage im Zentrum unserer wichtigsten Handels- und Postverbindungen ist die Schweiz trotz ihrer verhältnismäßigen Schwäche für uns zu jeder Zeit eine Macht, die es zu schonen und zu pflegen gilt. Sie ist in den letzten Jahren zudem noch zum Gegenstand einer ganz ernsthaften Sorge auf dem Gebiet der Moral und der Politik geworden.«

Etliche Jahre später äußert er sich schon kritisch über die Schweiz, »weil die helvetischen Behörden Flüchtlinge aus Frankreich, Deutschland und Italien gastfrei aufnehmen, jene Mitglieder ruchloser Geheimbünde, statt in der Gemeinschaft der Staaten ihre Rolle zum Besten Europas zu spielen«. Und in einem Memorandum hält er fest: »Die Mächte können sich nicht von seiten eines zweitrangigen Staates eine offensive und herausfordernde Neutralität gefallen lassen, eine Art politischen Monstrums, das es bis in unsere Tage noch nicht gegeben hat.«

Nunmehr, Mitte der vierziger Jahre, da es in der Schweiz eine starke Strömung gibt, an die Stelle der einzelnen souveränen Kantone, die überdies in eine protestantische und in eine katholische Partei zerfallen, einen einheitlichen Bundesstaat zu setzen, was nach der Meinung Metternichs »ein Ansporn für die Parteigänger einer Einigung Deutschlands« sei, jetzt also empfindet der Staatskanzler die Auseinandersetzung in der Schweiz, die für einige Wochen tatsächlich in einen Bürgerkrieg auszuarten droht, auch als eine österreichische Angelegenheit. In einem Brief schreibt er: »Alles, was Europa an Phantasten, Abenteurern, Anstiftern der sozialen Revolution beherbergt, hat Zuflucht in diesem Land gefunden. Der Sonderbundskrieg ist also ein Kampf zwischen Vernunft und Anarchie.« Es bedarf wohl keiner näheren Erläuterung, welche Partei er als die anarchistische bezeichnet.

Österreich verlegt jedenfalls auf Betreiben Metternichs starke Truppenverbände nach Tirol und an die Tessiner Grenze und liefert den katholisch dominierten Kantonen des sogenannten Sonderbundes neben einer unverzinslichen Anleihe von einer halben Million Francs auch noch 3.000 Gewehre und anderthalb Zentner Munition, die den Mailänder Arsenalen entnommen werden. Diese Ladung wird allerdings von den protestantischen Gegnern des Sonderbundes im Tessiner Grenzgebiet abgefangen.

Im übrigen ist zu diesem Zeitpunkt die Auseinandersetzung bereits entschieden, was wiederum Metternich im Gegensatz zu fast allen europäischen Mächten nicht wahrhaben will. Am 12. Dezember 1847 schreibt er: »Das grundlegende Prinzip der Konföderation ist verletzt. Der Sonderbundskrieg war keine Frage der Religion, sondern eine Verschwörung revolutionärer Kräfte, die legale Ordnung zu stürzen. Der Plan der Radikalen liegt klar zutage: Sie zerstören die sieben Kantone moralisch und materiell, und wenn diese Kantone dann auf den Stand tributspflichtiger und botsmäßiger Staatswesen zurückgedrängt sind, wird erklärt, daß die Bundesakte reformiert sei.«

Metternichs verhängnisvoller Irrtum in dieser Angelegenheit – verursacht durch seine jetzt bereits panische Furcht vor dem Aufkommen und Erstarken revolutionärer Umtriebe und dadurch bedingter radikaler Veränderungen – beschwört fast einen europäischen Konflikt herauf. Er fordert, daß das Tessin von österreichischen, Basel von Truppen des Deutschen Bundes besetzt werden sollen. Und für das Gebiet des Jura sowie für Genf wünscht er eine Intervention durch Frankreich und das Königreich Sardinien. Es scheint fast, als habe der alternde, erstarrte und starrsinnig gewordene Staatskanzler in dieser Causa den Überblick und damit jedes Maß verloren. Aber er erreicht lediglich, daß Frankreich, Preußen und Österreich der Schweiz eine gemeinsame Note zugehen lassen (12. Jänner 1848), in welcher die politische Unverletzlichkeit der Kantone gefordert wird. Die Antwort der Schweizer Regierung darauf ist unmißverständlich und betont die Neutralität sowie Unabhängigkeit sowohl der einzelnen Kantone als auch des Schweizer Bundes.

Metternich ist durch solche Erklärungen nicht zu beruhigen. »Was dort in der Schweiz geschehen ist«, notiert er in sein Tagebuch, »sind Katastrophen.« Und seiner Frau Melanie erklärt er auf einem Spaziergang: »Ich möchte sterben und das Unglück nicht mehr miterleben, das kein Mensch verhindern kann. Meine Rolle ist zu Ende; die Rolle aller menschlichen Klugheit ist beendet. Die Gewalt wird regieren und die Welt ist verloren, weil das Recht für die Welt nur noch ein Gegenstand des Spottes sein wird.« Die Fürstin fügt dann noch aus eigenem in ihr Tagebuch hinzu: »Der Kanzler weinte und dachte nicht daran, mir seine Tränen zu verbergen. Er weinte nicht, weil seine Klugheit gedemütigt wurde, sondern weil die Gerechtigkeit besiegt war.«

Die Schweiz also. Und natürlich Deutschland. Und die österreichischen Kronländer. Selbstverständlich auch Italien. Unruhe, Aufsässigkeit, Umbruch überall. In Frankreich, wo Louis Philippe regiert, noch regiert, wie vorsichtig hinzugefügt werden muß, sind Skandale und Krisen die Regel und nicht die Ausnahme. Es gehe ein unheimliches Brausen durch die Welt, empfindet ein junger sächsischer Diplomat am letzten Tag des Jahres 1847; Graf Vitzthum von Eckstädt, so sein Name, vermeint dann noch »die Sturmvögel eines Krieges durch die Lüfte ziehen« zu spüren. Aber was ihm als Krieg erscheint, ist in Wahrheit das stürmische Brausen der Revolution. Mitte April wütet sie in Paris. Zusammenstöße zwischen Soldaten und Republikanern enden blutig. Am 24. April dankt Louis Philippe ab und geht nach England ins Exil. Am Tag darauf ruft eine provisorische Regierung die Republik aus. Die Unruhen hören deshalb nicht auf. Mitte Mai kommt es zu neuerlichen Auseinandersetzungen. Der französische Publizist Edmond Rossier schreibt dazu: »Die Volksmassen haben die Revolte übernommen. Sie haben sie nicht geleitet. Sie wissen nichts über die Gestaltung des politischen Daseins, sie werden die provisorisch errungene Freiheit nicht verteidigen können, und die Revolution wird ihr Los nur verschlechtern. Die heftigen, die extremsten Parteien bemächtigen sich zunächst der Macht und fordern soziale Reformen. Die Bürgerschaft wird schnell unruhig und will der roten Revolution nicht folgen, die zu weit geht und nur Unsicherheit schafft. Die Bürger verlangen Rückkehr zu Ruhe und Ordnung.«

Ist es das, was Metternich immer noch glauben läßt, die Dinge im Griff zu haben? Das Vertrauen in die Solidität eines Bürgertums, das er doch eigentlich stets zutiefst verachtet hat? Er kann nicht mehr verhindern, was jetzt passiert. Denn »obwohl die Revolution in Frankreich nur eine Art Zirkus bedeutet«, wie Henry Vallotton meint, »mit Sensationen und mit Massenveranstaltungen, ergießt sie sich über Europa mit der Heftigkeit einer Springflut, überquert Ströme, Gebirge und Grenzen, ruft Erhebungen und Pöbelaufstände hervor«.

Diese Revolution, die ihrem innersten Wesen nach keine ist, die viele einander widersprechende Ursachen hat und sich in ebenso vielen Formen zeigt, die in den italienischen Provinzen Österreichs nicht aus sozialen Motiven, sondern aus patriotischer Leidenschaft erwachsen ist, während in der Schweiz sogar nüchternes staatspolitisches Kalkül – allerdings auch Unduldsamkeit gegenüber der politischen Wirksamkeit geistlicher Orden – ein auslösendes Moment war, diese Revolution, die in Neapel und Paris ein gänzlich anderes Antlitz hat als in Venedig, Prag, Serbien oder Rumänien, dieser gefährliche Funke, der das europäische Pulverfaß zur Explosion bringen soll, überrascht Metternich seinen eigenen Angaben nach nicht im mindesten. Und doch scheint er jetzt nicht fähig oder nicht willens, zum richtigen Zeitpunkt – nämlich vor dem Ausbruch dieser Revolution auch in Österreich – auf die richtige Art zu handeln. Er habe vielleicht manchmal Europa, aber niemals Österreich geleitet, wird er später dazu erklären. Dazu kommt, daß Metternichs Gegnerschaft in Österreich nun rasch zunimmt. Die Arbeiter und Studenten hassen ihn. Das Bürgertum mißtraut ihm. Und dem Adel ist er lästig bis unheimlich.

An Warnungen fehlt es nicht. Metternich selbst weist in einem Bericht (1843) auf den bedenklichen Umstand hin, daß immer mehr ehrgeizige und vor allem jüngere Erzherzöge aus dem Hause Habsburg sich in die Politik einzumischen versuchten, daß die »kaiserliche Familie sich in Parteiungen aufteilt«, was verhängnisvoll sei. Und wörtlich: »Geht die Sache in diesem Geleise, so sind in einigen Jahren alle Gouverneurs- und höheren Kommandostellen durch Prinzen des kaiserlichen Hauses besetzt, und wie der Kaiser alsdann regieren soll, dies wird eine sehr bedenkliche Sache werden.«

Aber ungeachtet aller warnenden, drohenden Vorzeichen glaubt Metternich immer noch unverrückbar an Österreichs Stellung und Bedeutung als »Herz Europas«, wie er es oft selbst bezeichnet und auch mitgestaltet, mitgeschaffen hat. Ein Hauch von Tragik beginnt jetzt seine Person zu umwehen, wenn man sich vorstellt, daß er zwar – nicht zuletzt seines exzellent funktionierenden Spitzelwesens wegen – über fast alles, was jenseits der Grenzen Österreichs an Unruhe, Aufregung und Aufruhr passiert, bestens und stets rechtzeitig informiert ist, daß er auch die richtigen Schlüsse daraus zieht, was in Frankreich, Deutschland, Italien vor sich geht, daß er aber dennoch nicht imstande ist, aus Informationen und eigener Analyse für sich und Österreich jene Konklusion zu ziehen, die ihn das Wichtige und Richtige zum wichtigen und richtigen Zeitpunkt tun läßt. Das von ihm geschaffene Österreich bildet er sich hartnäckig als eine Art Fels in der Brandung ein oder, wie ein heute längst vergessener Historiker es formuliert hat, dieses Österreich »stand doch noch aufrecht, es blickte doch noch mit seinem verwitterten Antlitz wie taubstumm in die Welt hinein«.

Aufrecht und taubstumm und verwittert: Das sind herzzerreißende Adjektive, die jetzt auch in einem übertragenen Sinne auf Metternich zutreffen. Er weiß, daß nicht nur die Gegner seines Systems und die Vernichter seiner Ideologie, sondern auch seine politischen Feinde im Inneren sich formieren. Er weiß, daß das, was allenthalben in Europa sich machtvoll rührt, auch Österreich nicht verschonen wird. Er weiß, daß in des Kaisers nächster Umgebung unermüdlich gegen ihn intrigiert und opponiert wird. Und er weiß vor allem, daß dieser Kaiser, der gutmütige, törichte, schwächliche Ferdinand, eine vielleicht noch größere Gefahr für Österreich bedeutet als die schrillen Parolen der Revolutionäre, die in Flugblättern und Zeitungsartikeln über die Grenzen hereinwehen. Aber er unternimmt nichts. Metternich ist gleichsam verstummt. Ist das schon die endgültige Resignation?

»Immer wäre es einer der schwersten Vorwürfe, die Österreich gegen Metternich erheben könnte, daß er keinen Weg zu finden wußte, dieser verderblichen Anarchie an der Spitze des Staates zu steuern und der Unmöglichkeit der Regierung Ferdinands ein Ende zu bereiten«, schreibt Srbik in diesem Zusammenhang. Erwähnenswert ist freilich ein von den Historikern und Biographen wenig beachteter Umstand, demnach Metternich noch im November 1847 mit der Kaiserin – also mit Maria Ane, der Gemahlin des unglücklichen Ferdinand – vereinbart, daß er willens sei und es für notwendig erachte, ab dem kommenden Jahr, ab August 1848, wenn der Enkel des Kaisers Franz das achtzehnte Lebensjahr vollendet haben würde, dafür einzutreten, daß dieser an die Stelle Ferdinands trete. Denn Franz Joseph, so der Name dieses Jünglings, der ein Neffe des regierenden Kaisers ist, erfüllt in den Augen Metternichs alle jene Voraussetzungen, die ein österreichischer Monarch in einer unruhigen Zeit wie dieser haben soll. Das heißt, Metternich hofft in Franz Joseph »einen würdigen Vertreter seiner Prinzipien« (Srbik) zu finden; er ist sogar bereit, dem jungen Mann politischen Unterricht zu erteilen. Schon 1847 beschäftigt er sich Sonntag für Sonntag mit Franz Joseph, unterweist er ihn in der schwierigen Kunst der Diplomatie, soweit das bei einem Siebzehnjährigen überhaupt möglich ist, durchtränkt er ihn sozusagen mit seinen eigenen politischen Idealen, legt er den Keim für eine Entwicklung, die den politischen Charakter des nachmaligen Kaisers Franz Joseph entscheidend beeinflussen soll, der allerdings gerade dadurch für Österreich später nicht unproblematisch sein wird.

Aber die Angelegenheit mit Franz Joseph ist im Augenblick nur eine Fußnotiz in der nun beginnenden Geschichte. Und Metternichs Pläne gedeihen nicht über einen vagen, unverbindlichen Anfang hinaus. Daß es im Prinzip die richtigen Pläne sind, ändert nichts mehr am Zusammenbruch des Metternichschen Systems, der sich abzuzeichnen beginnt.

In einem merkwürdigen Gegensatz zur vermeintlichen oder tatsächlichen Lethargie, zur Erstarrung, die Metternichs politische Agitation nunmehr beherrscht, stehen jene wesentlichen Passagen in seinem *Politischen Testament,* welches er nach seinem Sturz niederschreiben wird. Denn da heißt es einmal: »Ich bin mit einem Geiste, welcher das Positive allein zu vertreten vermag, ausgerüstet gezwungenermaßen in das politische Leben eingetreten. Mein Temperament ist ein historisches, jeder Art von Romantik widerstrebendes. Meine Handlungsweise ist eine prosaische und nicht eine poetische. Ich bin ein Mann des Rechtes und verwerfe in allen Dingen den Schein.« Und auch seine Funktion als Politiker und Diplomat betrachtet er mit großer Nüchternheit, spricht davon als einem »Geschäftsleben« und bekennt sich, wenn er den Begriff »Freiheit« definiert, zuerst einmal zum Prinzip der Ordnung. Der Ausgangspunkt für jede Art von Freiheit, die er akzeptieren kann, ist für Metternich stets die Ordnung. »Ohne die Grundlage der Ordnung«, präzisiert er, »ist der Ruf nach Freiheit nichts weiter als das Streben irgendeiner Partei nach einem ihr vorschwebenden Zweck.«

Was ist es, das Metternich jetzt, da es einer äußeren Anstrengung bedürfte, einer Konzentration von Energie, Phantasie, Durchsetzungsvermögen, Schläue und kraftvoller Beharrlichkeit, wie gelähmt wirken läßt? Ist es wirklich nur sein Alter? Ist es der Einfluß Melanies, wie manche Beobachter behaupten? Ist es die resignierende Einsicht, daß die nunmehr begonnene Entwicklung nicht mehr aufzuhalten sei?

Walther Tritsch hat alle diese Fragen auf einen brauchbaren Nenner gebracht, wenn er feststellt, daß sich in den vierziger Jahren des 19. Jahrhunderts die Kanzleiwirtschaft in Österreich selbständig gemacht habe, zum Eigenwert aufgerückt sei und über die Existenz des Monarchen hinaus unzerstörbar und gleichsam ewig geworden sei. »Von Revolution zu Revolution, von Krieg zu Krieg war Österreich, war Clemens Metternich«, schreibt Tritsch, »der unerschütterte, der unerschütterliche und unveränderliche Fels in der Brandung des Chaos geblieben.« Anderswo mögen die Monarchen, Diktatoren und Volksherrschaften kommen und gehen; in Österreich herrscht Grabesruhe. »Oder vielmehr die Ruhe eines gutgeheizten Großvaterzimmers: dunkel und mollig und warm, ganz still, man würde eine Fliege summen hören . . .« Dabei rumort es rundum, ist überall Lärm hörbar, wird die neue Zeit in neue Phrasen gezwungen. In Österreich begnügt man sich mit hübschen Anekdoten. Als Metternich eines Tages gefragt wird, wie, auf welche Weise, worüber er den jungen Thronfolger Franz – der bei seiner Thronbesteigung den Namen Joseph dazunehmen wird – eigentlich unterrichte, wenn dieser Sonntag für Sonntag den Erklärungen des Staatskanzlers lausche, da antwortet Metternich lächelnd: »Was ich ihm beizubringen mich bemühe? Nun, die schwere Kunst des Redenlassens.«

So ist das in Wien. Die Bürokratie hat die Macht über den Staat ergriffen. Anekdoten treten an die Stelle von Entscheidungen. Erzherzöge beherrschen die Kunst der politischen Intrige besser als der große Lehrmeister in dieser Disziplin, besser als Metternich, der nunmehr fast gleichgültig gewähren läßt, was ihn noch vor einem Jahrzehnt zu hektischer Betriebsamkeit animiert haben würde. Schon 1830 hat Franz Grillparzer geklagt, daß die ganze Welt durch den neuen Umschwung sich erkräftigen werde, »nur Österreich wird daran zerfallen«. Grillparzer sprach damals vom »schändlichen Machiavellismus« jener, welche »die wechselseitige Nationalabneigung der einzelnen Provinzen hegten und nährten«, worin er die hauptsächliche Ursache für den kommenden Zusammenbruch sah. »Der Ungar haßt den Böhmen, dieser den Deutschen und der Italiener sie alle zusammen, und wie widersinnig zusammengekuppelte Pferde werden sie sich in alle Welt zerstreuen, wenn der fortschreitende Zeitgeist die Gewalt des Joches schwächt und bricht.«

Einige Zeit später bezeichnet ein österreichischer Hofrat namens Kübeck den Staatskanzler in aller Öffentlichkeit als die »Grundursache der heraufziehenden Katastrophe«. Und schon 1840 wurde in einer Schrift, die überall größtes Aufsehen verursachte und deren Befürworter die adeligen Landstände waren, Österreich als ein »europäisches China« bezeichnet. Die sogenannte Kaiserliche Akademie der Wissenschaften, die bereits 1837 zu einer »Ehrensache der Regierung« erklärt worden war, wurde fast ein Jahrzehnt lang geschickt verhindert, was wohl mit den liberalen Tendenzen zu tun hatte, die Metternich ihr hartnäckig unterstellte – was ihm wiederum die Abneigung, ja den Haß nicht nur aller fortschrittlichen Intellektuellen, sondern auch und vor allem des weitgehend liberal gesinnten Bürgertums einbrachte.

Aus den Vorwürfen, die direkt oder indirekt an die Adresse Metternichs gerichtet werden, läßt sich unschwer ein Mosaik der wachsenden Unzufriedenheit und des beginnenden Ungehorsams gegenüber der staatlichen Macht konstruieren. Aber Metternich reagiert darauf entweder gar nicht oder nur halbherzig oder mit übertriebener Härte. Er reagiert falsch, kann freilich in sehr vielen Fällen nur falsch reagieren, da Kaiser Ferdinand – der Schattenkaiser, wie ihn viele nennen – vollkommen unfähig ist, politische Verantwortung zu übernehmen oder zu delegieren. Dazu kommt, daß die nationalistische Bewegung in der Monarchie bereits zu stark geworden ist, daß die Menschen, die sich durch die überall dominierende Bürokratie bloß verwaltet, auch eingeengt, aber keinesfalls vertreten fühlen, nun selbst die Initiative zu ergreifen beginnen. Und daß sie sich dabei zuerst einmal auf die vermeintliche oder tatsächliche Ursache ihrer Unzufriedenheit konzentrieren: auf den Staatskanzler und sein sogenanntes System.

1848

Das Jahr 1848 fange nicht sehr trostreich an, notiert die Fürstin Melanie Metternich in ihr Tagebuch. Und wahrscheinlich ahnt sie, deren solider Hochmut nur die vermeintlich tückischen, scheinbar giftigen Blasen an der Oberfläche des Sumpfes, nicht aber dessen brodelnd bewegten Urgrund erkennen und verstehen kann, wahrscheinlich ahnt sie in diesem Augenblick noch nicht im geringsten, wie recht sie mit ihrer besorgten Feststellung hat. Es ist charakteristisch für ihre Einstellung, für ihr Verständnis von Politik und den Ursachen dieser Politik, daß sie, die nun schon so lange Jahre von ihrem Mann geprägt, beeinflußt, sozusagen politisch gebildet wird, mit zwar scharfem, aber eingeengtem Blick immer nur das Unmittelbare aufgreift, um ihre Entrüstung über die sich überall abzeichnenden Veränderungen zu illustrieren. Sie reagiert auf fremde Reaktionen. Aber sie ist außerstande, die wesentlichen Ursachen dieser Reaktionen zu erkennen.

Und wie die Fürstin reagieren alle und alles rund um den Staatskanzler. Man entrüstet sich über Aufregung und Krawall in Mailand, Parma und Neapel. Aber man ist nicht fähig, sich darüber Gedanken zu machen, was Aufregung und Krawall überhaupt erst hat entstehen lassen. So schreibt Melanie zum Beispiel einmal, daß Clemens Metternich so bewunderungswürdig unerschrocken sei. Doch dann schon diese besorgten Anmerkungen: »Aber zuweilen ist er sehr aufgeregt. Wer tiefer in die Karten blickt, wer sieht, wo das Übel liegt und wie tief und fest eingewurzelt es ist, der verliert den Mut und kommt endlich zu dem Gedanken, Gott wolle alle Elemente der Ordnung und des Friedens verwirren. Man kennt das Übel, hat die Gefahr vor Augen und findet keine Abhilfe. Frankreich kann nicht offen die Ordnung unterstützen, denn es fristet selbst in der Unordnung sein Dasein. England hingegen ist bereit, überall die Hand im Spiel zu haben, wo es Übles zu stiften gibt. Alle Welt scheint im Schlaf versunken und mit Blindheit geschlagen.«

»Wer tiefer in die Karten blickt«, schreibt Melanie also nicht ohne selbstgefällige Keckheit und wäre wahrscheinlich maßlos entrüstet, wollte man ihr in diesen Augenblicken sagen, daß sie wie alle ihres Ranges und Standes blind ist für das, was die Karten seit langem schon anzeigen. Auch Metternich, der Staatskanzler, erliegt dieser selbstgefälligen Blindheit. Frankreich sei zu den Irrtümern seiner ersten Revolution zurückgekehrt, behauptet er allen Ernstes einem französischen Diplomaten gegenüber, nachdem der unglückliche, unfähige und inkompetente Bürgerkönig Louis Philippe von seinen eigenen Bürgern davongejagt, ein Dichter, nämlich Lamartine, zum Minister der auswärtigen Angelegenheiten ernannt, in Paris die 2. Republik ausgerufen und dennoch ein befriedigendes Ende dieser ganzen Aufgeregtheiten und allerdings auch blutigen Tollereien noch nicht gefunden worden ist.

Der Greis – fünfundsiebzigjährig ist er jetzt, da alles zusammenbricht, was er in Jahrzehnten aufgebaut und abgesichert hat – benimmt sich greisenhaft starrsinnig. Als für den 12. März in Wien Demonstrationen angesagt sind, soll Metternich nur mit den Achseln gezuckt haben. Sein Polizeipräsident Sedlnitzky habe, so wird erzählt, nicht einmal die Nachrichten seiner Konfidenten, die ihn weisungsgemäß über dieses Ereignis unterrichteten, genau gelesen. Bei Hofe betet man, pflegt Konversation mit dem Beichtvater, scherzt im kleinen Kreis. Eine Demonstration in Wien? Man lächelt ironisch und später, als die angekündigte Demonstration am 12. tatsächlich nicht stattfindet, verständnisinnig. Dafür notiert Melanie: »Man wird verrückt, wenn man die Zeitungen liest, mit den Details über die französische Republik.« Und einige Tage später: »Wir erfuhren, daß Aufstände in Frankfurt, Karlsruhe und Stuttgart stattgefunden haben, man wolle den Deutschen Bund auflösen, die Könige fortjagen; überall Aufwallung und Tollheit.«

Ist das nicht das passende Wort für diese Affären? Aufwallung. Eine Aufwallung der Gefühle des Pöbels. Und schuld daran sind die Behörden. In Mailand zum Beispiel, wo es immer wieder zu Unruhen kommt und Radetzky Mühe hat, seine Soldaten vor Anpöbelungen zu schützen. Oder in Palermo, wo man eine Konstitution erläßt, welchem unseligen Beispiel dann der König von Sardinien und der Großherzog von Toskana folgen, anstatt diese Aufwallungen einfach niederzukartätschen und dem Pöbel mit unnachsichtiger Strenge beizubringen, daß Gott die Ordnung unter den Menschen sich anders vorgestellt und Metternich sie anders eingerichtet habe.

Die Fürstin Metternich ist in diesen Tagen gelegentlich fassungslos über die Undankbarkeit und den Starrsinn der Irregeführten, die sich allen Ernstes nicht überzeugen lassen wollen, daß jede Veränderung nur gefährlich, jede Unruhe bloß töricht sei. »Italienische und französische untergeordnete Diplomaten fangen auch hier an, für die Revolution zu schüren«, schreibt sie mit tadelndem Tonfall. »Wenn es einmal bei uns losgeht, werden die Irregeführten mehr davon spüren, als sie es vermuten. Ich kann nicht umhin, die Betörten zu bedauern, die doch zuletzt nur die Geprellten sein werden.«

Greisenhaft starrsinnig und nichts sonst der Staatskanzler? Läßt sich diese Behauptung mancher Biographen, mancher Kommentatoren der 48er Ereignisse tatsächlich aufrechterhalten?

Daß er die Ereignisse in Frankreich mit jenen der Revolution von 1789 vergleicht, ist allerdings sonderbar. Daß er »sich als Bewahrer des Bestehenden dünkt, indem er halsstarrig am politischen status quo in Europa festhält«, wie ihm der Brite Palmerston vorhält, zeugt in der Tat von Uneinsichtigkeit. Und daß auch Zweifel an seinem vielzitierten Konservativismus berechtigt sind, bestätigt Palmerston mit seiner Attacke gegen Metternich, in der es unter anderem heißt: »Wir bekennen uns als Konservative, indem wir überall dort zu Zugeständnissen, Reformen und Verbesserungen raten, wo die öffentliche Meinung sie fordert und als notwendig bezeichnet, die Sie aber überall verweigern. Sie verweigern solche auch in Momenten von Aufruhr und Empörung, um die Macht nicht schwächen zu lassen und nicht den Anschein zu haben, vor Aufwiegelung zurückzuweichen. Hartnäckig weisen Sie alles zurück, was die öffentliche Meinung bei Ihnen und in den Ländern fordert, auf die Sie einen Einfluß ausüben und über die Sie eine Schutzherrschaft besitzen. Endlich lehnen Sie ab, was weit von Ihnen und um Sie herum bewilligt worden! Nein, der Konservativismus besteht nicht in Unbeweglichkeit. Ihre Politik ist verhängnisvoll und führt so sicher zu einer Explosion wie bei einem hermetisch verschlossenen Kessel, dem ein Sicherheitsventil fehlt.«

Wen wundert es da noch, daß Fürstin Melanie mit maliziösem Zungenschlag über Lord Palmerston urteilt, ihn als einen Mann charakterisiert, »der Großbritannien vor den Augen aller Welt als Großmacht der Spitzfindigkeiten und Intrige hinstellt«? Wer ihrem Clemens mit solchen Behauptungen zusetzt – Palmerston hat die hier zitierten Erörterungen dem österreichischen Botschafter Dietrichstein mitgeteilt, welcher sie zwar seinem Vorgesetzten Metternich, aber auch wie zufällig der Öffentlichkeit überantwortet, wo sie naturgemäß besonderes Aufsehen verursachen –, wer also dem Staatsmann, dem Ehemann Melanies den notwendigen Respekt verweigert, darf bei der Fürstin nicht auf Nachsicht und Verständnis hoffen. England, so urteilt sie mit endgültiger Geste, ist ein Land, das nur Übles stiften kann. Und überhaupt: »Alle Welt scheint im Schlaf versunken und mit Blindheit geschlagen. Schließlich verzweifelt man an allem; klar ist mir nur, daß der allgemeine Haß wider uns entbrannt ist, und daß die Kraft unserer Gegner wie die unglaubliche Schwäche unserer Freunde uns endlich zugrunde richten.«

Was die Fürstin freilich nicht dem Tagebuch anvertraut, ist der einfache Umstand, daß nicht nur ein englischer Diplomat Metternich ebenso dringend wie wenig schmeichelhaft den Rat gibt, endlich Reformen in die Wege zu leiten. Auch in Österreich selbst fehlt es nicht an warnenden Stimmen, welche diese längst fälligen Reformen fordern. Aber Ferdinand, natürlich nicht unerheblich beeinflußt durch Metternich, läßt ausgerechnet in diesen Tagen, da die Staatskrise allenthalben deutlich wird, in der *Wiener Zeitung* eine gleichsam offizielle Verlautbarung einrücken, deren weitschweifig formulierter Inhalt in einem Satz zu erklären ist: Österreich kann auf Reformen verzichten; in Österreich braucht es keine Veränderung; die bestehende Ordnung ist gut und funktioniert.

Dazu fällt jenem Hofrat Jarcke, der als Lehrer des zukünftigen Thronfolgers Franz Joseph gewiß keiner revolutionären Neigung verdächtigt werden darf, das bittere Wort ein: »Wer zu solchen Zeiten keine Reformen haben will, der muß die Revolution haben wollen.«

Metternich bleibt starrsinnig, ist uneinsichtig, will nicht wahrhaben, was alle Welt rund um ihn bereits begreift. Oder ahnt er ohnedies, was sich abzeichnet an politischem Schicksal, an radikaler Veränderung, an Aufbruch in ein neues Zeitalter ... und ist lediglich unfähig, darauf mit jener intriganten, mitunter genialen, gelegentlich verblüffenden Geschmeidigkeit zu reagieren, welche seine tatsächliche Unnachgiebigkeit geschickt kaschiert? Die Feindseligkeit, die Metternich jetzt mit wachsender Deutlichkeit entgegenschlägt, spürt, kennt er. Die Broschüren, Flugblätter, Maueranschriften, die sein Abtreten fordern, sind schließlich nicht zu übersehen. Auch über das Mißtrauen, das die kaiserliche Familie seiner Person gegenüber empfindet, ist er bestens unterrichtet. Vor allem Sophie, die ehrgeizige Mutter des Thronfolgers, wird zur zentralen Figur aller gegen ihn gerichteten Aktionen.

Franz Grillparzer, der in seinen *Erinnerungen aus dem Jahre 1848* den verstorbenen Kaiser Franz der Engstirnigkeit und Gedankensteifheit bezichtigt und ihn als den wahren Urheber jenes Polizeidrucks begreift, »der in der neueren Geschichte kaum ein Beispiel hat« und unter dem Österreich – die Wiener vor allem – auf eine Weise leidet, daß jetzt nur noch eine Eruption des Volkszornes diesen Druck beseitigen kann, Grillparzer versucht, dem nun so vielfach geschmähten Staatskanzler wenigstens in Nuancen Gerechtigkeit widerfahren zu lassen. Der Dichter ist kein besonderer Freund Metternichs. Aber es ist ihm unbehaglich, in ihm den allein Schuldigen an den nunmehrigen Verhältnissen sehen zu müssen. Er konzediert ihm, den er einen liebenswürdigen, geistreichen und freilich auch leichtsinnigen Charakter nennt, daß er vor einem Jahrzehnt vielleicht noch Reformen zugänglich gewesen wäre. »Als aber Kaiser Franz starb«, schreibt Grillparzer, »war er alt, bequem und hochmütig geworden. Jetzt wußte er nichts, als in dem alten Schlendrian fortzufahren.« Und dann formuliert er diesen einen Satz, der alles wieder zunichte macht, was zuvor an Verständnisvollem über Metternich bei Grillparzer nachzulesen ist: »Der Umstand, daß er allein es war, der den elenden Polizeipräsidenten Grafen Sedlnitzky stützte und hielt, reicht für sich schon hin, um allen Lobrednern Metternichs Stillschweigen aufzuerlegen.«

Grillparzer skizziert in seinen Erinnerungen aber auch noch einige andere Protagonisten der politischen Situation, so etwa den Erzherzog Ludwig, einen Bruder des Kaisers Franz, der für den nunmehrigen Regenten, für Ferdinand, der zu solcher Leistung schlichtweg unfähig ist, die Staatsgeschäfte führt. Ihn charakterisiert Grillparzer als gutmütig, aber schwach, während er den Minister des Inneren, den Grafen Kollowrat, als einen Politiker darstellt, »der sich liberal gebärdet, ohne daß dabei etwas herausgekommen wäre«. Und zuletzt die Konklusion: »Alle diese Staatsmänner, so sehr sie auch freiwillig oder notgedrungen das alte System fortsetzten, waren doch zugleich viel zu gutmütig und zu human, um auch den alten Polizeidruck fortsetzen zu wollen. Und das hat sie zu Grunde gerichtet.«

Das ist nun allerdings eine interessante, originelle Erklärung für alles Folgende, und erfährt eine kleine Ergänzung durch diese Eintragung im Tagebuch der Fürstin Melanie: »Endlich wurde nach langem Zögern in Mailand das Standrecht proklamiert.« Den Seufzer der Erleichterung, den die Fürstin dabei in Gedanken mitgeschrieben haben mag, glaubt man heute noch zu hören.

Diesem Tagebuch kann man auch sehr gut die Fieberkurve der nunmehr Wien erreichenden revolutionären Stimmung entnehmen. Da werden »die Nachrichten aus Deutschland immer schlechter; im wahren Sinne des Wortes gibt es kein Deutschland mehr, weil die Landesherren zu Konzessionen getrieben und dann verjagt werden«. Da erteilt am 10. März ein Bediensteter der Staatskanzlei der Fürstin den dringenden Rat, »meine Diamanten in ein Privathaus zu hinterlegen, weil sie bei mir nicht mehr sicher wären«. Die Fürstin denkt jedoch vorerst noch nicht daran, durch solche Gesten ihre Niederlage einzugestehen.

Allerdings gibt sie sich auch keinen sonderlich großen Hoffnungen mehr hin. »Alles ist konsterniert«, schreibt sie, »und unter dem Eindruck des größten Schreckens. Ich kann nichts anderes tun als Clemens bewachen und Gott bitten, er möge ihn beschützen.«

Und dann kommt der 13. März 1848. Die für den Tag zuvor angekündigten Demonstrationen, gegen die von den Polizeibehörden nicht die geringsten Gegen- oder Vorsichtsmaßnahmen vorbereitet gewesen wären, haben nicht stattgefunden. Jetzt, also am 13., hat man die Bürgerwehr in Bereitschaft gesetzt, um einem allfälligen Aufruhr, an den man nicht glaubt, wirksam zu begegnen. Im Landhaus ist für diesen Tag die Versammlung der Landstände einberufen. Besorgte Anfragen bei der Polizeibehörde, ob die Sicherheit dieser politischen Versammlung gewährleistet sei, werden durch Sedlnitzky persönlich beantwortet; er verbürge sich für die Aufrechterhaltung der Ruhe in der Monarchie, wird später seine etwas großmaulige Versicherung in ganz Österreich zitiert.

Morgens um acht an diesem 13. März treffen vor der alten Universität die ersten Studenten ein und beginnen sogleich mit dem, was sie selbst als Beratung, was die Historiker als den Beginn der Revolution in Wien bezeichnen. Grillparzer meint dazu lakonisch: »Damals noch hätte man den Aufruhr mit zwei Bataillonen Soldaten von beiden Seiten wie einen Taschendieb abführen können«, was gewiß eine etwas zynische, aber wohl wahrheitsgetreue Beschreibung der Situation zu diesem Zeitpunkt ist.

Vielleicht hätte wirklich eine Handvoll Soldaten, eingesetzt zum richtigen Zeitpunkt und am richtigen Ort, vollauf genügt, um die Ereignisse dieses 13. März 1848 und damit die ganze Revolution im Keim zu ersticken. Sehr wahrscheinlich ist es freilich nicht, daß allein durch das Militär das, was an Unruhe und Forderung vorhanden ist, unterdrückt werden kann. Aufhebung der Zensur, Freiheit der Presse, des Unterrichts und des Studiums und vor allem die Ausdehnung des Wahlrechts werden gefordert. Ein ungestümes Verlangen nach Freiheit bewegt die Menschen. Viele, die meisten, wissen gar nicht, wie sie es artikulieren sollen. Sie wissen nur, daß das einzige Hindernis auf dem Weg zu dem Neuen, Unerhörten, Besseren Metternich heißt. Gegen den Staatskanzler entlädt sich die lange aufgestaute Wut des Volkes.

Aber Metternich ist in dieser Hinsicht empfindungslos. Volkszorn ist etwas, was keinen Platz hat in seinem politischen Kalkül. Das Volk kann man reglementieren. Es ist eine anonyme Masse, die nichts bewirkt. Und hat nicht der Polizeipräsident, wie Fürstin Melanie aufatmend in ihrem Tagebuch feststellt, noch am Abend des 11. März erklärt, daß kein Anlaß zu irgendwelcher Beunruhigung bestehe?

Aber gänzlich uneinsichtig, völlig empfindungslos für das, was draußen in der Stadt vorgeht, ist auch Melanie nicht. »Man sah, wie der agitatorische Teil des Publikums durch sein terrorisierendes Auftreten alles einschüchterte«, schreibt sie. »Man brachte die Gutgesinnten in Angst und Schrecken. Die Eingeschüchterten wirkten wiederum zurück auf jene, die noch Mut gehabt hatten. Ich empfing die abscheulichsten Drohbriefe von allen Seiten. Die Macht der Hölle schien entfesselt.«

Metternich stellt sich immer noch taub. Seine einzige Maßnahme und politische Strategie gegen die sich längst deutlich abzeichnende Katastrophe besteht in der Absicht, für den 25. März einen Fürstenkongreß nach Dresden einzuberufen. Was soll dort noch erörtert werden? Will er auf die chaotisch gewordenen Verhältnisse in Deutschland Einfluß nehmen, während in Wien die Revolution tobt? Will er wieder einmal Zeit gewinnen, nun, da er doch keine Zeit mehr hat, nun, da ihm, dem Zaudernden, dem merkwürdig Entschlußlosen, die Macht des Handelns schon aus den Händen genommen wird?

»Der Himmel war grau an jenem historischen 13. März«, schreibt ein Augenzeuge des nunmehr abrollenden Geschehens. »Aber es war warm und lind wie an einem rechten Frühlingstag. Um acht morgens wimmelte es von Menschen in den Hörsälen der Universität und des Polytechnikums. Die Professoren versuchten die jungen Leute zu beruhigen und berichteten von den Schritten, die sie am Tage zuvor bei Hofe unternommen hatten.« Constantin von Grunwald, der Chronist, verhehlt freilich nicht, daß solche Beruhigungsversuche nichts mehr nützen. Die Studenten wissen zu genau, was ihnen von Metternich angedroht ist für den Fall, daß sie mit ihren Petitionen und Agitationen nicht aufhören. Jede Bittschrift, die eine Änderung bestehender Institutionen des Staates oder der Länder fordert, wird unnachsichtig als Aufstandsversuch behandelt. Bittgänge von Professoren bewirken da nichts mehr. Was jetzt zählt, ist der Mut zur Radikalität.

Bald versammeln sich die Studenten in der Herrengasse, wo es zu einer Kundgebung kommt. Neugierige Bürger stoßen dazu. Angeblich sind es an die fünfzehntausend Menschen, die dieser Demonstration den Anschein von Masse und Gewalt verleihen. Gegen zehn Uhr dringen die ersten Studenten in den Sitzungssaal des Landhauses ein, wo gerade die Landstände tagen, klettern auf die Bänke, halten flammende Reden, fordern Freiheit der Presse, Religionsfreiheit, Gedankenfreiheit. Draußen auf dem Hof des Landtagshauses liest ein Student eine vorbereitete Rede vor, die bei den Zuhörern erste Hochrufe auf die geforderte Verfassung auslöst. Und hier ertönt auch erstmals der Schrei »Nieder mit Metternich«, der rasch zum Losungswort der Revolutionäre wird.

Bis zu diesem Augenblick geschieht aber eigentlich noch gar nichts, was bedrohlich anmutet. Es sind hier zwar Grenadiere mit aufgepflanztem Bajonett postiert, in dreifacher Reihe sogar, wie Franz Grillparzer in seinen Erinnerungen versichert; aber vorerst greifen sie noch nicht ein. Bis gegen elf Uhr, soweit sich das rekonstruieren läßt, bleibt alles verhältnismäßig friedlich. Es ist eine gesittete Demonstration. »Man rief ein wenig, ja man schrie sogar, aber das waren zumeist Hochrufe auf das Kaiserhaus.« (W. Tritsch) Erst als der junge Mann, ein gewisser Johann von Böhm, ein Student der Rechte, unten im Hof vor dem Landtagsgebäude sein »Nieder mit Metternich« in die Menge ruft, wird es gefährlich.

Aber wirklich revolutionär geht es bis zu diesem Zeitpunkt nirgends zu. Es bedarf tatsächlich eines dramatischen Anlasses, damit diese Revolution auch von Wien Besitz ergreift.

Was ist es wirklich, das die Explosion auslöst und aus der am Anfang noch eher harmlosen Demonstration, die von vielen als eine Art Unterhaltung, als »Hetz'«, wie man in Wien sagt, begriffen wird, tatsächlich eine Revolution macht? »Doch hatte das Ganze einen großen Eindruck auf mich gemacht«, schreibt Grillparzer, der als aufmerksamer, letztlich jedoch unbeteiligter Beobachter diese Szenen miterlebt. »Die Unbekümmertheit, mit der die jungen Leute wie Opferlämmer sich hinstellten und von den aufgestellten Bewaffneten gar keine Notiz nahmen, hatte etwas Großartiges. Das sind heldenmütige Kinder, sagte ich zu mir selbst.«

Um zehn Uhr also noch eine Kinderei, die sich verhältnismäßig harmlos austobt im Sitzungssaal des Landtags, die sich pathetisch formuliert auf dem davorliegenden Hof. Viel Enthusiasmus. Viele Reden. Viele Forderungen. Dann, etwa eine Stunde später, zieht die Menge hinüber zum Ballhausplatz, hinüber zur Hofburg. »Dieses ganze Zentrumsviertel mit seinen vielen Staatsgebäuden«, schreibt der Augenzeuge Constantin von Grunwald, »wird nicht verteidigt, die Truppen halten nur die Bastionen besetzt. Bald nach Mittag erreicht eine Pionierkompanie, an deren Spitze die Erzherzöge Albert und Wilhelm reiten, die Nähe der Hofburg. Die dichte Menge weicht zurück, um ihnen den Weg freizugeben, und ruft den Erzherzögen freundlich zu. Erschreckt durch ein großes Stück Holz, das in die Luft geworfen wird, bäumt sich plötzlich das Pferd des Erzherzoges Albert auf. Die Menge wird unruhig. Die Soldaten, die ihren Chef in Gefahr glauben, greifen zum Bajonett und geben dann eine Salve ab. An die zwanzig Demonstranten stürzen zusammen, tot oder verwundet. Die Menge zerstreut sich, ruft nach Waffen ...«

Bei Grillparzer hört sich diese Schilderung knapper an: »Später traf endlich die bewaffnete Macht ein. Es wurde auf das Volk gefeuert. Wer es immer befohlen hat, er hat die Monarchie an den Rand des Abgrundes gebracht, indem er die Gassenbüberei zu einer Revolution stempelte. Von da an war kein Halt ...«

Und bei der Fürstin Melanie lesen wir: »Erzherzog Albrecht kommandierte die Truppen. Als er an ihrer Spitze über die Freiung zog, wurde er mit Steinwürfen empfangen; ein General seiner Suite wurde dadurch schwer verwundet, worauf die Truppen von der Waffe Gebrauch machten. Es gab zwei Verwundete, welche in allen Straßen Wiens im Triumph herumgetragen wurden.«

Was diesen Erzherzog betrifft, der einmal als Albert und dann als Albrecht in dieser Geschichte aufscheint, so soll er – der als Erzherzog Albrecht ein kommandierender General und zudem für den Militärbezirk »ob und unter der Enns« verantwortlich ist – an diesem 13. März 1848 den verhängnisvollen Schießbefehl gegeben haben. Später legt er seine Kommandostelle nieder und tritt als Freiwilliger in die Italien-Armee Radetzkys ein. In welchem Ausmaß diese selbstauferlegte Degradierung von seinem möglichen Schuldkomplex, der eigentliche Urheber der Wiener Revolution zu sein, abhängig ist, läßt sich nur vermuten.

Bei den Soldaten, welche die ersten Schüsse auf die Demonstranten abgeben, soll es sich übrigens um Italiener handeln. Und ein General namens Mittrowsky soll für den militärischen Schutz der Hofburg verantwortlich sein. Und es soll sich nicht nur um zwei Verwundete, wie die Fürstin Metternich schreibt, sondern um eine nicht näher zu eruierende Zahl von Verletzten und Toten handeln.

Drüben in den Kaisergemächern der Hofburg, so berichtet es Walther Tritsch, soll sich plötzlich ein Fenster geöffnet haben. Und »der gekrönte Einfältige – also Kaiser Ferdinand – zeigt sich der Menge und ruft, ehe man ihn hindern kann: Nicht schießen! Ich bewillige alles!«

Das also ist das Szenario dieser Wiener Revolution, die um die Mittagszeit des 13. März völlig unvermutet ausbricht, weil ein Holzstück durch die Luft wirbelt oder von unbekannter Hand gegen das Pferd eines Erzherzoges geschleudert wird, weil möglicherweise Steinwürfe die anrückenden Soldaten verunsichern, obgleich es für diese Behauptung keine brauchbaren Augenzeugen gibt. Sicher scheint nur, daß ein Pferd scheut und daß daraufhin geschossen wird, und daß der verhängnisvolle Befehl von jenem Erzherzog Albrecht (Albert) kommt, der sich allem Anschein nach später selbst dafür bestraft.

Es ist also die Art und Weise, wie diese Wiener Revolution entsteht, von geradezu prachtvoller österreichischer Inszenierung. Etwas wie Heurigenstimmung bemächtigt sich zu Beginn der Menschen, eine fröhliche Ausgelassenheit, der noch nichts wirklich Feindseliges innewohnt, nichts, was die späteren wüsten Ausschrei tungen signalisiert. Man will ein Spektakel haben, durch welches man sich sozusagen Luft macht. Aber das lange Zeit Aufgestaute, die dumpfe Wut gegen Politiker, die man – Metternich an ihrer Spitze – weniger fürchtet als verabscheut, diese unbehagliche Verdrossenheit, die man angesichts der herrschenden Zustände empfindet, Zustände übrigens, in und mit denen es sich dennoch ganz behaglich leben läßt, sofern man sich bloß anpaßt und unterordnet, was den meisten Menschen in dieser Stadt ohnedies nicht schwerfällt, was ihrer komödiantischen Mentalität entspricht, ihren bequemen Neigungen entgegenkommt ... dieser unvermutete und unbeherrschte Ausbruch dessen also, was Volkswut genannt werden könnte, wenn es wirklich das Volk ist, welches sich nun durch Gewalt artikuliert: das alles entzündet sich an Kleinigkeiten, setzt ein wie ein Anfall von Jähzorn, mit dem niemand wirklich gerechnet hat. Das schafft sich gewaltsam Bahn, tobt durch die Stadt, läßt zuerst Fensterscheiben klirren und dann den roten Hahn über manche Dächer wandern und zuletzt, als alle Vivatrufe auf das Kaiserhaus längst verstummt sind und untergegangen im hysterischen Geschrei der Menge, die Bürger zu den Waffen greifen. Man schießt aufeinander, ohne eigentlich genau zu wissen, warum man schießt. Barrikaden werden in aller Eile errichtet. Niemand weiß, was tatsächlich passiert ist. Aber jedermann spürt, daß nun eine Entscheidung fällt, obgleich sich niemand vorstellen kann, wie diese Entscheidung aussehen wird.

Gegen Mittag, etwa um ein Uhr, wie später übereinstimmend berichtet wird, trifft Metternich in der Hofburg ein. »In grünem Redingote, grauen Hosen, gestützt auf seinen Stock mit dem goldenen Knauf, mit unbewegter Miene, ein hochmütiges Lächeln auf den Lippen: So geht er durch die Räume. Er rät Zurückhaltung, Widerstand, kein Nachgeben. Niemand stimmt ihm zu. Daraufhin zieht er sich zurück, selbstbeherrscht wie immer.« (H. Vallotton)

Diese Darstellung mag der stattgefundenen Wirklichkeit in manchem entsprechen. Sie ist bloß nicht ganz zutreffend, verschweigt jene Nuancen, auf die es doch ankommt. Denn es entwickelt sich diese Unterredung, die keine Lagebesprechung mehr ist, keine ruhige, überlegte Konferenz, sondern ein von Ratlosigkeit und Furcht durchdrungenes Stimmengewirr, zum Tumult, zu heftigen Zusammenstößen zwischen jenen, die der Situation mit Nachgiebigkeit begegnen wollen, und Metternich, der den Ministern, Regierungspräsidenten, Hofmarschällen und beamteten Lakaien mit leiser Verachtung begegnet, der das, was draußen in den Straßen der Stadt vor sich geht, noch immer nicht als Aufruhr akzeptieren will. Die Forderung der Bürger, seine Abdankung betreffend, wird ihm übermittelt. Metternich weist das Ansinnen kühl zurück. Er habe dem sterbenden Kaiser Franz einen Eid darauf geleistet, dessen Sohn und Nachfolger Ferdinand nicht zu verlassen. Und was die angeblichen Forderungen irgendwelcher Menschen angehe, so könne das für ihn nicht wesentlich sein.

Was nun geschieht, ist merkwürdig und widerspruchsvoll. Es hat nichts mehr mit Politik zu tun, sondern nur noch mit Charakter. Denn während man einerseits Metternichs kategorischen Rat befolgt und über Wien den Belagerungszustand verhängt, für welche dramatische Konsequenz man dem Fürsten Windischgrätz alle Vollmachten erteilt, fordert man – an der Spitze die Erzherzöge Ludwig und Johann – immer dringender die Demission Metternichs. Der Druck der Straße mache diesen Schritt notwendig. Die Existenz des Kaiserhauses, der Dynastie stehe auf dem Spiel. Selbst der Leiter einer Deputation von Bürgern, ein Weinhändler namens Scherzer, vergißt in diesen Augenblicken seine revolutionären Ziele und beschwört den Staatskanzler, von sich aus um die Entlassung zu bitten. Denn, so der Weinhändler, es gehe tatsächlich um das Wohl und Wehe der habsburgischen Dynastie, die durch alle diese Vorfälle keinen Schaden erleiden dürfe.

Niemand scheint den Widerspruch zu bemerken, der sich in solcher Argumentation verbirgt. Es hat fast den Anschein, als habe man diese wie zufällig ausgebrochene Revolution nur deshalb inszeniert, um Metternich loszuwerden. Man rebelliert nicht gegen die Macht, die durch das Kaiserhaus symbolisiert wird, sondern gegen jenen Mann, der als erster und wirksamster Handlanger dieses Kaiserhauses auftritt. Man will das System, das untrennbar mit seinem Namen verbunden ist, endgültig zerschlagen. Dabei übersieht man voll rührender Anhänglichkeit an die Dynastie die eigentlichen Wurzeln dieses Systems.

Metternich also ist das Ziel des allgemeinen Hasses, er ist es, auf den sich die jetzt ungestüme bis mörderische Wut des Volkes konzentriert. Ein Augenzeuge berichtet: »Auf der Bastei ist in einem Nu der Garten Metternichs überstiegen, alles zertrampelt und zertreten. Das Geschrei und Geheul ist sinnbetäubend. Nun ist auch schon viel gemeines Volk da, aber auch noch Damen, die sich von ihren galonierten Dienern hinüberheben lassen. Die Mehrzahl bilden noch immer elegant gekleidete Leute.«

Und als bemerkenswerte Ergänzung dazu Grillparzers Meinung über diese Revolution, vor der Politiker und Behörden nun erzittern und zu jeder Konzession bereit sind: »Übrigens war es die lustigste Revolution, die man sich denken kann. Vom schönsten Frühlingswetter begünstigt, bewegte sich die ganze Population den Tag über auf den Straßen. In der Nähe der kaiserlichen Burg angekommen, die indessen mit Militär und Kanonen besetzt worden war, erhob die Menge ein lautes Jubelgeschrei, so daß die im Inneren Abgeschlossenen jeden Augenblick glaubten, es gehe an ihr Leben, und alles bewilligten, was einzelne Unverschämte, die sich als Deputierte darstellten, nur irgend zu begehren Lust hatten.«

Was könnte österreichischer – oder eigentlich wienerischer – sein als eine Rebellion, die sich zuerst einmal durch Jubelrufe artikuliert und die dann zum grenzenlosen Mißverständnis entartet, welches aus diesem Karneval überhaupt erst eine Revolution werden läßt? Selbst Metternich reagiert eher gelangweilt, als man ihm Mitteilung davon macht, daß der Pöbel – darunter sich allerdings viele angesehene, honette Bürger finden – in seinen Garten eingedrungen sei. »Vor allem muß dafür gesorgt werden, daß sich dieser Straßenunfug nicht wiederholt«, soll seine einzige Reaktion darauf bleiben. Auch er kann – wie Grillparzer – nicht wirklich ernst nehmen, was nun allmählich das Ausmaß einer Volkserhebung annimmt.

»Man hört überall Flintenschüsse«, notiert die Fürstin Melanie mit einer Mischung aus Entrüstung und Nervosität, »man will das Regiment Wasa nicht einlassen, welches, sich Luft schaffend, alles, was sich entgegenstellt, zurückwarf. Die Linien werden verbrannt, Fabriken zerstört, die Entrüstung des Publikums nimmt zu. Gegen den Erzherzog Albrecht ließen sich Drohrufe vernehmen.«

Es ist schon später Nachmittag, etwa sechs Uhr, als dem Staatskanzler bedeutet wird, sogleich in die Hofburg zu kommen. Eine neuerliche Beratung, diesmal von kurzer Dauer, beginnt. Die Erzherzöge Johann und Ludwig, langjährige und intime Gegner Metternichs, brauchen nun nicht mehr viel zu tun, um angesichts ihrer eigenen Furcht und Ratlosigkeit dem Staatskanzler die Gründe für dessen unbedingt notwendig gewordene Abdankung noch einmal und diesmal mit insistierender Dringlichkeit nahezulegen. »Clemens, von allen Seiten verlassen, antwortete: Er wolle die Verantwortung für das in Wien geflossene Blut nicht auf sich nehmen und werde der Regierung nicht im Wege stehen, er ziehe sich mit dem Gefühl zurück, dem Staate nach Pflicht gedient zu haben, und flehe zum Himmel, es möge sein Rücktritt dem Lande zur Erhaltung und zum

Ruhme gereichen. Er fürchte aber, daß man ihm vorwerfen werde, die Monarchie auf seinen Schultern fortgetragen zu haben, ein Vorwurf, den er zurückweise. Er überreiche hiemit seine Demission.« (Melanie Metternich)

Das Entlassungsgesuch an den Kaiser ist in wenigen Augenblicken aufgesetzt. Es sind nur einige wenige Sätze, Phrasen, die nichts von dem verdeutlichen, was tatsächlich an realer Politik geschieht. Einmal nur schimmert etwas von Metternichs alter Unbeugsamkeit – die dieser geschmeidige Mensch wahrscheinlich besser beherrscht als irgendeiner seiner Zeitgenossen – und Entschlußfähigkeit durch. Das ist, als er den Satz niederschreibt: »Mein Wahlspruch ist die Kraft im Recht.«

Und das Recht, wie er es begreift, empfindet er nach wie vor als auf seiner Seite. Er beugt sich weniger dem Druck der Straße als der Unfähigkeit jener, die eine Garantie dafür sein müßten, daß die Politik eben nicht auf der Straße entschieden wird. Die aufatmende, fast hysterische Dankbarkeit der Erzherzöge und Höflinge, die seiner offiziellen Demission folgt, unterbindet er ebenso schroff wie unmißverständlich. Er verwahre sich dagegen, sagt Metternich, daß man seine Abdankung als generöse Handlung bezeichne. Ebensowenig könne er dulden, daß man ihm möglicherweise unterstelle, »die Monarchie davonzutragen«. Und dann noch dieser eine Satz, den manche Autoren als eine Art Prolog auf den langwierigen Todeskampf der habsburgischen Monarchie verstehen: »Verschwinden Monarchen, so geschieht es, weil sie sich selbst aufgeben.«

Es fehlt in dieser Situation und in diesem entscheidenden Augenblick am Abend des 13. März natürlich nicht an den kleinen Fußnoten, welche aller Geschichte stets einen privaten Anstrich geben. Demnach wird Metternich bei seiner Heimkehr von Melanie gefragt, ob denn nun alle tot seien. Und seine Antwort auf diese etwas merkwürdige Frage lautet kurz und eindeutig: ja.

Man verdankt diese Nachricht der Fürstin, die dazu erläuternd in ihr Tagebuch schreibt: »Clemens war gefaßt, ruhig, fast glücklich. Er sagte mir: Gott sei Dank, daß ich mit alledem, was vorgeht, nichts zu tun habe. Der Umsturz des Bestehenden ist unausweichlich, ich hätte nichts verhindern können, weil ich heute allein stehe und von niemandem unterstützt werde. Ich hätte die Konzessionen nicht vermeiden können, welche zu unserem Ruin führen müssen, und bin frei von der Schmach, sie zu unterschreiben.«

Metternich begibt sich übrigens noch ein drittes Mal an diesem Tag in die Hofburg, jetzt doch schon spürbar erschöpft. Es ist spät nachts. Zuvor hat noch Fürst Windischgrätz versucht, den Staatskanzler zu bewegen, seine Entscheidung rückgängig zu machen, es hat ein zwar nicht langes, aber dafür intensives Gespräch gegeben, in welchem Metternich dem Fürsten die Gründe für seine Entscheidung – die eine ihm aufgezwungene ist – darzulegen versuchte. Und nun nimmt er auch noch Abschied von der Kaiserin Maria Anna, weil ihm ein solches Zeremoniell als selbstverständlich erscheint, weil Metternich nicht einzusehen vermag, daß er selbst oder gerade in einer extremen Situation auf jene korrekte Höflichkeit verzichten soll, die einen nicht unwesentlichen Teil seines Charakters ausmacht. Dieser Abschiedsbesuch, der von den meisten Biographen Metternichs unterschlagen wird, dauert nicht lange. Aber er beschreibt das Wesen dieses Mannes vielleicht besser als manche umständliche Analyse.

Anschließend erst fällt Metternich in schweren, traumlosen Schlaf. »Am 14. schien die Stadt mehr in Aufregung als den Tag vorher«, schreibt die Fürstin. »Clemens hat geschlafen wie der Gerechte nach einer edel vollbrachten Tat. Die Alarmisten äußerten die Besorgnis, daß sein Leben gefährdeter sei als je, man bereite einen Angriff auf die Staatskanzlei vor; andere wiederum kamen, um ihn zu vermögen, zum Kaiser zu gehen und guten Rat zu erteilen; kurz, jeder hatte den Kopf verloren.«

Diese letzte Feststellung Melanie Metternichs trifft den Sachverhalt ziemlich genau. Jene, die zuerst schon versagt haben, weil sie gegen Metternichs eigenartiges System keine brauchbare Alternative zu finden vermochten, und die dann ihr Versagen dadurch verschärften, daß sie den Staatskanzler in den Rücktritt buchstäblich hineinbettelten, jene versagen auch jetzt wieder, da sich die Revolution, die so harmlos begonnen hat, tatsächlich der Stadt bemächtigt. Die Erzherzöge sind ratlos. Die Kaiserin läßt bei Metternich anfragen, ob es ratsam sei, den Kaiser gleichfalls zum Rücktritt zu bewegen, also zur freiwilligen Abdankung zugunsten eines nützlicheren, fähigeren Nachfolgers. »Eine neue Verlegenheit, neue Verwicklung für Clemens«, notiert Melanie Metternich lakonisch. Und sie findet es gar nicht mehr der Mühe wert, diese immerhin sensationelle Äußerung der Kaiserin Maria Anna weiter zu kommentieren.

Und Metternich selbst? Begreift er jetzt endlich seine schwerwiegenden Unterlassungssünden, die starrsinnige Verblendung, die das Aufkommen dessen ermöglicht oder vielleicht sogar beschleunigt hat, was nun alles zerstört und hinwegfegt, was er in jahrzehntelanger Arbeit geschaffen und zum Symbol einer bestehenden Ordnung gemacht hat? Die Kraft liege im Recht, ist seine schöne Devise. Aber was bedeutet ein solches Recht, wenn es den Menschen, denen es nützen soll, gleichgültig geworden ist?

Was das an sich unerhörte Ansinnen der Kaiserin angeht, Metternich sozusagen in letzter Sekunde als Komplizen für eine insgesamt freilich staatspolitisch notwendige Tat zu gewinnen, so ist der abgedankte Staatskanzler an solcher Mitarbeit und Intrige nun nicht mehr im mindesten interessiert. Außerdem sieht er nach seinen eigenen Worten »keinen Ersatz zur Stelle« und erwartet »Abhilfe in der Not durch die Zeit allein«. Er weiß wie Maria Anna, daß der Kaiser seinem Amt nicht gewachsen ist, erst recht nicht in einer so schwierigen Situation.

Aber er weiß auch, daß eine Thronentsagung Ferdinands jetzt nichts ändern würde. Im übrigen ist sein Entschluß unumstößlich. Er will keine Verantwortung mehr. Er lehnt kategorisch alles ab, was ihm noch aufgebürdet werden könnte.

Metternich hat Österreich verlassen, auch wenn er sich an diesem 13., 14. März noch in Wien aufhält. Man könnte auch sagen, er mache sich nun bereit, durch eine Hintertür von seinem Lebenswerk Abschied zu nehmen.

So sehr sei die Gestalt des nunmehr Gestürzten über die Jahrzehnte hinweg ein ruhender Pol gewesen, schreibt Heinrich Srbik, »daß jetzt noch so mancher in ihn drängte, er solle sich zum Kaiser begeben, um ihm Rat zu erteilen.«

Aber welchen Ratschlag kann Metternich – selbst wenn er sich gegen alle Erwartung den Einflüsterungen und teilweise flehentlichen Bitten, die am 14. März von allen Seiten an ihn gerichtet werden, doch noch öffnete – dem willensschwachen und letztlich nicht wirklich zurechnungsfähigen Kaiser geben? Außerdem macht sich Metternich keine Illusionen über den Geisteszustand Ferdinands, über die bis zur tolldreisten Launenhaftigkeit ausufernde Wankelmütigkeit seines Souveräns, den er als solchen stets nur mit Mühe zu respektieren fähig war. Schon am Morgen dieses 14. März ist Ferdinand in Begleitung des Erzherzogs Franz Karl im offenen Wagen durch Wien unterwegs, gibt sich den Wienern aufs freundlichste zu erkennen, läßt sich von ihnen zujubeln und benimmt sich, als sei gar nichts geschehen. Und einem solchen Mann soll Metternich jetzt, da doch schon alles verspielt ist, noch einmal seine eigenen Vorstellungen von Politik und Ordnung aufzwingen? Das ist völlig undenkbar. Es würde gegen alle Prinzipien verstoßen, denen Metternich sich ein Leben lang verpflichtet gefühlt hat. Der immerzu Geschmeidige ist so geschmeidig auch wieder nicht, daß er charakterlos zu sein vermöchte.

Im übrigen ist die Revolution nicht etwas, was durch einige Verordnungen aus der Welt geschafft werden könnte. »Die österreichische Revolution des Jahres 1848 ist nicht eine Palastrevolution«, schreibt Srbik, »nicht eine Stände-, Bürger- oder Studentenrevolution allein; ihr rascher und durchgreifender Erfolg ist auch nicht lediglich auf die Sorglosigkeit und Schwäche der Regierung zurückzuführen. Sie ist eine Teilerscheinung einer europäischen Erschütterung der konservativ-geschichtlichen Staats- und Gesellschaftsordnung und ihr tiefster Wurzelboden sind die unhaltbar gewordenen, mit den vordrängenden Zeittendenzen in harten Widerspruch geratenen inneren Zustände Österreichs.«

Ein abgedankter oder eher von seiner schwachen Umgebung davongebettelter Staatskanzler, ein Greis, fünfundsiebzigjährig, halb erblindet, körperlich fast schon hinfällig, schonungsbedürftig in jedem Fall, illusionslos, auch halsstarrig und vor allem wohl erschöpft von eines langen Diplomatenlebens unausgesetzter Anstrengung, wobei diese Anstrengung nicht nur eine physische ist . . . er also in Union mit einem Monarchen, den man beinahe einen Tölpel nennen darf, der unendlich gutmütig ist, was sich auch als blanke Einfalt interpretieren ließe, dazu freilich unberechenbar in seiner Launenhaftigkeit, schlau auf diese dreiste Art, die nichts ernst nimmt, weil sie niemals den Ernst irgendeiner Situation begreifen kann: das soll die Partnerschaft sein, die dem Druck der Straße standhält? Dazu Erzherzöge, deren Egoismus dumm und dreist, deren politische Fähigkeit so gut wie nicht vorhanden ist. Dazu Höflinge, die als Politiker ebenfalls ein Mißverständnis sind. Dazu eine Verwaltung, die an ihrer eigenen bürokratischen Umständlichkeit nahezu erstickt.

Nur Sinnloses könnte jetzt noch geplant, unternommen werden. Die Fehler der Vergangenheit lassen sich nicht an einem einzigen Tag, der erfüllt ist von Chaos und Widerspruch, erfolgreich bereinigen. Nicht mit dem Personal, das Metternich möglicherweise zur Verfügung stünde. Und nicht mit einem Staatskanzler, der zu entrückt und zu eigensinnig ist, um noch einmal das Gesetz des Handelns an sich zu reißen.

»Auch eine kraftvolle Änderung des Regierungs- und Verwaltungssystems in autoritärem Sinn, wie sie der alte Staatskanzler seit langem vergeblich erstrebt hatte, hätte das Kaiserreich vor schweren Erschütterungen kaum bewahrt«, stellt Srbik fest. Ergänzen läßt sich das vielleicht mit der gewiß banalen Feststellung, daß alles, was man jetzt noch tun könnte, zu spät und mit den untauglichen Mitteln am falschen Ort geschehen würde. Metternich mag das wohl als einziger inmitten einer kopf- und haltungslosen Schar von Höflingen und Politikern begreifen. Er reagiert dementsprechend, nämlich gar nicht.

Aber wirklich ausspannen, sich gleichsam aufatmend zurücklehnen und den Dingen ihren schlimmen Lauf lassen, sich von einer Stunde auf die andere als Privatmann fühlen, nein, das kann er auch nicht, selbst wenn er es wollte, selbst wenn er von sich aus tatsächlich willens sein sollte, die erzwungene Abdankung als einen endgültigen Schritt zu betrachten. Franz Grillparzer hat in seinen *Erinnerungen aus dem Jahre 1848* noch ironisch gemeint, daß seine Landsleute sich in der ersten Zeit dieser Wiener Revolution mit einer Liebenswürdigkeit benommen hätten, »daß man jeden einzelnen hätte küssen mögen«.

Aber die Charakterisierung entspricht nicht in allen Punkten der Realität. Die Gewalt, die am 13. März freigesetzt worden ist, nachdem ein Stück Holz oder vielleicht doch ein geschleuderter Stein das Pferd eines Erzherzogs irritiert und diesem selbst den unseligen Befehl entlockt hat, auf die Menge schießen zu lassen, diese Gewalt, die etwas Dumpfes, ganz und gar Unkoordiniertes, fast Zufälliges, auch von Furcht und einem Gefühl latenter Ohnmacht Begleitetes und gerade deshalb ungemein Gefährliches ist, diese Gewalt wird am darauffolgenden Tag zur Flut, die durch nichts mehr eindämmbar scheint. Wohl jubelt man dem schwachsinnigen Kaiser Ferdinand zu, als dieser sich im offenen Wagen den Wienern zeigt. Aber selbst der Pöbel, der diesen Kaiser als »den guten Nandl« verspottet, weiß ganz genau, wie harmlos dieser Mann ist und wo sich wirklich das Zentrum der Macht befindet, von wo aus Gegenwehr zu befürchten ist, welche Kraft bedrohlich sein könnte selbst im Augenblick der Euphorie.

Die zentrale Figur ist und bleibt Metternich, auch nach seinem Rücktritt. Und dieser Rücktritt bedeutet dem aufgebrachten Volk noch gar nichts. Das ist jenen, die mit jeder Stunde, welche diese eher zufällig ausgebrochene Revolution andauert, immer radikaler und rabiater werden, nichts weiter als ein abstrakter Begriff. Die Person, der Mensch, der Staatskanzler ist ihnen hingegen immer noch leibhaftig gegenwärtig. Solange er lebt oder in Wien anwesend ist, jederzeit erreichbar und fähig, seine Vorstellungen von Politik, vor allem auch seine Kraft auszuspielen, stellt er eine ungeheure Bedrohung dieser Revolution dar. Der 13. März ist lediglich eine Art Ouvertüre. Der Tag darauf muß beweisen, ob das Stück etwas taugt, das nun gespielt wird. »Man argwöhnte an diesem Tag (14. März), daß die konservativen Kräfte an der Arbeit seien, die alte Ordnung im möglichsten Umfang zu erhalten, der Bürger-, Studenten- und Arbeiterbewegung die Machtmittel des Staates entgegenzustellen und weitere Opfer an monarchischen Rechten zu verhindern. Die Aufregung des Volkes war nicht geringer als am 13., sein Wille und seine materiellen Kräfte, das Erkämpfte zu bewahren und zu erweitern, waren weit größer als am Vortag. Metternich wurde die Schuld des Blutvergießens vom 13. März zugeschrieben, Warnungen kamen ihm zu, sein Leben stehe in größter Gefahr, ein Angriff auf die Staatskanzlei, die diesmal von Truppen besetzt war, sei zu erwarten.« (Srbik) Und die ersten Stimmen werden hörbar, die eine Beruhigung der katastrophalen Lage nur für den Fall erhoffen, daß der Staatskanzler unverzüglich aus Wien abreise.

Es hat der Wiener Historiker Viktor Bibl in seiner Darstellung Metternichs recht genau die Lage charakterisiert, die Stimmung beschrieben, welche sich in jenen Märztagen Wiens und der Wiener bemächtigt hatte, wobei Bibl vor allem dem Umstand besondere Aufmerksamkeit schenkte, daß Fürst Windischgrätz noch auf Anraten Metternichs mit allen Vollmachten als eigentlicher Beherrscher der Haupt- und Residenzstadt versehen wurde. »Die Kunde von Metternichs Abdankung hatte ungeheuren Jubel ausgelöst«, schreibt Bibl. »Die Fenster wurden illuminiert, aber in den festlichen Kerzenglanz mischte sich bereits der unheimliche Feuerschein von den angezündeten Mauthäusern und Fabriken. Man hatte nach dem Rezept des Kanzlers solange gewartet, bis die Revolution aus dem Dunstkreis hell zutage getreten war. Und der Fürst hatte bei seinem Scheiden noch dafür gesorgt, daß in die hoffnungsfreudige Bewegung der giftige Stachel des Mißtrauens gesenkt wurde: hinter den Konzessionen der nächsten Tage, die aus dem Füllhorn der kaiserlichen Gnade über die beglückte Menge sich ergossen, stand schon der gefürchtete General, also Windischgrätz, das verkörperte Standrecht, die fleischgewordene Gegenrevolution.« Und dazu Grillparzers Charakterisierung des gefürchteten Windischgrätz: »Mir bist du der alte Metternich, nur statt in Strümpfen in Gamaschen.«

Viktor Bibls Meinung, daß Metternich noch im Augenblick der Niederlage dafür gesorgt habe, den Triumph der Revolution insofern fragwürdig zu machen, als mit der Verhängung des Standrechtes und mit der Übermittlung der Befehlsgewalt in die Hände des erzkonservativen Windischgrätz die Weichen ohnedies gestellt waren in die Richtung der alten Ordnung und der verhaßten Unterdrückung, diese Meinung also, formuliert vor mehr als einem halben Jahrhundert, hat sich hartnäckig bis in unsere Tage gehalten. Fast hat es den Anschein, als mißtraute man selbst dem gestürzten, nun so gut wie ohnmächtigen Greis; als wittere man in ihm immer noch alles Böse, das jedem Neuen sich hemmend in den Weg stellt.

In diesem Zusammenhang wird freilich völlig die Rolle vergessen, welche die einzelnen Mitglieder des kaiserlichen Hofes spielen, und die nicht bloß eine verunsicherte, sondern auch eine klägliche ist. Man denkt zwar nicht im mindesten daran, der alten, bequemen Ordnung zu entsagen, aber man fürchtet vorerst noch den Druck der Straße. Also opfert man Metternich und hofft darauf, daß dieses Opfer soviel an Beruhigung bringt, daß danach die als selbstverständlich empfundene Gegenrevolution inszeniert werden kann; wobei das alles, da es sich auf österreichischem Boden und mit österreichischen Menschen abspielt, nicht frei von komödiantischen Zügen ist.

Metternich selbst ist dabei schon ganz und gar an den Rand des Geschehens gerückt. Es stimmt zwar, daß die letzte politische Leistung, die man ihm noch erlaubte, die Etablierung des Fürsten Windischgrätz gewesen ist; aber das war eine staatspolitische Notwendigkeit, eine Art instinktiver Pflichtübung für einen, der stets alle Kraft im Recht begriffen hat. Jetzt gehorcht der abgedankte Staatskanzler nur noch den Wünschen des Kaiserhauses. Denn er ist loyal bis zur Selbstaufgabe. Er, dem man jede Intrige und jede Charakterlosigkeit im Dienste seiner Politik unterstellt und dem man Begriffe wie Ehre, absolute Pflichterfüllung oder Treue nicht zumuten will, er wird in diesen Stunden und Tagen seiner Vorstellung von Loyalität mit jenem schönen Pathos gerecht, das nur wirklich kraftvollen Naturen möglich ist. »Der Fürst war entschlossen, nur zu weichen, wenn die ganze kaiserliche Familie ihm den Wunsch der Abreise bekanntgebe«, schreibt Srbik. »Er dachte anfangs, dem Kaiserhaus zuliebe nur die Staatskanzlei bald zu verlassen.«

Die Wut des Pöbels, Morddrohungen, die Feigheit des Kaiserhauses hindern ihn also nicht daran, das zu tun, was er als seine selbstverständliche Pflicht ansieht. Und als seine Pflicht begreift er, jenen zu gehorchen, deren erfolgreichster, treuester, allerdings auch unabhängigster Diener er immer gewesen ist: den Mitgliedern des Hauses Habsburg, also Figuren, die jetzt nicht fähig sind, aus eigener Machtvollkommenheit heraus eine wirkungsvolle Entscheidung zu treffen, die sich in die Bequemlichkeit flüchten, von jenem Mann, der schon fast alles geopfert hat, ein neuerliches und diesmal endgültiges Opfer zu fordern.

Metternich soll Wien verlassen. »Erzherzog Ludwig beantwortete im Namen des regierenden Hauses die Frage Metternichs mit der Bitte, er möge fliehen, denn man könne keine Verantwortung für die Sicherheit des Fürsten übernehmen, seine Abreise werde das Land beruhigen.« Heinrich Srbik nennt das völlig zu Recht einen kaltherzigen Rat. »Mag sein, daß auch der geheime Wunsch lebendig war, den vollen Bruch mit der Vergangenheit in Abwesenheit des alten Trägers des Systems zu vollziehen, die Hände durch seine Entfernung freizubekommen. Als auch dieser letzte Schlag auf sein Haupt fiel, entschloß sich der Greis, den Ballhausplatz und die Kaiserstadt zu verlassen.«

Ihre Verlassenheit sei so allgemein, schreibt die Fürstin Melanie in ihr Tagebuch, »daß wir daran denken mußten, uns von Wien zu entfernen«. Das ist eine ebenso höfliche Untertreibung wie vorsichtige Umschreibung der Wirklichkeit. »Gesinnungslosigkeit, stets eine Begleiterscheinung großer Umwälzungen, und Angst vor der Berührung mit dem wenige Tage zuvor noch Umschmeichelten machte sich im Verkehrskreis Metternichs breit.« (Srbik) Und die befreundete Familie Taaffe – Graf Ludwig von Taaffe wird später noch eine bedeutende Rolle in der österreichischen Politik spielen –, in deren Palais man in diesen unsicheren Stunden Zuflucht genommen hat, bekundet nun starke Besorgtheit um das Schicksal der Metternichs, wobei man ruhig annehmen darf, daß diese Sorgen wohl mehr der eigenen Sicherheit gelten, »und niemand vom Kaiserhaus fragte Metternich, wo und von welchen Mitteln er leben werde, niemand traf die geringste Vorsorge, daß er ohne größte Lebensgefahr Österreich den Rücken kehren könne« (Srbik).

Es ist ein entwürdigendes Schauspiel. Selbst der hochmütigen, hoheitsvollen Fürstin Melanie reißt jetzt die Geduld. »Ich kann gar nicht sagen, was ich . . . an Undank und Schlechtigkeit erfuhr«, vertraut sie ihrem Tagebuch an. »Wie die Ratten ein untergehendes Schiff verlassen, wurden wir von vielen beängstigten Freunden gemieden. Wie schmolz die Zahl der Treugebliebenen zusammen gegenüber der Menge, die im Momente der Gefahr uns den Rücken kehrte . . .«

Metternich ist bereit, der Aufforderung des Kaiserhauses zu gehorchen und Wien zu verlassen. Es bleibt ihm auch gar keine andere Wahl. Die jüngsten Gerüchte, die rasch als Tatsachen gehandelt werden, berichten bereits von außerordentlichen Sanktionen gegen ihn. Er wird der Bestechung durch das Ausland und des fortgesetzten Amtsmißbrauches beschuldigt, wobei zwar niemand sagen kann, welche ausländische Macht den Staatskanzler auf so schmähliche Weise angeworben haben oder wodurch sich der angebliche Amtsmißbrauch ausgedrückt haben soll; aber die Menge nimmt diese Gerüchte begierig als Wahrheit; und mancher Höfling, mancher Politiker spinnt den Faden fort und berichtet von der offiziellen Absicht, den Abgetretenen und Gedemütigten nicht bloß unter Anklage zu stellen, sondern auch alle seine Besitzungen und Güter zu konfiszieren. »Die Zauberlehrlinge sind jetzt an der Macht, und wie jede Revolution, so überschlägt sich auch diese.« (Tritsch)

Im übrigen genügen diese schmutzigen und auch

dummen Verdächtigungen, um tatsächlich Sanktionen gegen Metternich in die Wege zu leiten. Es werden seine Güter beschlagnahmt, es wird sein Vermögen gesperrt. Clemens Fürst Metternich, der so lange Zeit Europas mächtigster Mann gewesen ist, darf sich jetzt als Habenichts fühlen. Er ist, realistisch betrachtet, nichts weiter als ein Bettler, angewiesen auf die uneigennützige Hilfe der letzten ihm verbliebenen Freunde, abhängig von Almosen, damit er sein Überleben finanzieren kann.

Es wird ein gewisser Salomon Rothschild sein, der Metternich, als er schon unterwegs ist, noch rasch tausend Dukaten nachsendet, damit wenigstens das Notdürftigste gewährleistet ist. Das Kaiserhaus ist zu solcher Geste, die eigentlich eine Selbstverständlichkeit sein sollte, nicht fähig.

Man wird also Wien verlassen. Es ist eine Flucht, noch dazu eine unter besonders entwürdigenden Umständen. Gutsbesitzer im Böhmischen, die Metternich um »eine vorübergehende Unterkunft auf ihren Landsitzen« gebeten hat, haben dieses Ansinnen schon ängstlich abgelehnt. Mit dem Verfemten und Verhaßten will jetzt niemand etwas zu tun haben. Die eigenen böhmischen Güter sind den Metternichs verschlossen. Wohin also?

In der Nacht vom 14. auf den 15. März wird im Palais des Grafen Ludwig von Taaffe, der zu diesem Zeitpunkt Präsident der obersten Justizstelle ist, noch einmal beraten und überlegt. Aber es gibt nicht viele Möglichkeiten. Außerdem entdeckt man erst jetzt, daß so gut wie kein Bargeld vorhanden ist. Das alles ist erbarmungswürdig. Den Kindern, die von den Eltern getrennt abreisen werden, muß man gefälschte Passierscheine besorgen. Sie werden zuerst mit der Eisenbahn bis Lundenburg unterwegs sein und von dort weiter nach Feldsberg jenseits der mährischen Grenze, wo man zusammentreffen will. Im Postwirtshaus zu Lundenburg wird man sie erkennen und tätlich bedrohen.

Nur das rasche Eingreifen des Wirtes, der sie zur Hintertür hinausdrängt, rettet sie vor Schlimmerem.

Und Metternich selbst? Und Melanie? Er von einem schweren Blasenleiden gequält, sie durch eine Unterleibskrankheit in höchstem Maße gefährdet, ein elendes Paar, das kaum imstande ist, sich selbst zu helfen, das inmitten dieser ganzen tumultuarischen Situation vielleicht auch gar nicht begreift, was nun an Höllischem, Unwirklichem, Gespenstischem geschieht ... Es ist ein Ende, wie es jammervoller und beschämender für das Land, dem Metternich so lange gedient hat, kaum noch vorstellbar scheint.

Die Flucht

Etwas anderes als eine Flucht ist dieser überstürzte, in aller Heimlichkeit unternommene Aufbruch von Wien wahrhaftig nicht. Man wendet sich zuerst nach Feldsberg im Mährischen. Stundenlange Fahrt im schaukelnden, holpernden Wagen, schlechte Straßen, Ankunft gegen vier Uhr früh. »Clemens war leidend auf dem Weg nach Feldsberg«, berichtet die Fürstin. »Er war schon durch die sechsstündige Fahrt ermüdet, und nun wurde die Straße so schlecht, daß er vor Schmerzen stöhnte.« Als man endlich ankommt, ist nichts vorbereitet im Schloß, das übrigens zu den Besitztümern der Familie Liechtenstein gehört und wo man sich noch verhältnismäßig ungefährdet wähnt. Es dauert einige Stunden, bis man den erschöpften Staatskanzler zu Bett bringen kann. Im Tagebuch seiner Frau lesen wir: »Clemens saß da neben mir. Der Mann, der immer seine Gewohnheiten und Bequemlichkeiten hatte, für den ich gestern noch jede Zugluft, jede Erkältung zu vermeiden suchte, dieser Mann war in seinem 75. Jahre obdachlos und in Ungewißheit darüber, was mit ihm morgen geschehen würde.«

Anderntags hat man sich etwas erholt. Metternich

sendet nach Wien an den Leiter der Staatskanzlei die Abschrift seiner Rücktrittserklärung, nimmt brieflich Abschied von seinen Beamten. Es ist das ein Zeichen von Korrektheit, wie es einem österreichischen Minister und Kanzler nach Meinung Metternichs als selbstverständlich ansteht. Außerdem ist Tätigkeit ein probates Mittel gegen Depression und Siechtum, das nicht nur ein körperliches, sondern auch ein geistiges sein kann, wenn man sich erst einmal fallen läßt. Und gerade das hat Metternich nicht vor.

Am 16. März bereits entwickelt er einen Plan für die Gründung einer konservativen Tageszeitung, die unabhängig in jedem parteipolitischen Sinne, abhängig lediglich vom Votum des Publikums sein soll. Dringend bittet er von den ihm verbliebenen Wiener Freunden, daß sie ihm »alle Schundprodukte des Tages senden, besonders jene Schriften, welche mich mit Angriffen gegen meine Person beehren und sich mit denselben besudeln«. Empfindsamkeit verrät sich in dieser Aufforderung, auch verletzter Stolz, gekränkte Eitelkeit, was alles durchaus verständlich ist angesichts der Würdelosigkeit, mit der man ihn verabschiedet oder eigentlich wie einen ungebetenen Gast zur Hintertür hinausgejagt hat.

In Wien atmet man jetzt auf, da der Verhaßte und Gefürchtete die Stadt in aller Heimlichkeit verlassen hat. Lediglich ein Graf Hartig unterbreitet Kaiser Ferdinand den Vorschlag, für Metternich die Herzogswürde in Betracht zu ziehen, was nach Meinung dieses Grafen nur die Erstattung einer längst fälligen Dankesschuld durch das Kaiserhaus bedeuten würde. Aber das Kaiserhaus lehnt dieses Ansinnen entsetzt ab. Und ein Staatsrat namens Pilgram, er ist Baron und weiter nichts, was ihn hätte bedeutend erscheinen lassen, trifft die Meinung aller, als er öffentlich verkündet, man solle Metternich aus dem Weg gehen und das Volk nicht weiter reizen.

Lediglich der jugendliche Erzherzog Franz, noch

nicht achtzehnjährig und noch nicht ernsthaft mit dem Geschick des Staates verknüpft, demonstriert etwas wie Charakter. Er allein empfindet nicht nur den Zusammenbruch der alten Ordnung, sondern auch das private Schicksal des abgedankten und geschmähten Staatskanzlers als schmerzlich. Er allein macht sich Gedanken um diesen alten Mann, den jetzt alle rasch und gründlich zu vergessen und auch zu verleugnen suchen.

Am 23. März allerdings wird auch die Erzherzogin Sophie, die Mutter des künftigen Kaisers von Österreich, Metternich einen Brief nachsenden, darin sie ihm in der großmütigsten, freilich auch scheinheiligsten Form ihren persönlichen Dank abstattet für alles, was er geleistet hat. Srbik kommentiert diesen Brief ebenso knapp wie eindeutig: »Wenn ihr Schmerz, ihre Liebe, ihre Tränen, von denen sie sprach, ehrlich gemeint waren, so hat sie doch nichts getan, um das Los des Greises, das sie mitbereitet hatte, erträglicher zu gestalten.«

Flucht also und Pläne, die Metternich trotzdem hat, aber auch das allmähliche Begreifen, daß Feldsberg noch nicht die letzte Station auf diesem Weg ins Ungewisse sein kann, daß man manche Hoffnung und manche Illusion wird aufgeben müssen. Eine eigene Zeitung? Unmöglich. Wien schweigt. Geld ist keines vorhanden. Außerdem ergeben sich nach wenigen Tagen schon neue, bedrohliche Probleme. In Feldsberg hat man das Gerücht ausstreuen lassen, daß Metternich schon nach wenigen Stunden Aufenthalt weitergereist sei, daß er in aller Heimlichkeit und Dringlichkeit wieder das Weite gesucht habe. Aber die Leute von Feldsberg sind wachsam, bleiben argwöhnisch, entdecken bald, daß der abgedankte Staatskanzler immer noch im Schloß weilt. Es kommt zu erregten Auftritten, der Gemeinderat steckt die Köpfe zusammen, fällt ein Urteil, verkündet es selbstbewußt, glaubt wohl auch noch, eine heroische Leistung zugunsten des Vaterlandes vollbracht zu haben. Metternich müsse aus Feldsberg verschwinden, und das binnen vierundzwanzig Stunden, so lautet der offizielle Beschluß. Andernfalls könne man weder die Sicherheit der Familie noch die des Schlosses garantieren. Die Revolution ist bis nach Feldsberg vorgedrungen.

Wohin jetzt? Von der Metternichschen Besitzung aus Plaß in Böhmen kommt die Nachricht, daß die Bauern dort bereit seien, den Abgedankten und im eigentlichen Sinne des Wortes Obdachlosen bei sich aufzunehmen, ihn und seine Familie zu beschützen. Aber dieses hochherzige Angebot wird nach kurzer Beratung abgelehnt, denn man befürchtet, daß es nur Stunden, höchstens Tage dauern kann, bis auch in Plaß die öffentliche Meinung einer ähnlichen Beeinflussung ausgesetzt wäre wie hier in Feldsberg.

Wohin also wirklich? Am Abend des 22. März bricht man auf nach Olmütz, erreicht gegen vier Uhr früh die Stadt und erfährt, daß sowohl der Erzbischof als auch der Stadtkommandant von Olmütz den Flüchtlingen den Eintritt verwehren. Feigheit und Bequemlichkeit sind wieder einmal eine unheilige Allianz eingegangen, sind stärker als die moralische Verpflichtung, welche gerade jene empfinden sollten, die noch vor wenigen Wochen alles unternommen hätten, um die wohlwollende Aufmerksamkeit des österreichischen Staatskanzlers auf sich zu lenken. Es ist Nacht. Nach Olmütz hinein darf man nicht. Schon hat sich eine Volksmenge zusammengerottet, die den Metternichs und ihrer spärlichen Begleitung Tätlichkeiten androht. Schutz wird den Bedrohten nicht angeboten. Sie müssen ihr Schicksal selbst bewältigen.

Und sie bewältigen es, wenn auch unter Aufbietung der letzten Reserven an physischer und psychischer Kraft. Sie flüchten zum Bahnhof und besteigen einen Zug, der nach Prag abgehen soll. Die Fürstin Melanie bricht allerdings völlig erschöpft auf dem Trittbrett zusammen und muß ins Innere des Waggons geschleppt werden, begleitet von den Schmähungen der Leute, die nahe daran sind, jetzt tatsächlich tätlich gegen die Metternichs vorzugehen. Nun wartet man darauf, daß der Zug sich endlich in Bewegung setzt, daß man dem höllischen Spektakel entrinnt, daß man dieses Land verlassen kann, das überschäumt von entfesselter Wut, wenn es den Namen Metternich hört.

Im Zug während der Fahrt zeigt sich ein winziger Lichtblick. Ein Baron namens Franz Vernier, seines Zeichens und Standes Gutsbesitzer und Rittmeister und obendrein ein treuer Anhänger Metternichs, stattet die Verfemten mit einem falschen Reisepaß aus. Dieser lautet auf den Namen »von Mayer, Gutsbesitzer aus Graz« und erlaubt Metternich, seiner Frau und einer geringen Dienerschaft wenigstens ein Mindestmaß an bürokratisch gewährleisteter Sicherheit. Übrigens hält sich in diesem Zug, der langsam nach Prag unterwegs ist, auch jener Student namens Burian auf, der am 13. März im Hof der Staatskanzlei die Revolution sozusagen rhetorisch eingeleitet hat, indem er zuerst und in aller erregten Öffentlichkeit Gedanken-, Rede- und Pressefreiheit gefordert hat. Mag man dieses zufällige Zusammentreffen, diese seltsame Nachbarschaft durchaus als ein Symbol nehmen für den sich abzeichnenden Untergang Österreichs. Der Zerstörer der alten Ordnung und der glücklose Restaurator dieser Ordnung sind unterwegs nach Prag, während in Wien schon die ersten Entscheidungen fallen für eine vermeintlich neue Form der Politik, die doch nichts anderes ist als der beginnende Abgesang auf das Haus Österreichs.

Eine Station vor Prag verlassen die Metternichs den Zug. Es ist ihnen zu gefährlich, bis in die Stadt selbst zu fahren, wo sie befürchten müssen, sogleich erkannt, wieder angepöbelt, vielleicht Schlimmerem ausgesetzt zu werden. »Gleich Dieben schlichen sie in dem Dorf Bechowitz herum; ohne Geld und Kredit, verlassen von aller Welt, ermüdet und über vierundzwanzig Stunden ohne Nahrung ...« (Srbik) Mit einem Wagen, vor dem zwei mürrische Ackergäule gespannt sind, schwindelt man sich dann noch irgendwie durch Prag, stets darauf bedacht, nicht entdeckt zu werden, ängstlich die Köpfe eingezogen, die Gesichter hinter Tüchern oder in den Händen verborgen. Außenseiter und Desperados müssen so vorgehen, wenn sie überleben wollen.

Dann endlich erreicht man Teplitz. Hier werden die Metternichs erkannt, aber gegen alle böse Erwartung mit Achtung behandelt. Und schließlich kommt die Grenze hinüber ins Sächsische, eine Grenze, die Metternich wahrscheinlich aufatmend überschreitet. Am 24. März langt man in Dresden ein. Es ist gewissermaßen der letzte Augenblick vor dem vollkommenen Zusammenbruch. Die Fürstin ist auf den Tod erschöpft; ohnedies von schwerer Krankheit gezeichnet, wird sie sich von den Strapazen dieser Flucht nicht mehr erholen. Metternich selbst wird von Nierenkoliken gepeinigt. Beide bedürfen dringend ärztlicher Obhut. Der Greis wird während der weiteren Unternehmungen, die diese unrühmliche Flucht notwendig macht, immer wieder Ruhepausen einlegen müssen. Und eigentlich grenzt es an ein Wunder, daß er England überhaupt lebend erreicht.

Denn für England hat man sich inzwischen entschieden, nachdem schon in Feldsberg eine erste Vorstellung davon gefaßt wurde, in Großbritannien das Exil zu suchen, das sich als einziger Ausweg anbietet. Die schlimmen Erfahrungen von Olmütz haben diese Idee zur Gewißheit werden lassen. Und jetzt, da ein weiterer Kreditbrief Salomon Rothschilds und neue Pässe eingetroffen sind, was zumindest vorübergehend eine etwas menschenwürdigere Art des Reisens garantiert, wobei die Personalpapiere nunmehr auf den fingierten Namen Matteaux ausgestellt sind, setzt man alles daran, England auch tatsächlich zu erreichen. Am Morgen des 30. März passiert man unbeanstandet die Grenze zu Holland. Am Abend desselben Tages ist man in Arnheim. Hier muß der großen Schmerzen wegen, die Metternichs Nierenerkrankung verursacht, eine Pause von mehreren Tagen eingelegt werden. Erst am 5. April kann die Reise fortgesetzt werden. Das nächste Ziel ist Den Haag, wo die Metternichs im Haus des österreichischen Gesandten, des Grafen Moritz Esterhazy, endlich Gastfreundschaft und zuvorkommende Aufmerksamkeit erfahren und sich zumindest ein wenig von den fast übermenschlichen Anstrengungen erholen können, denen sie rund vierzehn Tage lang pausenlos ausgesetzt gewesen sind.

Am 20. April schließlich, nach beschwerdefreier Überfahrt, betreten die Metternichs britischen Boden; wenige Stunden später treffen sie wohlbehalten in London ein. London, dann Brighton und schließlich Richmond werden die Stationen des unfreiwilligen Exils sein, das bis zum Herbst 1851 andauern soll. In diesem Zusammenhang darf die öffentliche politische Meinung in England nicht vergessen werden, die Lord Palmerston in einem Schreiben vom 28. März – da befinden sich die Metternichs noch auf ihrer dramatischen Flucht – auf diesen gemeinsamen Nenner bringt: »Das größte und bedeutendste Ereignis der letzten Wochen ist vielleicht der Rücktritt Metternichs. Es wäre ein Glück für Europa gewesen, wenn er einige Jahre früher erfolgt wäre; aber besser jetzt als später.«

Es ist also keineswegs mit einem jubelnden Empfang für Metternich zu rechnen. Andererseits kann er darauf hoffen, in England als politischer Flüchtling respektiert zu werden. Und im Augenblick ist das, was er am dringendsten benötigt, ohnedies nichts anderes als Schonung. Das ändert freilich nichts daran, daß er nach wie vor von sich sagen kann: »Ich stehe in dem, was war!« und seinem Wahlspruch treu bleiben darf: »Die Kraft liegt im Recht!«

Metternich spielt in seinen *Denkwürdigkeiten* alle dramatischen und auch erniedrigenden Details seiner Flucht aus Wien herunter. Das liest sich dann wie die nüchterne Aufzählung der verschiedenen Stationen einer durchaus beabsichtigten Reise. »Ich notiere diese Details«, schreibt Metternich, »weil alles andere, was über meine fluchtartige Reise berichtet wurde, in den Bereich unverbürgter Anekdoten gehört.« Derlei Feststellung erweckt beinahe den Anschein, als empfände es der alte Mann als unangenehm, Gefühle wie Mitleid oder warme Anteilnahme zu wecken angesichts der tatsächlich bewegenden Umstände seines Auszuges aus Wien und Österreich. Und um jedes mögliche Mißverständnis, wie Metternich es begreift, endgültig zu verhindern, beschließt er seine *Denkwürdigkeiten* mit einer letzten nüchternen Erläuterung seiner politischen Absichten: »Nicht die Furcht vor den Gefahren infolge der Behauptung meines Postens hat mich zum Austritt aus dem Ministerium vermocht, nicht die Furcht vor den Menschen hat mich aus dem Reiche entfernt, sondern lediglich das Gefühl, daß mein Verbleiben auf dem einen und in dem anderen den Gegnern der Ordnung Waffen bieten und die Lage ihrer Freunde verschlimmern würde. Mein Rücktritt von der Stelle, die ich 39 Jahre hindurch zur Erhaltung der Ruhe des Reiches unter den Stürmen einer heftig bewegten Zeit benützte, hat den Moment bezeichnet, in welchem meine Individualität einer höheren Gewalt weichen mußte.« Dann kommt noch diese eine Erklärung, die sich jetzt schon fast wie eine Rechtfertigung liest: »Das sogenannte Metternichsche System war kein System, sondern eine Weltordnung. Revolutionen ruhen auf Systemen, ewige Gesetze stehen außer und über dem, was mit Recht den Wert eines Systems hat.«

Dieses Beharren auf dem Stolz und der unumstößlichen Meinung eines in Jahrzehnten abgehärteten und bewährten Politikers, der letztlich an dem, was er unter allen Umständen hätte verhindern sollen, vollkommen scheitert, ist nicht frei von Tragik, wenn man sich das Urteil der Zeitzeugen, der Historiker und auch der Nachwelt vergegenwärtigt, das die Meinung Metternichs als gefährliche Chimäre abtut. Und auch die Ver suche Metternichs, das Ende seiner Karriere und die entwürdigenden Begleitumstände dieser Niederlage zu verharmlosen oder das alles sogar in den »Bereich der unverbürgten Anekdote« zu verweisen, haben mit der Wirklichkeit nichts zu tun.

»Durch einen jähen Sturz aus größter Höhe hatte ein staatsmännisches Leben von monumentaler Bedeutung seinen Abschluß erhalten«, urteilt der Historiker Srbik in einer Analyse der Ereignisse von 1848. »In gehetzter Flucht durch den halben Kontinent hatte ein Greis mit weißem Haar als einsamer Privatmann, verfolgt von den Flüchen vieler Tausender, das Mutterland parlamentarischer und bürgerlicher Rechte aufgesucht. Während er in einem Alter, da andere nach getanem Lebenswerk Haupt und Hände rasten lassen, ruhesuchend dem fernen Staat zustrebte, zogen die Gestirne Europas und Österreichs neue, dem Zeitalter Metternichs fremde Bahnen. Binnen vierundzwanzig Stunden war in Wien, wie Metternich schrieb, das ganze Gebäude seines arbeitsreichen Lebens zusammengebrochen und das größere, zweite Feld seines Wirkens, Europa, schien wie Österreich rettungslos der höheren Gewalt anheimzufallen ... Die Revolution, die im vergangenen Jahrhundert seine Jugend bestimmt, seine Familie aus der Heimat verjagt und in Not gebracht hatte, hatte nun wieder in sein Leben gewaltsam eingegriffen, seinem europäischen und österreichischen Wirken ein Ende bereitet und ihn selbst wie einst vor mehr als einem halben Jahrhundert aus dem zweiten Vaterland vertrieben.«

Und gibt es in Metternichs Erinnerungen und Aufzeichnungen dennoch kein Wort des Selbstmitleids, auch nicht der Anklage gegen jene, die ihn zu wenig unterstützt, die ihn sogar fallengelassen und verraten haben? Gibt es nur das Beharren auf der Meinung, daß er richtig gehandelt habe, korrekt vorgegangen sei?

Das ist gewiß nicht bloß der Starrsinn eines Greises, der nicht mehr anders kann, als das einmal Erlernte und Erprobte immer wieder von neuem aufzusagen. Diese Selbstsicherheit hat auch damit zu tun, daß in Wien – während Metternich sich noch als Flüchtling durch halb Europa schwindelt – bereits Betroffenheit, Ratlosigkeit und erste Anzeichen für ein Umdenken spürbar werden. Eduard von Bauernfeld etwa, ein liberaler Literat und gewiß alles andere denn ein Anhänger Metternichs, stellt fest, daß sich die Wiener schon wieder nach Metternich zu sehnen begännen, weil sie die Revolution bloß langweile. Und Grillparzer meint, daß es genügt hätte, am 13. März den Polizeidirektor Sedlnitzky zu opfern, um die aufgebrachten Wiener zu beruhigen und die Revolution im Keime zu ersticken. Im übrigen sei Metternich »bei allen seinen Fehlern doch noch der einzige gewesen, der Kopf und Energie gehabt hätte, dem Fortrollen Maß und Ziel zu setzen«. Jetzt bleibe, schließt Grillparzer resignierend, nur noch die Hoffnung auf Rußland, um Ruhe und Ordnung wiederhergestellt zu sehen.

Solche Feststellungen erreichen Metternich selbstverständlich auch in England. Der allmähliche Umschwung der öffentlichen Meinung in Wien bleibt ihm nicht verborgen. Und er bestärkt ihn jetzt, da er nur noch ein harmloser Privatmann im Exil sein darf, in seiner Selbsteinschätzung, daß er nichts zurückzunehmen brauche von dem, was er gesagt, geschrieben oder getan hat.

Aufenthalt im Exil

Am 20. April beginnt also Metternichs Exil. Zuerst nimmt man kurzen Aufenthalt im Hotel Brunswick am Hannover Square, dann richtet man sich wohnlich im Haus eines Lord Denbigh am Eton Square ein, nur wenige Schritte vom High Park entfernt. Die außerordentlichen Strapazen der vergangenen Wochen, die den physischen Verfall der schwerkranken Fürstin zweifel los beschleunigt haben, werden von Metternich, der gleichfalls leidend ist, scheinbar mühelos verkraftet. Er habe keinen Grund, sich über seine persönliche Lage zu beklagen, schreibt er in einem Brief. Dabei will man in Österreich sein Vermögen einziehen, fordert die Bezahlung von Steuern, ist seine materielle Lage nicht besonders erfreulich. Er zuckt die Achseln darüber, ist überzeugt, höchstens drei Monate in London bleiben zu müssen, und genießt im übrigen die unerhörte Fülle neuer Eindrücke, welche ihm die Weltstadt an der Themse bietet.

»London, Brighton und Richmond wurden die drei Stationen des unstet gewordenen Mannes im Land des historischen Verfassungslebens. Welche Fülle von Eindrücken ergriff den Greis in der ungeheueren Ausdehnung und in dem Menschengewühl der Weltstadt, an dem verkehrsreichen Ufer der Themse und auf den Brücken . . . Welches neuartige Leben auf den Landgütern und Schlössern, nach denen er geladen wurde, und dann im Süden des Reichs am Meeresstrand von Brighton, fern vom Londoner Nebel . . . Welch wohltuende Ruhe endlich in Richmond, in der malerischen Villa Old Palace, von der Themse getrennt nur durch einen jener stilvoll-einfachen, üppig vom immergrünen Gewächs umwucherten Gärten! In der Tat, es ließ sich als Flüchtling erträglich in England leben, wenn nicht der seelische Druck, das Bewußtsein, daß die Welt und die Heimat in schwerster Krankheit lagen, gelastet hätte.« (Srbik)

Bereits wenige Tage nach der Ankunft in London unterwirft sich Metternich wieder der altgewohnten Disziplin, die ihn den Tag nach genau unterteilten Abschnitten regeln läßt. Ein Drittel wird der Ruhe, der körperlichen Schonung gewidmet, welche der kranke Greis, der sich seine körperliche Hinfälligkeit freilich nicht eingestehen will, dringend benötigt; ein weiteres gehört der Lektüre von Zeitungen, der Erledigung von Korrespondenz, die jetzt, da er nach den Wochen seiner

Flucht wieder ein Domizil gefunden hat, mächtig anschwillt. Und das letzte Drittel wird von der Familie und vor allem von den gesellschaftlichen Verpflichtungen beansprucht, die bald so beherrschend werden, als wäre Metternich nicht ein Flüchtling, sondern ein immer noch im Dienste seines Staates stehender Diplomat. »Das Leben eines Farmers«, schreibt Srbik, »an das Metternich anfangs halb spielend gedacht hatte, hätte dem an Einsamkeit nicht gewöhnten Mann nicht zugesagt. Europa kannte ihn und, wie sein Erscheinen in den Straßen Londons Aufsehen erregte und ihm wohl auch Huldigungen eintrug; wie sich ferner die Presse angelegentlich mit ihm beschäftigte, so fehlte es auch von Anbeginn nicht an regem Verkehr mit den Spitzen des konservativen England.«

Metternich braucht sich also über Langeweile nicht zu beklagen. Er hat rasch Kontakt zu vielen englischen Politikern, empfängt Besuche, erwidert sie, verkehrt sogar mit seinem unversöhnlichen Feind Palmerston, wird zwar nicht von Königin Victoria und Prinz Albert, aber wohl von der Königinmutter Adelaide in das Hofleben einbezogen und findet vor allem im achtzigjährigen Lord Wellington – den treuesten Freund nennt er ihn, der ihn nie im Stich gelassen habe – einen täglichen Gesprächspartner. Benjamin Disraeli, Englands faszinierendster Politiker dieses Jahrzehnts, schreibt nach einigen Begegnungen mit Metternich: »Das ist ein tiefer Geist und ein liebevolles Herz. Er hat mir mit unvergleichlicher Meisterschaft den Stand der europäischen Angelegenheiten dargelegt.«

Es überrascht also nicht, daß Metternich sich sehr bald in einem Brief nach Österreich höchst befriedigt äußert. »Man stellte mir ganze Schlösser und Landhäuser zu Verfügung. Die Gastfreundschaft wird hier zum Extrem getrieben. Unser Keller füllt sich mit Federwild, riesenhaften Ananas, Rosinen und anderen Früchten. Das alles wird uns von allen Ecken dieses Landes geschickt, das gastfreier als jedes andere ist. Mein Haus ist eine Loge in diesem großen Schauspielhaus, wo die Extreme sich berühren und die Zwischenabstufungen sich vermischen. Ich möchte, daß die Unfähigen, die jetzt in Wien regieren, hier wären, um zu lernen, wie man es in einem Lande, in dem eine vollkommene Freiheit herrscht, anstellt, die Ungebundenheit, die ihre Negation bedeutet, zu unterdrücken.«

Bald kann er sich auch rühmen, auf jenen Teil der englischen Presse Einfluß zu haben, den er selbst als seriös und brauchbar bezeichnet. Nicht ohne einen Anflug der alten Selbstgefälligkeit notiert er am 31. Dezember 1849: »Die ›Times‹ bringt noch täglich Artikel heraus, die ein Echo der von mir mitgeteilten Eindrücke sind.« Er schreibt unermüdlich Briefe an ehemalige Mitarbeiter, an befreundete Politiker und auch an politische Gegner, denen er die Intelligenz zutraut, sich von seinen Ansichten beeindrucken und vielleicht sogar beeinflussen zu lassen. Mit leidenschaftlicher, fast gieriger Anteilnahme verfolgt er die Vorgänge in Österreich, ist stets darauf bedacht, auf dem laufenden gehalten zu werden, und leidet darunter, daß man – vorerst zumindest – in Wien seinen Rat ablehnt.

Aber auch »schattenhafte Erinnerungen an ein weitentferntes Liebesleben« tauchen wieder auf, so Dorothee von Lieven, einst stürmisch geliebte Freundin, später gehässig gegen ihn agitierende Feindin früherer Tage, jene Frau, die ihm vielleicht mehr als alle anderen seiner zahllosen Bekanntschaften und Amouren bedeutet hat und in der er einen ihm ebenbürtigen Geist zu entdecken vermeinte. Sie bringt sich nun mit einem Brief in Erinnerung, darin sie ihm mitteilt, es genüge ihr nicht, einfach Visitenkarten zu hinterlassen.

»Sie kam wie aus einem Ahnenbild hervortretend«, notiert Pauline von Metternich, die jüngere Schwester des Staatskanzlers, die sein Exil in London teilt, »stets ganz schwarz gekleidet, trug sie einen riesigen Calèche-Hut, einen grünen Augenschirm darüber, und hielt einen kolossalen Fächer vor. So zog sie imponierend und feierlich einher, ohne uns armen Erdenwesen auch nur einen Blick zu gönnen.« Aber Frau von Lieven, nunmehr verwitwet und ziemlich vereinsamt, gebraucht ihre Augen durchaus, hat so gut wie nichts von ihrer einstigen scharfen Beobachtungsgabe verloren, welche Metternich früher einmal entzückt hat. Und sie ist nicht minder boshaft als einst, da ihre spitze Zunge noch überall in den europäischen Salons gefürchtet war. »Man geht einmal zum Fürsten, um ihn gesehen zu haben«, spielt sie ihren Antrittsbesuch bei den Metternichs beiläufig herab, »dann nicht mehr, denn er langweilt alle Welt, der Schwätzer, der immer den gleichen Unsinn wiederholt und immer unfehlbar ist.« Und in einem Brief schreibt sie: »Ich treffe Herrn und Frau von Metternich. Sie: dick, nett und von gefälligen Umgangsformen. Er: voller Heiterkeit, innerer Zufriedenheit, ununterbrochen geschwätzig, sehr lang, sehr schlank, sehr gewichtig, immer metaphysisch, langweilig, wenn er von sich selbst spricht, bezaubernd, wenn er aus der Vergangenheit und besonders, wenn er von Kaiser Napoleon erzählt.«

Aber solche Bosheiten hindern sie nicht daran, beflissen und eifrig den Spuren der Metternichs zu folgen. Diese, aus Gründen der notwendig gewordenen Sparsamkeit dazu veranlaßt, den eher kostspieligen Haushalt in London aufzugeben, übersiedeln schon im September 1848 nach Richmond, wo man eine Villa mit dem vielversprechenden Namen Old Palace mietet, und schließlich, nachdem auch dieses Old Palace sich als materielle Belastung erweist, weiter nach Brighton, wo man ein kleines passendes Haus in Strandnähe bezieht. Es dauert nicht lange, bis Frau von Lieven ihren Freunden in London die Nachricht zukommen läßt, daß sie gleichfalls nach Brighton übersiedeln werde. »Es wird auch da einige Zerstreuungen geben. Fürst Metternich hat sich dort ein Haus genommen, aber das alles wird doch nur ein armseliger Ersatz sein.«

Es gibt auch andere Nadelstiche. Die Königin von Belgien, Marie Louise von Orleans, vertraut ihrer Mutter anläßlich eines Besuches, den die Metternichs beim belgischen König abstatten, ein schlichtweg vernichtendes und wenig delikates Urteil über Melanie von Metternich an: »Frau von Metternich ist monströs geworden. Ich habe niemals einen solchen Bauch gesehen. Er reicht bis an die Knie.« Was die Königin nicht weiß – oder nicht wahrhaben will –, ist der tragische Umstand, daß im »monströsen Bauch« der Fürstin ein Tumor wütet, der das Leben dieser Frau unaufhaltsam zerstört.

Im November 1850 dann erhält Metternich endlich jene Nachricht, auf die er, nicht zuletzt auch aus materiellen Gründen, lange ungeduldig gewartet hat. Die Beschlagnahme seiner österreichischen Besitzungen ist aufgehoben; außerdem wird ihm eine jährliche Pension von achttausend Gulden zugestanden, was eine achtbare Summe ist, mit der es sich bekömmlich leben läßt.

Zu diesem Zeitpunkt haben die Metternichs erneut ihr Domizil gewechselt. Sie leben jetzt in Belgien, welches Metternich als das »ruhigste Land der Welt« bezeichnet. Fürst Metternich ist im übrigen nach wie vor davon überzeugt, der österreichischen Politik nützlich sein zu können. Andererseits weiß er: »Ich wäre der Regierung im Wege und würde den Verdacht erwecken, daß ich wieder in Tätigkeit treten möchte . . . ein Verdacht, der vollkommen unbegründet wäre. Ein halbes Jahrhundert der Plage genügt, um einem Mann die Lust zu benehmen, sich ihr neuerdings auszusetzen.«

Dennoch schreibt er Brief um Brief nach Wien und »zog sich Enttäuschung um Enttäuschung zu« (Srbik), wozu noch kommt, daß sich Österreich seinem abgedankten Staatskanzler gegenüber mehr als schäbig verhält. Es ist der russische Zar Alexander, der dem Flüchtling mit einer Summe von hunderttausend Rubeln, welche Metternich allerdings nur als verzinsliches Darlehen anzunehmen bereit ist, in der ersten Zeit des Londoner Exils über die materiellen Schwierigkeiten hinweghilft. Irgendeine Antwort auf Metternichs dringliche Anfragen nach Wien, »ob er als aus dem aktiven Dienst ausgetretener Minister oder als ein vom Staat geächteter Staatsbürger angesehen werde«, kommt ebensowenig, wie es lange Zeit braucht, bis man die fiskalische Verfolgung Metternichs in Österreich einstellt, alle Anklagen gegen ihn niederschlägt und ihm auch die Auszahlung einer – ihm rechtmäßig zustehenden – jährlichen Pension bewilligt. Das alles sind Gründe, welche die Metternichs dazu verurteilen, das verhältnismäßig kostspielige Leben in England gegen ein billigeres Exil in Belgien einzutauschen. Am 11. Oktober 1849 treffen die Flüchtlinge jedenfalls in Belgien ein, in Brüssel, womit ein »neuer Haltpunkt der Lebenspilgerfahrt erreicht war«, wie es Srbik darstellt.

In England hat man Schulden machen müssen. Das Leben in Belgien ist ungleich preiswerter. Dennoch häufen sich die Schwierigkeiten, die auch durch die verspätete Gewährung einer Pension nicht aus der Welt geschafft werden können. Im Juni 1850 »gedieh die Mißlage des Fürsten« so weit, daß sein »Güterdirektor zur Deckung der Schulden (etwa 200.000 Gulden) den Verkauf des Landhauses auf dem Rennweg (in Wien) samt seinem kostbaren Inventar« empfehlen muß, wie man dem Tagebuch Melanies entnehmen kann. Die Fürstin gibt jetzt in einem mehrfachen Sinn ihrem Mann Anlaß zur Besorgnis. Zum einen hat es mit ihrem schlechten Gesundheitszustand zu tun, zum anderen jedoch mit ihren boshaften Bemerkungen, ihren beißenden Bonmots über das Haus Habsburg, denen sie in London ebenso wie in Brüssel huldigt und die ihren Weg bis nach Wien finden. Das sind kleine Taktlosigkeiten und gröbere Anschuldigungen, beides an sich durchaus berechtigt als Reaktion auf die wenig ehrenvolle Haltung des österreichischen Kaiserhauses gegenüber Metternich; aber da sich manches davon gezielt mit der Erzherzogin und nunmehrigen Kaiserinmutter Sophie beschäftigt, ist das Echo in Wien entsprechend empört.

Und Metternich, der nicht aufhört, alle Möglichkeiten einer Rückkehr nach Wien zu erkunden – was seine volle Rehabilitierung bedeuten müßte –, muß auf manchem Umweg erfahren, daß gegen seine Rückkehr eigentlich nichts mehr einzuwenden sei, daß man hingegen manche begründete Ursache habe, die Taktlosigkeiten Melanies als politisch so schwerwiegend zu begreifen, daß gegen ihre allfällige Rückkehr gewisse Einwände bestünden.

Aber Metternich weiß die Zeit auf seiner Seite. »Es wird die Zeit den Abgrund ausfüllen, der zwischen mir und dem von der Revolution aufgewühlten Land klafft«, schreibt er einmal. Und schon im Sommer 1850 werden vorsichtige Versuche einer ersten Annäherung unternommen, indem man bei Metternich nachfragt, ob er unter Umständen geneigt sei, den Sommer in Königswart und den Winter in Prag zuzubringen.

Der Fürst lehnt dieses Ansinnen allerdings kategorisch ab. Zum einen, weil es kein offizielles, kein vom Kaiserhaus vorgebrachtes ist; und zum anderen, weil er sich nicht vorschreiben lassen will, wo in Österreich er seinen Alters- und Ruhesitz aufschlagen soll. Im übrigen hofft er nach wie vor darauf, daß entweder Kaiser Franz Joseph oder sein eigener Nachfolger, Fürst Schwarzenberg, ihm eine solche Einladung zur Heimkehr übermitteln wird. Briefe, die er in dieser Angelegenheit an einige der maßgeblichen Mitglieder des Kaiserhauses richtet – wobei wiederum die Erzherzogin Sophie eine wesentliche Rolle spielt –, bleiben vorerst freilich entweder unbeantwortet oder verursachen nur leere Phrasen. Sophie versichert Metternich wohl ihrer Wertschätzung und dessen, daß »täglich für ihn gebetet« werde, weicht aber jeder Präzisierung des Datums aus, an welchem die Metternichs wieder nach Wien kommen sollen. Erzherzog Ludwig wiederum weiß nichts anderes festzustellen, als daß die Nachwelt seine, Metternichs, Leistungen gewiß würdigen werde und daß er manches mit ihm zu besprechen wünsche, was er

»der Feder nicht anvertrauen« könne. Doch fällt kein Wort über eine Rückkehr nach Österreich.

Endlich, am 27. März 1851, unternimmt Metternich einen entscheidenden Schritt, wobei man annehmen darf, daß es Melanie ist, die ihn zu diesem Schreiben drängt, welches er nun an seinen Nachfolger Schwarzenberg absendet. »Ob meine Rückkehr nach dem Reiche irgendeinem die Regierung selbst betreffenden Hindernis unterliegen dürfte«, lautet der zentrale Satz in diesem förmlichen Gesuch, das durch ein vertrauliches Zusatzschreiben ergänzt wird, darin Metternich die Unmöglichkeit darlegt, ohne Melanie nach Österreich zurückzukehren, und erklärt, daß andererseits, hätte er nicht die Pflicht, »für eine Familie zu sorgen, die Idee der Rückkehr ins Reich mich zu berühren nicht vermöchte«.

Es ist das der verzweifelte Versuch eines in seinem Stolz tief getroffenen Mannes, einerseits den Wünschen seiner nächsten Angehörigen – und gewiß auch den eigenen – in einer bestmöglichen Form zu gehorchen und andererseits die Selbstachtung, derer ein so selbstbewußter und selbstgefälliger Charakter wie Metternich dringend bedarf, nicht völlig zu verlieren. Er demütigt sich und bittet um Hilfe. Aber zugleich sucht er jene, an die er seine Bitte richtet, von seinem ungebrochenen Stolz zu überzeugen, und er schiebt die Verantwortung für seine Demutshaltung auf die Familie, wobei er vorsichtig genug ist, die Erklärung nicht offiziell abzugeben. Hier bittet ein Greis augenzwinkernd um Verständnis und Nachsicht. Und wäre dieser Greis irgendein anderer Bittsteller als ausgerechnet Metternich, so könnte man ihm beides vorurteilsfrei gewähren.

Die Reaktionen in Wien auf diesen Brief sind überraschend positiv. Es hat den Anschein, als habe man nur darauf gewartet, daß Metternich den ersten Schritt unternimmt, daß er von sich aus die Bereitschaft signalisiert, als Privatmann, der keine öffentlichen Ansprüche mehr stellt, heimkehren zu dürfen. »Erzherzogin Sophie, auf deren Stimme der junge Monarch [Franz Joseph] zu hören pflegte, äußerte das Zutrauen zu Metternichs Weisheit und Mäßigung, daß er nie etwas sagen werde, was er nicht sagen solle; weniger sicher dürfte sie des Temperaments Melanies gewesen sein.« Das ist jedenfalls den Akten, ist der geheimen Korrespondenz zu entnehmen, welche diese delikate Angelegenheit auslöst. Es ist viel Lüge, viel Scheinheiligkeit mit im Spiel. Es drücken sich manche um das, was man als moralische Verantwortung bezeichnen könnte. Nur »der Kaiser, dessen Schweigen den Alten am meisten gehärmt hatte«, wie Srbik es ausdrückt, nur Franz Joseph, der junge Mann auf dem alten Thron, »bewies abermals, daß er der Dankbarkeit und der Schätzung historischer Bedeutung nicht unzugänglich war. Er ließ sich nun durch die Sorge vor dem Reden der Menge nicht mehr beirren und ließ dem Altkanzler am 6. April 1851 aus eigenem Entschluß wohltuende Worte der Würdigung seiner Vergangenheit und die Versicherung zukommen, daß er sich herzlich freuen werde, ihm seine Gefühle persönlich in Wien auszudrücken.« (Srbik)

Fürst Schwarzenberg ist es dann, der im Auftrag des Kaisers den endgültigen Versöhnungsbrief schreibt. Darin heißt es: »Der Kaiser hegt für Euer Durchlaucht jene Gefühle hoher Achtung und der Dankbarkeit, die jeder wahre Österreicher dem Mann zollt, dessen Wirken dem Kaiserhaus und dem Reiche durch lange Jahre und in den schwierigsten Zeiten zur Ehre und zum Nutzen gereichte.« Und außerdem heißt es noch in einem weiteren Absatz: »Daß Eurer Durchlaucht Rückkehr in die Hauptstadt zu vielerlei Gerede Anlaß geben wird, steht außer Zweifel. Daß die Bewegungspartei diesen Umstand mit manchen Maßregeln, die nach und nach getroffen werden sollen, in Zusammenhang bringen wird, ist ebenfalls gewiß. Darin kann der Kaiser aber keinen Grund zu Bedenklichkeiten finden gegen das, was gerecht und Ihnen erwünscht ist.« Und mit eigener Handschrift komplettiert Franz Joseph diese Zeilen, indem er feststellt: »Ganz einverstanden!«

Anfang Juni 1851 verlassen die Metternichs Belgien. König Leopold hat ihnen einen eigenen Eisenbahnwaggon zur Verfügung gestellt, eine Geste der wohlwollenden Freundschaft, die man angesichts mancher verletzenden Äußerung Melanies über das belgische Königshaus nicht als selbstverständlich werten darf. Nach wenigen Tagen erreichen die heimkehrenden Flüchtlinge den Rhein und Koblenz, die Geburtsstadt Clemens Metternichs, wo man den Sommer verbringt. Hier macht ihm auch Bismarck, jetzt gerade sechsunddreißigjährig und Preußens Gesandter am Frankfurter Bundestag, die Aufwartung. Es wird lange geplaudert, »aufmerksam und schweigend hört der Jüngere auf das, was der Ältere zu sagen hat« (H. Vallotton). Auch Preußens König Friedrich Wilhelm IV. kommt zu Besuch, ebenso andere Fürsten und Politiker von Rang und Namen. Ihr Urteil über den kränkelnden Greis, dessen Geist immer noch scharf ist, fällt freilich zwiespältig aus. In Wien dann, wo man im September endlich eintrifft, werden diese Urteile noch differenzierter, noch kritischer sein.

Denn Clemens Metternich, scheinbar endgültig aus der Politik verbannt, springt wie ein Akrobat in die Manege zurück. Steifbeinig, schwergliedrig, gelegentlich auch etwas schwerfällig, aber immer noch, wie er selbst meint, unentbehrlich, nach wie vor ein Meister der diplomatischen Intrige und endgültig souverän geworden durch den Schatz seiner reichen Erfahrung. Als er jedenfalls am Abend des 24. September 1851 wieder in sein Palais am Rennweg einzieht – das er doch nicht zu veräußern brauchte, um seine drückenden Schulden abzutragen –, da ist nicht ein beliebiger Flüchtling heimgekehrt, dem man Gnade vor Recht hat zuteil werden lassen ... da ist Österreichs großer Staatskanzler zurückgekehrt. Und es gibt viele Politiker, Minister, Höflinge, Mitglieder der kaiserlichen Familie in Wien, die begierig darauf sind, sich seines Rates wieder bedienen zu dürfen. Und viele, die diesen Rat fürchten ...

Es ändert sich nichts. Metternich ändert sich nicht. Sein »Trieb zu aktivem Wirken und sein Pflichtgefühl bewogen ihn zur Tätigkeit eines inoffiziellen, unabhängigen Vertreters Österreichs in allen großen west- und mitteleuropäischen Fragen«, schreibt Srbik über Metternichs Aktivitäten in Brüssel, wo das Arbeitszimmer des abgedankten Staatskanzlers und politischen Flüchtlings »oft fast zu einer Art von Staatskanzlei« wurde.

Jetzt in Wien erhält alles das, was des alten Gauklers Lebensinhalt ausmacht, eine neue Bedeutung, gewinnt es rasch wieder an Tiefe und Schärfe. Allein die Zahl der Besucher, die nun in das Palais am Rennweg strömen – welches 1840 nach den Plänen des Architekten Johann Romano ausgeführt worden ist –, bereitet Metternich unverhohlenes Vergnügen, in das sich die durchaus verständliche Genugtuung mischt, von seinen Gegnern nicht wirklich auf das von ihnen geforderte Abstellgleis und damit in die Bedeutungslosigkeit abgeschoben werden zu können. Die Fürstin Melanie schreibt in einem Brief, daß man bereits in den ersten Tagen nach ihrer Ankunft so sehr von Besuchern überrannt werde, »daß es mir unmöglich wäre, sie alle anzuführen. Alle Minister erschienen, auch die hier anwesenden Erzherzöge . . .«

Hat es vor ein paar Jahren erst tatsächlich eine Revolution gegeben? Metternichs Wiedererscheinen in Wien läßt auch die letzten Erinnerungen daran verblassen. Und er selbst sorgt sogleich dafür, daß wieder Bewegung, Unruhe in die österreichische Innenpolitik kommt, ohne daß er offiziell in Erscheinung tritt, was ihm ohnedies untersagt ist. Er unterordnet sich der von ihm geforderten Zurückhaltung, soweit es jeden öffentlichen Auftritt angeht. Aber da genügend Politiker und Mitglieder des Kaiserhauses zu ihm kommen, braucht er sich jener Funktion, die ihm beinahe zwangsläufig aufgedrängt wird, nicht zu entziehen, nämlich der des

Ratgebers und auch der des Kritikers an Verhältnissen und Personen. Seinen Nachfolger Schwarzenberg nennt er beispielsweise einmal einen sittenlosen und leichtsinnigen Diplomaten. Der Minister Bruck ist für ihn nichts weiter als ein »bankrotter Kaufmann, der Gefahr läuft, ins Kriminal zu kommen«, und Graf Stadion ein »Gouverneur, den ein Bescheid der Hofkanzlei die Flucht ergreifen ließ«. Alexander von Bach, der sich einst der Revolution angedient hat, der »Vater, Sohn und Heiliger Geist der Revolution« genannt worden und dann zum Minister avanciert ist und nunmehr dem Altkanzler seine regelmäßige Aufwartung macht, ihn beurteilt Metternich etwas weniger streng und nennt ihn bloß »einen jungen Burschen, der Aufsätze schreibt und einiges gelernt hat«.

Solche Zitate machen in Wien natürlich rasch die Runde. Und sie verursachen einige Aufregung, ähnlich wie die Auftritte der Fürstin Melanie, die »fast rührend kindisch geworden ist in der Einfalt ihrer lauten, hochtrabenden Arroganz« (W. Tritsch) und die, kaum daß sie in Wien wieder seßhaft geworden ist, die Salons durch ihre ausgeprägte Begabung verunsichert, »in gewohnter Weise viele zu verletzen, viel Porzellan zu zerschlagen, viele Tischtücher zu zerschneiden, viel Unmögliches zu sagen«, wie es die Herzogin Dino-Talleyrand ausdrückt. Charakteristisch für diesen völlig überdrehten Hochmut, für die Unfähigkeit, die Wirklichkeit zu begreifen, ist wohl eine Tagebucheintragung Melanies nach einem Ball, den der Fürst und Staatskanzler Schwarzenberg in der Staatskanzlei zu Ehren Kaisers Franz Josephs gibt: »Es war die ganze sogenannte zweite Gesellschaft eingeladen, deren weibliche Koryphäen sich durch etwas allzu gesuchte Toiletten hervortaten. Von einer Fusion mit der ersten Gesellschaft war nichts wahrzunehmen.«

Und da die Fürstin solche Feststellungen nicht bloß der Intimität ihres Tagebuches anvertraut, sondern sie recht unverhohlen und noch angereichert mit scharfzüngig erzählten Details auch ihren angeblichen Freundinnen und anderen Damen der Gesellschaft weitervermittelt, überrascht es nicht, daß sie – die man zuerst fürchtet und dann mitleidlos verhöhnt – kaum sonderlich beliebt ist. Aber auch hier gilt es sich dessen zu entsinnen, was einer der Biographen Metternichs, Walther Tritsch, einmal so formuliert hat: »Andere Ungeschicklichkeiten – als jene, welche die Fürstin laufend beging – waren freilich weniger leicht auszugleichen. Das politische Porzellan zu leimen, das die Wiener Regierung zerbrochen hatte und immer wieder zerbrach, war schon bedeutend schwerer.«

Was Melanie angeht, so darf ihr physisches Elend nicht verschwiegen werden, welches sie, die seit Jahren an Unterleibskrebs leidet, lange Zeit vor Metternich verheimlicht. Als sie am 3. März 1854 stirbt, ist sie gerade fünfzig Jahre alt und wenn man die Veränderungen berücksichtigt, die ihr die Krankheit ins Antlitz gezeichnet hat, immer noch eine schöne, attraktive Frau. Sie ist Metternich mehr als zwei Jahrzehnte lang eine leidenschaftlich ergebene, allerdings, was nicht verschwiegen werden sollte, auch ungemein besitzergreifende Gefährtin gewesen, war ihm Krankenpflegerin, Sekretärin, Vorleserin, nachsichtig geduldete Beraterin in politischen Angelegenheiten und, wenigstens in den ersten Jahren ihrer Gemeinschaft, auch unermüdlich und bis an die Grenzen seiner Gesundheit stimulierende Geliebte. Sie hat sich stets mit dem, was er darstellte und leistete, vollkommen identifiziert; gelegentlich bis zur peinlichen Selbstaufgabe, jedoch ohne jeden egoistischen Beigeschmack. Ihre legendäre Arroganz, die durch Melanies Charakter mitunter etwas Hemmungsloses hatte, mochte nicht zuletzt daher rühren, daß sie in ihrem Mann das Absolute, das in jeder Hinsicht Vollkommene und daher Unerreichbare sah. Die Wiener Gesellschaft, die österreichische Hocharistokratie, die sich 1848 Metternich gegenüber schäbig benommen hatte, durfte von dieser in jeder Hinsicht exaltiert empfindenden Frau keine Nachsicht erwarten. Daraus resultierte wohl so mancher Auftritt, der von Außenstehenden als unangenehm empfunden wurde. Allerdings war Melanie, die einer der ältesten und angesehensten magyarischen Familien entstammte, von Natur aus hoffärtig. Und sie war bei aller Intelligenz nicht immer klug genug, um ihren Hochmut zu verbergen.

Aber sie hat viele Jahre lang, wohl wissend, in welchem physischen Zustand sie sich befand, ihrem Mann hartnäckig die Krankheit verschwiegen, welche sie zerstörte. Sie opferte sich bedenkenlos auf für ihn, den sie bewunderte, fast vergötterte, obgleich sie wahrscheinlich instinktiv geahnt, gespürt haben muß, daß sein Gefühl für sie nicht im entferntesten jener schrankenlosen Hingabe, jener völligen Bedenkenlosigkeit glich, welche ihre Liebe beherrschten. Melanie mag, oberflächlich ausgedrückt, in mancher Hinsicht eine törichte Person gewesen sein; wenig sympathisch, mitunter lächerlich und auch abstoßend, wenn ihr sprichwörtlicher Hochmut zügellos wurde. Sie bleibt dennoch bewundernswert durch die Größe ihres Gefühls für Metternich.

Dieser beherrscht jetzt, wie alle Welt findet, seine Trauer über den Verlust so vollkommen, daß fast wie Gleichgültigkeit wirkt, was doch nur die Unmöglichkeit ist, sich in einem solchen Augenblick öffentlich mitzuteilen. In einem Brief an einen Freund schreibt er wenige Tage nach dem Tod seiner Frau: »Der letzte Augenblick ihres Lebens war das Ende einer sanft verlöschenden Kerze, wie der Schlaf eines Kindes, wie der ruhige Aufbruch in ein ewiges Vaterland. Der Schmerz, den man selbst empfindet, geht andere nichts an.«

Ahnt Metternich wenigstens jetzt etwas vom jahrelangen Leiden seiner Frau, von den Schmerzen, die sie erduldet, von den Ängsten, die sie ausgestanden haben muß? Und davon, daß das, was er als »ruhigen Aufbruch in ein ewiges Vaterland« beschreibt, in Wahrheit die Erlösung von qualvollen Schmerzen war?

Überhaupt hält der Tod jetzt reiche Ernte um den einsam gewordenen Mann. Frau von Lieven, die »Grande Dame der Politik bis an ihr Ende«, wie sie ein Zeitgenosse eher spöttisch charakterisiert, stirbt. Dann Madame Bagration, die einst – wie lange ist das jetzt schon her? – erstarrt ist vor Bewunderung für Metternich und die, so scheint es, aus diesem hypnotischen Zustand nie mehr wirklich erwachen konnte. Auch Pauline, seine Schwester, verläßt ihn, vierundachtzigjährig und eigenwillig bis zur Stunde ihres Hinscheidens. Und schließlich, gänzlich unerwartet, noch nicht fünfzig Jahre alt, noch nicht auf dem Höhepunkt seiner Möglichkeiten angelangt, stirbt auch Felix Schwarzenberg. Ein Schlaganfall rafft ihn dahin, unterbricht ein Leben, eine politische Entwicklung, die Metternich als einen unerläßlichen Ordnungsversuch begreift, der er seine ganze noch mögliche Unterstützung – und das ist auch für den abgedankten Staatskanzler nicht wenig – hat zuteil werden lassen. Der Tod räumt auf rund um Metternich. Nur er bleibt unbeschädigt, ist dem Anschein nach unantastbar, nähert sich einem Zustand der Entrücktheit, der Unversehrtheit, welcher fast etwas wie Unsterblichkeit signalisiert.

In jenen Jahren, da er wieder nach Österreich, nach Wien zurückgekehrt und dem äußeren Anschein nach nichts weiter als ein hochdekorierter, jedoch aller politischen wie gesellschaftlichen Öffentlichkeit entfremdeter Pensionär ist, in jenen Jahren besucht ihn ein gewisser Schmidt-Weißenfels, ein literarisch ambitionierter Mensch, der eine der ersten Biographien Metternichs verfassen wird. Seine Darstellung des greisen Staatskanzlers ist von außerordentlicher Genauigkeit und allein schon deshalb ein Dokument von großer Bedeutung, weil dieser dilettierende Literat Schmidt-Weißenfels Metternich gegenüber keine politischen Ambitionen hegt, ihn also weder als Konkurrenten noch als anbetungswürdiges Vorbild begreift, welche Einstellungen eine objektive Schilderung kaum zulassen würden. Dafür liefert er ein getreues Porträt des nun wirklich alt und einsam gewordenen Metternich:

»Selten machte ein Greis einen so imposanten und interessanten Eindruck wie dieser. Der Fürst war ein Achtziger, aber er hielt sich noch gerade; und seine hohe, fast hagere Gestalt erschien noch ungebeugt von der Last des Alters, dessen Einflüssen er gleichwohl erliegen mußte. Sein schneeweißes, feines, obgleich noch volles Haar, die scharfen Falten im Gesicht, die außerordentliche Schwerhörigkeit bewiesen dies zur Genüge. Des Fürsten Antlitz, vom Alter geklärt, zeigte die Spuren jener ehemaligen Schönheit, die Männer wie Frauen einst gleichmäßig bewundert hatten. Noch jetzt war es schön, adelig in allem, wenn auch gespitzt und abgemagert; die edel gebogene, ziemlich starke Nase; der feingeschlitzte Mund mit roten Lippen, der weiße, zarte, wächserne Teint; zwei helle, große, blaue Augen unter einer stark gewölbten Stirn . . . nichts war unschön oder unfein geworden, der ganze Kopf war ein Meisterwerk der alternden Natur. Die Kleidung war einfach, schwarz, ein Oberrock. Das Zimmer, in dem der Fürst seine Besuche empfing, war geschmackvoll und traulich. Es war ein Wohnzimmer bester Art, hoch, hell und groß. Schwere Teppiche bedeckten den Boden. An den Wänden entlang standen Schränke, Tafeln und Tische von Nußbaumholz ohne steife Symmetrie, auf ihnen lagen Bücher; hier stand eine Stutzuhr, dort ein Globus; darunter Cartons und, wie es schien, eine Mineraliensammlung. In der Mitte des Zimmers war eine lange Tafel, behangen mit einem dunkelgrünen Tuch, auf dem vornehmlich Bücher lagen.«

Ist er nun tatsächlich zum Greis geworden, von dem die »Schlacken des Egoismus« abgefallen sind, wie die Kritischeren unter seinen Verehrern meinen? Alles, was Zeitgenossen über Metternich in dessen letzten Lebensjahren aussagen, was jene, die ein Porträt von ihm zeichnen, diesem Porträt an eigener Meinung hinzufügen, deutet an, daß er nun längst über allen Dingen und Ereignissen steht, welche ihn bis zu seiner Niederlage von 1848 noch bewegt und ihm jene Erregung vermittelt haben, die ihm stets ein Ansporn war für die Inszenierung seiner vielfältigen Begabungen. Jetzt, so hat es den Anschein, lohnt es sich nicht mehr, das Pfauenrad zu schlagen vor einer Welt, die für solche Darstellungen unempfänglich geworden ist.

Hinzu kommt, daß er als Ratgeber, der offiziell nicht in Erscheinung treten darf, zwar geduldet, höflich angehört, gelegentlich sogar angefordert, jedoch nie wirklich konsultiert wird. Der Tod des Fürsten Schwarzenberg, der zuerst sein Schüler und später in manchem sein Widersacher gewesen ist, eröffnet ihm noch einmal die Gelegenheit, seine Erfahrungen und seine Vorstellungen für einen seiner Meinung nach notwendig gewordenen neuen Stil in der Politik einzubringen. Es gibt in diesem Zusammenhang wohl einige Stimmen, die ihn als einzig vorstellbaren Nachfolger Schwarzenbergs bezeichnen, aber Metternich weiß selbst am besten, daß eine solche Idee absurd ist. »Er war schon viel zu alt, er hörte immer schlechter, und auch sein Gedächtnis ließ nach«, faßt sein Biograph Tritsch die wesentlichen Hindernisse für eine solche Wiederholung eines längst schon abgesetzten Schauspiels zusammen. Metternich ist »für die oberste Führung der Staatsgeschäfte gar nicht mehr tauglich. Nur raten konnte er, und das wollte er auch sehr gerne tun. Mehr nicht«.

Aber auch das ist zuviel. Natürlich hört ihn Kaiser Franz Joseph an, aufmerksam sogar, mit großem Respekt vor dem Wissen dieses alten Mannes um die Absonderlichkeiten der Politik im allgemeinen und um die diffizilen Aspekte der österreichischen Innenpolitik im besonderen. Doch die Entscheidung, vor der Metternich eindringlich warnt, ist schon gefallen. Und sie ist unwiderruflich. Graf Buol-Schauenstein, den eine spätere Generation als »unwiderstehliche Null« bezeichnen wird, ist als Nachfolger Schwarzenbergs für den Ballhausplatz vorgesehen, eine Ernennung, die nicht nur bei Metternich Kopfschütteln verursacht. Bismarck wird einmal über diesen Grafen Buol urteilen: »Ich möchte nur einen Tag, eine einzige Stunde lang, die genialen Gaben wirklich besitzen, von denen sich Graf Buol täglich und stündlich ganz erfüllt glaubt ... und mein Ruhm vor Gott und den Menschen wäre für ewige Zeiten aufgerichtet.« Diesem vernichtenden Urteil hätte Metternich, wäre es ihm vergönnt gewesen, es zu hören, wahrscheinlich nichts hinzufügen gehabt.

Die vom Kaiser getroffene Entscheidung für Buol verursacht ihm jedenfalls Unbehagen, ebenso die Richtung des Kurses, der jetzt in Wien eingeschlagen wird. Hat man, fragt er sich, am Ballhausplatz, bei Hofe nichts dazugelernt seit den unseligen Märztagen des Jahres 1848? Will man durch betonte Autorität die Fehler vergessen machen, die begangen wurden, ohne zu verbessern, was in der Tat verbesserungswürdig ist? Begreift man nicht, wie lebensnotwendig gewisse »Notventile für die Opposition« sind?

Manches von dem, was Metternich jetzt, da er wieder bewundert, aber nicht mehr nachgeahmt wird, da man ihm wieder aufmerksam zuhört, aber seine Stimme kaum noch Gewicht besitzt, manches, was er nun sagt, notiert, verkündet, ist so hellsichtig und zugleich so unbarmherzig, daß es fast zwangsläufig auf Verständnislosigkeit stoßen muß. Er warnt davor, jeden wohlmeinenden Rat sogleich als Widerstand oder sogar als Aufruhr zu betrachten, da durch ein »absolutes Regime oft die besten Köpfe verloren gehen, sie werden unter die Revolutionäre gedrängt und zu Staatsfeinden erzogen«. Und im gleichen Atemzug fragt er: »Ist es nicht besser, für solche Menschen eine Art Notventil zu schaffen, der ihre Opposition in legale Ratschläge zurückverwandelt, über die man diskutieren kann?« Das hört sich aus dem Munde Metternichs an, als hätte ein alter, zahnlos gewordener Wolf Kreide geschluckt. Oder als habe er jetzt, da seine Meinung geachtet, jedoch kaum einmal befolgt wird, endlich den Mut gefunden, Wahrheiten auszusprechen, die in Österreich stets sorgfältig unter Verschluß gehalten werden.

»Wenn Metternich solche Einsichten hatte«, fragt dann auch Walther Tritsch, »warum hat er so gar nichts davon merken lassen oder gar ausgeführt, so lange er selbst an der Macht war?« Tritsch selbst gibt darauf eine Antwort, die er freilich aus Gründen der Höflichkeit in die Form einer Frage kleidet: »Wenn das wahr ist, wenn er wirklich gewußt hat, wohin er Österreich . . . führen mußte, dann trifft ihn nur eine umso schwerere Verantwortung. Als Wissender hat er es unterlassen, zu handeln, wo unbedingt gehandelt werden mußte. War das Leichtsinn, Bequemlichkeit, Eitelkeit oder Opportunismus?«

Aber hat nicht Metternich selbst längst schon diese eine Frage beantwortet? In seinem Testament begründet er die Behutsamkeit – oder vielleicht auch den Opportunismus, den Leichtsinn, die Feigheit –, mit welcher er ein Leben lang zu Werke gegangen ist, und weshalb er immer darauf bedacht gewesen ist, das Bestehende zu erhalten und das um fast jeden Preis. Denn da heißt es unter anderem: »Wenn ich behaupte, mir stets klar gewesen zu sein über den Ernst und die Schwere der Lage und über die Notwendigkeiten des Handelns, so gestehe ich auch, die Unmöglichkeit erkannt zu haben, im gegenwärtigen Zeitpunkt eine neue Ordnung der Dinge aufzurichten, und das in unserer Monarchie wie auch in Deutschland. Jeder Versuch einer tiefgreifenden Wandlung hätte sofort zu einer Katastrophe geführt. Darum haben sich alle meine Bemühungen auf einen einzigen Punkt gerichtet: erhalten, was noch dauern konnte, und das in einer Form, daß es noch dauern könne. Bis zum Tage, an welchem diese Neuordnung möglich geworden wäre.«

Das, was Metternich hier als sein politisches Credo formuliert, hat freilich nicht verhindern können, daß die Katastrophe dennoch gekommen ist und, indem sie sich sozusagen verselbständigte, neue und noch schlimmere Katastrophen erzeugt hat, an deren Ende der Untergang der Monarchie stehen mußte.

Am 15. Mai 1859 begeht Clemens Metternich seinen sechsundachtzigsten Geburtstag. Zehn Tage später besucht ihn der Diplomat Josef Alexander von Hübner, der ein illegitimer Sohn des greisen Staatskanzlers ist, und berichtet später über diese letzte Begegnung mit seinem Vater: »Ich brachte noch den ganzen Morgen bei ihm zu. Wir machten einen kurzen Spaziergang im Garten, wobei er sich auf meinen Arm stützte. Es fiel mir auf, wie leicht die Bürde war. Dann folgte ich ihm in sein Kabinett. Das Gespräch war lebhaft und angeregt. Beim Abschied sagte er mir zu wiederholten Malen mit Nachdruck: Ich war ein Fels der Ordnung. Ich hatte bereits die Tür hinter mir geschlossen, als ich sie wieder leise öffnete, um den großen Staatsmann noch einmal zu betrachten. Da saß er an seinem Schreibtisch, die Feder in der Hand, den Blick sinnend nach oben gerichtet, in aufrechter Haltung, kalt, stolz, vornehm. Die Vorschatten des Todes, welche ich in den letzten Tagen zu bemerken glaubte, waren von seinem Antlitz gewichen.«

Aber nur wenige Tage später, am 11. Juni 1859, um die Mittagszeit, umsorgt von seinem langjährigen Vertrauten und Arzt Jäger, stirbt Metternich. Er stirbt in einem Augenblick, da ihm, der hellsichtig bis zum letzten Atemzug ist, die Zerstörung dessen, wofür er ein Leben lang als Fels der Ordnung zu wirken versucht hat, nicht mehr länger verborgen bleiben kann. Denn dieser Vorsommer 1859 ist wieder einmal Kriegszeit. Und wieder muß Österreich gegen eine Übermacht ankämpfen, um seine ohnedies geschwächte Stellung behaupten zu können. Neue Namen beherrschen jetzt die Politik, die nach wie vor der alten Gesetzmäßigkeit gehorcht, deren erklärtes und, wie Metternich bis zuletzt nicht müde wird, warnend zu betonen, völlig unvernünftiges Ziel es ist, Österreich zu schwächen. Camillo Cavour für Italien und Louis Napoleon, der als Kaiser Napoleon III. in Frankreich regiert, streben nach einer tiefgreifenden Veränderung der politischen Situation, wobei die Ziele des italienischen Ministerpräsidenten und die des französischen Kaisers bei aller nationalen Unterschiedlichkeit durchaus eines gemeinsam haben: die Stärkung des Königreiches Sardinien und die Errichtung einer gemeinsamen Front gegen Habsburg und gegen das immer stärker werdende Preußen, wobei in letzterem Fall vor allem Napoleon III. als ebenso eifrig wie letztlich unglücklich agitierender politischer Intrigant in Erscheinung tritt. Auf der Gegenseite stehen mit Kaiser Franz Joseph ein noch unerfahrener und mit dem Staatskanzler Buol ein zwar von sich überzeugter, aber vollkommen unfähiger Politiker. Beide sind außerstande, gegen das organisatorische und politische Genie Cavours, gegen das hektische Sendungsbewußtsein Napoleons geeignete Maßnahmen zu ergreifen. Beide begreifen die Katastrophe nicht, die für Österreich auf den zukünftigen Schlachtfeldern Oberitaliens vorbereitet wird. Und beide mißachten die Warnungen, die ihnen von allen Seiten übermittelt werden.

Auch Metternich zählt zu den Warnern. Ihn zeichnet freilich aus, daß er früher als alle anderen die Gefahr erkennt, in die das ungemein geschickt operierende Königreich Sardinien die Monarchie drängt, als man sich in Österreich aufgrund einer völlig verfehlten Balkan- und Türkeipolitik weigert, im Krimkrieg gemeinsame Sache mit den Westmächten zu machen, obgleich es Verträge und feierliche Bündnisse gibt. Die schlaueren Italiener entsenden ein Truppenkontingent auf die Krim, was ihnen einige Jahre später die wohlwollende Unterstützung der Westmächte in ihrem Kampf gegen Österreich garantiert.

Metternich warnt, droht, beschwört, aber es ist alles vergeblich. Die Bündnisse, die Österreich eingeht, sind entweder wertlos, zu kostspielig oder werden einfach nicht korrekt eingehalten. Des amtierenden Kanzlers Buol Außenpolitik basiert auf unangebrachtem Hochmut und einer völlig falschen Einschätzung des europäischen Kräfteverhältnisses sowie der eigenen Möglichkeiten. Metternichs Urteil fällt dementsprechend aus: »Graf Buol hat nie das geringste Bewußtsein von den möglichen Folgen seiner Handlungen. Er sieht immer gerade nur, was er mit den Händen greift, ohne auch nur zu ahnen, daß es dahinter vielleicht auch Hindernisse geben könnte. Er folgt immer nur dem zufälligen Druck oder Impuls des Augenblicks. Er behandelt politische Probleme wie ein Waldschlächter, der seine Holzfäller auf die zunächstliegenden Stämme jagt, ohne zu ahnen, daß es auch rationellere Methoden gibt.« Und dann noch dieser Nachsatz: »Nie hat man [in der Politik] eine so verzweifelte, so hoffnungslose Verwirrung gesehen.«

Jetzt, nur noch wenige Monate vor Metternichs sanftem Sterben, wird der Alte noch einmal benötigt. Im April 1859, als selbst der uneinsichtigste Tor erkennen muß, daß die hochmütige Ignoranz des Grafen Buol, die dieser für diplomatisches Geschick hält, Österreich geradenwegs in einen Krieg treibt, den es niemals gewinnen kann, den es vielmehr nicht bloß militärisch, sondern auch moralisch verlieren muß, jetzt findet der Kaiser den Weg zu Metternich. Verbürgt ist in diesem Zusammenhang das Datum des 20. April. Pauline, die Enkelin des Altkanzlers, ist die heimliche Beobachterin einer Szene, die etwas Rührendes und zugleich Gespenstisches hat. Der Kaiser, zu jener Zeit schon ein notorischer Frühaufsteher, ist zwischen fünf und sechs Uhr morgens ins Palais am Rennweg gekommen. Metternich, zwar überrascht von diesem frühen Besuch, ist dennoch nicht unvorbereitet. Die politische Entwicklung der vergangenen Wochen und Tage, die eine für Österreich außerordentlich ungünstige gewesen ist, da Buol in jede einzelne der von Cavour listig aufgestellten

Fallen hineingetappt ist und dabei das Gesetz des Handelns völlig den beiden Verbündeten Cavour und Louis Napoleon überlassen hat, diese Entwicklung, von Metternich mit wachsender Sorge beobachtet, hat dem Greis die Hoffnung vermittelt, daß sich zumindest das Kaiserhaus seiner entsinnen und seinen Rat benötigen werde. Und nun steht der junge Kaiser vor ihm und erbittet tatsächlich diesen Rat.

Aber es ist alles längst zu spät. Denn als Franz Joseph und Metternich durch den Garten des Metternichschen Anwesens spazieren, belauscht von Pauline, und der Kaiser immer heftiger und eindringlicher wird, als habe er das, was in seinem Namen an außenpolitischem Unfug geschehen ist, zu rechtfertigen, kann Metternich nur noch einmal davor warnen, den verbündeten Italienern und Franzosen weitere Gelegenheiten zu geben, ihr lange und gut vorbereitetes Komplott gegen Österreich durch einen Krieg, der ihnen aufgezwungen würde, gleichsam zu krönen. Denn darauf läuft jetzt alles hinaus. Cavour und Frankreichs Kaiser brauchen einen Anlaß, um ihre Diplomatie auf den Schlachtfeldern des österreichischen Oberitalien fortsetzen zu können. Das weiß Metternich. Und davor will er den Kaiser, will er Österreich bewahren. Doch die Entscheidung ist schon gefallen, am Abend zuvor. Ein unannehmbares Ultimatum, aufgesetzt von Buol, abgesegnet von Franz Joseph, ist abgegangen, ein Ultimatum, wie es verletzender, hochmütiger und törichter nicht hätte sein können. Der Kaiser ist jetzt nur gekommen, um diesen letzten Schritt, von dem er selbst ahnt, daß es ein Schritt in die Ausweglosigkeit ist, vor Metternich weniger zu rechtfertigen, als sich von diesem bestätigen zu lassen, daß irgendein anderer Ausweg als der in den Krieg nicht möglich gewesen sei.

Der alte Mann kann die vom Kaiser insgeheim ersehnte Absolution allerdings nicht gewähren. Er kann ihm nur in aller Deutlichkeit das Szenario schildern, das durch eine vollkommen verfehlte Außenpolitik entstanden ist. Und dieses Szenario – die nachfolgenden Ereignisse werden es bestätigen – ist alles andere denn freundlich. Italiens fähigster Kopf, Camillo Cavour, hat nun den Anlaß, den er so dringend benötigt, um seinen Verbündeten Frankreich in den ersehnten Krieg gegen Österreich einzubinden. Das Ultimatum, welches Buol abgesandt hat, ist so unverfroren und taktlos, daß jede Nation, die etwas auf sich hält, darauf nur mit Waffengewalt antworten darf. Und der Kaiser? Er »hatte niemanden, dem er in dieser Not sich hätte anvertrauen können. Seine ganze Umgebung, einschließlich seiner Mutter, hatte ihn in eine Wahnsinnspolitik hineingehetzt« (W. Tritsch); und auch den Altkanzler, der ihn vielleicht vor dem Äußersten hätte bewahren können, hat er gerade um die Länge einer Nacht zu spät aufgesucht.

Franz Joseph vermag nun bloß noch zu reagieren, nicht mehr zu agieren. Am 4. Mai gibt er dem unfähigen Buol den Abschied. Und plötzlich wünscht er, daß Metternich noch einmal die Leitung der Staatskanzlei übernimmt, ist bereit, ihm die weitreichendsten Vollmachten zu gewähren und sich seiner Politik der Vernunft unterzuordnen, jetzt, da alles verspielt ist, da die Armeen gegeneinander marschieren und die ersten blutigen Scharmützel stattfinden.

Metternich muß ablehnen. Er ist zu alt und zu schwach und allein schon physisch außerstande, ein solches Maß an Verantwortung zu übernehmen. Alles, was er zu tun vermag und wozu er auch bereit ist, kann nur noch darin bestehen, dem Kaiser ein fürsorglicher Ratgeber zu sein. Aber ist nicht auch das unnütz und ein vergeblicher Einsatz in einem Augenblick, da alles Brauchbare zum falschen Zeitpunkt und in jedem Fall zu spät passiert?

Von Pauline Metternich, der Enkelin, wissen wir, wie sich der greise Altkanzler in diesen letzten Tagen und Wochen vor seinem stillen Erlöschen verhält. Er, gebeugt, gebrochen, in sich versunken, schon die Nähe des Todes spürend, dessen eisiger Atem ihn streift, richtet sich immer wieder auf, wird redselig, fast ein wenig geschwätzig, wenn der junge Kaiser ihn wieder aufgesucht, sich Rat geholt hat bei ihm. Ist das bloß noch ein Reflex seiner unendlichen Eitelkeit, fragt sich sein Biograph Tritsch. Oder ist es doch mehr? Stolz vielleicht? Oder sogar ein Gefühl der Genugtuung, daß er mit seinen Warnungen wieder einmal recht gehabt hat?

Bei Heinrich Srbik lesen wir: »In den letzten Wochen seines Lebens nach den Kriegserklärungen Österreichs, Sardiniens und Frankreichs stürmten Sorge und Hoffnung, Kummer und Aufregung auf den Greis ein. In dieser Zeit der bangenden Erwartungen spannte sein Geist alle Kräfte an, dem Vaterland zu helfen, und jede Nachricht vom Kriegsschauplatz verfolgte er mit brennender Teilnahme.« Und auch Srbik berichtet von der »zitternden Erregung«, welche Metternich stets erfaßt habe nach den frühmorgendlichen Besprechungen mit dem Kaiser, wobei man sich wohl vorstellen kann, daß dem Sechsundachtzigjährigen weniger die Eitelkeit oder der Stolz über solche Auszeichnung zusetzt als vielmehr die noch einmal heftig erwachende Gier, teilzuhaben an dem, was sein ganzes Leben ausgemacht hat. Das Organisieren von Politik, die Fäden in der Hand zu halten, Möglichkeiten spielerisch aufzunehmen und wieder zu verwerfen, Strategien zu entwickeln, die Figuren, die in dieser immerwährenden Tragikomödie eine Rolle zu spielen haben, nach Belieben einzusetzen oder aus dem Spiel zu werfen ... Einer, der länger als ein halbes Jahrhundert mit der Macht zu tun gehabt hat, wittert auch dann noch, wenn er schon vor dem offenen Grab steht, etwas wie Morgenluft. Metternichs einziges Lebenselixier ist die Politik. Jetzt, da er wieder mit ihr konfrontiert wird, darf er noch einmal tief Atem schöpfen und sein endgültiges Verstummen für ein paar Wochen hinauszögern.

Dazu kommt, daß Franz Joseph, ein naiver Mensch, dem so gut wie alles fehlt, was Metternich ein Leben lang ausgezeichnet hat und mit dessen schillerndem, faszinierendem Charakter ihn nur die romantische Vorstellung von der sogenannten Pflichterfüllung verbindet, daß der Kaiser also im letzten Augenblick noch einen skurrilen Ton ins Spiel bringt. Er übernimmt den Oberbefehl über die Truppen in der Lombardei, was an deren Unglück auch nichts mehr ändern wird, und »überträgt vor seiner Abreise, zeitig am Morgen, dem alten erschütterten Fürsten tatsächlich noch das verantwortliche Amt« (W. Tritsch), alle Entscheidungsgewalt für den Fall seines Todes auf dem Schlachtfeld zu übernehmen. Das bedeutet nichts anderes, als daß Metternich – sollte dem Kaiser etwas zustoßen – buchstäblich die Regierungsgewalt in Händen hätte, daß er, der dem Tod entgegendämmernde Greis, über das Schicksal Österreichs entscheiden müßte.

Und mehr noch! Franz Joseph fordert vom Altkanzler allen Ernstes die Verwaltung eines sogenannten politischen und privaten Testamentes, welches ein mögliches Interregnum überbrücken helfen soll. In einem Schreiben Franz Josephs vom 23. Mai heißt es unter anderem: »Ich wünsche ... mittels eines Aktes die Regentschaft während der Minderjährigkeit meines Nachfolgers, den Zeitpunkt seiner Großjährigkeit und dann jene Grundsätze festzustellen, nach welchen bis zu diesem Zeitpunkt unabänderlich vorzugehen wäre. Ich wünsche, meinen letzten Willen über mein Privatvermögen auszusprechen und überdies für die materielle Existenz der Kaiserin und meiner Kinder vorzusorgen.«

Es ehrt den Privatmann Franz Joseph, daß er solche Obsorge trifft. Aber es wirft ein merkwürdiges Licht auf den Politiker Franz Joseph, daß er sich ausgerechnet jenen Mann zum Testamentsvollstrecker wünscht, welcher, würde er wieder irgendwelche Regierungsgeschäfte übernehmen, halb Europa gegen sich einnehmen müßte – ganz abgesehen davon, daß sich der junge Kaiser einen Sterbenden zu solchem Tun auswählt.

Es kommt ohnedies nicht zu dieser letzten Konsequenz. Der Kaiser geht nach Norditalien, wo er seine Truppen in eine erbarmungswürdige Niederlage führt. Und Metternich stirbt am 11. Juni 1859, sieben Tage, nachdem die Österreicher bei Magenta geschlagen wurden, und etwa dreizehn Stunden vor der Katastrophe von Solferino, die den Untergang der alten Monarchie unwiderruflich einleitet.

Anstelle einer Bibliographie

Wer einer so komplexen, widerspruchsvollen und im Wechselspiel der Meinungen verzerrten Persönlichkeit wie jener Metternichs nahekommen will, braucht viel Geduld, reichlich Glück und letztlich auch die Entscheidungskraft, sich in der Hauptsache auf die Erzählungen des Betroffenen selbst zu stützen. Metternichs »Denkwürdigkeiten«, ein mitunter gefährlich vereinfachendes und dann wieder überraschend offenherziges Memoirenwerk, wurde solcherarts gemeinsam mit dem Tagebuch der Fürstin Melanie zu einem amüsanten Leitfaden für die vorliegende Biographie.

Das änderte freilich nichts daran, daß das Studium der sogenannten Metternich-Literatur eine Selbstverständlichkeit war. Und daraus wieder wären vor allem die Arbeiten Heinrich Ritter von Srbiks und Viktor Bibls hervorzuheben. Mehr als bloß bereichernde Nuancen dazu lieferten Henry Vallotton, Walther Tritsch und Franz Bernhard gemeinsam mit Ritter von Bucholtz mit ihrer *Geschichte der Regierung Ferdinand des Ersten.* Daß in diesem Zusammenhang die europäische Memoirenliteratur vor allem des 19. Jahrhunderts eine besondere Rolle spielte, versteht sich von selbst.

Maria Saal, im Jänner 1989

Namenregister